煤炭工业出版社
·北京·

图书在版编目（CIP）数据

赚钱其实没那么难 / 迩半坡著. --北京：煤炭工业出版社，2015（2023.6 重印）

ISBN 978-7-5020-4936-2

Ⅰ.①赚… Ⅱ.①迩… Ⅲ.①企业经营管理—文集 Ⅳ.①F270-53

中国版本图书馆 CIP 数据核字（2015）第 186798 号

赚钱其实没那么难

著　　者 迩半坡
责任编辑 刘新建
特约编辑 杨　洋　曹刘霞
特约监制 朱文平
封面设计 @嫁衣工舍

出版发行 煤炭工业出版社（北京市朝阳区芍药居 35 号　100029）
电　　话 010-84657898（总编室）
010-64018321（发行部）　010-84657880（读者服务部）
电子信箱 cciph612@126.com
网　　址 www.cciph.com.cn
印　　刷 三河市金泰源印务有限公司
经　　销 全国新华书店

开　　本 710mm×1000mm 1/16　**印张** 16 1/2　**字数** 180 千字
版　　次 2015 年 11 月第 1 版　2023 年 6 月第 3 次印刷
社内编号 7782　**定价** 39.80 元

版权所有　违者必究

本书如有缺页、倒页、脱页等质量问题，本社负责调换，电话:010-84657880

自序

创意创业，让奇迹发生

有一位作家兼企业家曾经说过："这个世界不缺少梦想，但缺少懂得如何实现梦想的人；这个世界不缺少实干家，但缺少懂得实战智慧的人；这个世界不缺少创意，但缺少将创意创业用来改造世界的平台和机会。"

在当今信息革命及全球化的时代背景下，无论你是在校学生，还是走向社会的年轻人，无论你是创业者，还是企业家，都少不了从深度关注实践和实践者开始，扩大视野，增长学识，武装头脑，增加"重塑世界"的实战信心、勇气和力量，本书将是你启发创意灵感、点燃传奇梦想和重塑生活形态的实战智慧之书。

本书撷取了最新锐的创意创业、实现梦想和改造世界的热点事件和现象，通过系统化研究和报道，以揭露创意、梦想和改造等核心竞争力运用过程中的实战智慧为本质，囊括了富有鲜活动力的人物精神和创新意识，用活灵活现的素材展示"超越传奇梦想，让财富和奇迹齐飞"的技巧和方法，竭力寻找"重塑世界的颠覆者"，是一本专注实战资讯的贴身之书。

"用思想的力量来改变世界"的全球TED大会上，演讲嘉宾均是来自世界各领域的名流、富豪、科学家和艺术家等，演讲主题和内容更以观点响亮、看法新颖、种类繁多而著称；随着大批用户以"织围脖"为快心乐意事，成了极度喜爱微博的"微博控"，也因此衍生出与微博紧密关联的最潮职业；与其抱怨生活无聊无趣，不如换一种视角看世界，《舌尖上的"小

人国”》告诉你如何做一个成功的微距摄影师；漫画家不仅能让NBA球星为之疯狂，还能让Q版人物和“好声音”一起飞；“小发明”变成“创富机器”……

这些超越现实的梦想被实践的例子，在书中比比皆是。他们是如何做到的呢？尤其所要指明的是，书中的佼佼者大多是年轻人，与传统意义上的“富二代”断然不同，他们都是通过自身的技术或智慧，找到了撬动机遇的新点子，从而激发出梦想。激情、刻苦、精通、专注、强迫、服务、点子、坚持，就是他们从一个个极草根的年轻人最终走向成功者的秘诀。

20世纪40年代，张爱玲曾经说过“出名要趁早”。现在，人们说创业也要趁早。因为年轻人具有许多先天优势，年轻人代表未来的方向，因为一切年轻创新的尝试都值得尊重、帮扶和引领。年轻人需要更好的创新环境，以及更开明的引领者。

现今，如果有足够勇气，足够坚持梦想，足够打动人心，总会有一种力量助你一臂之力，让你梦想成真。在2015年两会上，李克强总理在政府工作报告中指出要把“大众创业、万众创新”打造成实现中国经济提质增效升级的“双引擎”之一，创业思潮席卷全国，成为推动经济增长的又一重要力量，越来越多的有创意有梦想的年轻人能够将专业知识学以致用，甚至只是一个奇思妙想，毅然选择自己创业，他们中涌现出众多民间高手和成功人士。

创赢中国，创赢世界。只要切合自身实际，不管你的创意是什么，如果不想让你的创意创业梦想成为空想，那么就敢于做梦和追梦，并勇于践行，做到独辟蹊径才有独一无二。就算现实生活让人迷茫、歌声不如从前嘹亮、前方的路依旧漫长，你仍然可以脚踏实地地选择创意创业，孜孜以求实现自我，才会一步一步逼近成功，超越传奇梦想，让财富和奇迹发生。

目录

第三辑：独辟蹊径，只有做出不一样才能成就不一般

第四辑：勇于坚持，成功的路上其实并不拥挤

第五辑：干掉无趣，用思想的力量来改变世界

第六辑：这里有生活，创新思维重塑“游戏法则”

大发“酷”财，出奇制胜创造核心竞争力

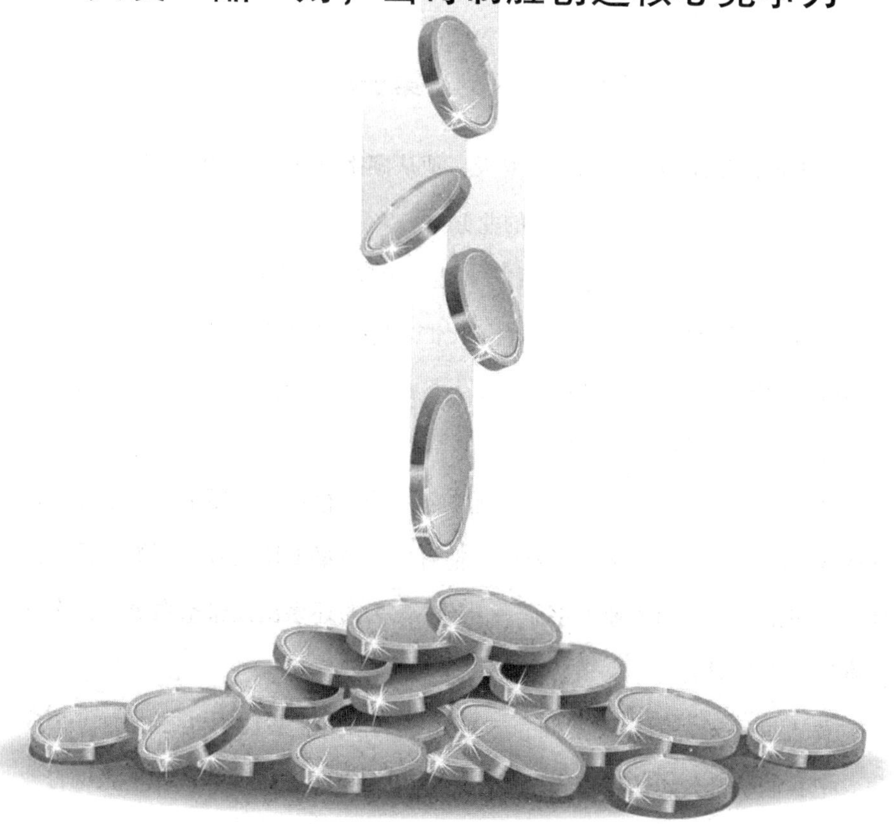

“书”里“捞金”真靠谱

2800元换来的“第一桶金”

曹志远，年仅27岁。2006年夏天，他从湖南长沙一所大学毕业后，被招进一家装修公司，做了一名普通的业务员。

曹志远长着一张娃娃脸，看起来稚气未脱，但有副好口才，善与人交际，而且腿脚勤快，谦虚肯干，他每天忙着跑装修业务，时常进出于各个居民小区，逐渐和很多物业公司的工作人员成了熟人。曹志远因工作成绩突出逐步升到装修公司营销总监的职位。

两年后，2008年的一天，曹志远来到一处新楼盘，顺便走进了正接手管理社区的物业公司办公室。无意中，他看到办公桌上摆放着几页纸，是一份物业公司即将定稿的《业主手册》，每一本后边还多出几张空白页，什么都没有写，十分刺眼。

曹志远灵光一闪，突然问：“这几张空白页，我能不能在上面打个广告，把我们装修公司的广告做上去？”谁知，物业主任听罢，却不置可否地笑了笑。

晚上，曹志远翻来覆去睡不着。也许在那位物业主任看来，想在《业主手册》上打广告，这算个什么事嘛？而曹志远躺在床上，却浮想联翩——

所谓《业主手册》，就是房屋使用说明书和业主文明公约的“楼书”，楼盘交房时，业主都会从物业那里收到这样一份楼书手册，薄薄几页纸上，内容千篇一律，很多人会觉得没什么看头，但在用得着时，又不得不多看上几眼——“既然我有在手册上打广告的想法，那么，那些千方百计想进入新社区的家居、建材、家用电器等行业的商家也会这么想，因为可以借助《业主手册》，把自家的广告做到每一家、每一户，而且广告的受众非常精准。”

曹志远又想到，《业主手册》是每个新房业主必读的“楼书”，业主买房后必定考虑装修、家居、电器，何不从中做广告？这就是商机呀。于是，第二天曹志远直接登门，找到这家物业公司的老总：“这份《业主手册》就交给我来做吧，不要你们物业掏一分钱的印刷费，只要你们答应，允许我在手册上登几个广告。”物业老总也觉得是小事一桩，当即就爽快地同意了。

曹志远接下来每天打电话，不几天，就约了十几个包括建材、家居、家电等行业的品牌商家老板，和他一起过来看楼盘。更至关重要的是，他的理念和想法竟然被这些老板完全认同，最终一拍即合。

曹志远便马不停蹄，用身上仅有的2800元钱，请来专人排版设计，最后又在印刷厂蹲守了十几个小时，“史上第一本”彩页杂志版、共计1000册的《业主手册》终于印刷出来了，他还亲自送到物业公司。无论物业管理人员，还是房屋业主们，看到如此精美的“楼书”，都感到非常惊奇。而那些商家们，破天荒地在《业主手册》上登载了自己的广告，也同样感到“物超所值”。

很多人觉得商机难寻，其实商机就隐藏在灵机一动间。曹志远这一奇思妙想的点子，去掉支付给排版设计和印刷厂的钱，从商家那里收来的广告费，竟为自己捞到了“第一桶金”，净赚近3万元。

把“书”做强

如今，已是长沙市卓远文化传播有限公司创始人、CEO的曹志远说：“我们帮物业公司做楼书，不收物业公司一分钱；帮妇幼保健院做导诊指南，不收妇幼保健院一分钱……在物业手册上植入家具、建材和家电等广告，在导诊指南后面植入母婴用品和儿童用品等广告，由于这种模式广告投放十分精准，招商并不是难事，每个版面根据刊发时间和位置不同，收费由2000～30000元不等。”

因此，2008年年末时，初试创业的曹志远辞去了原来的工作，于2009年1月23日注册成立了自己的公司“卓远文化传播有限公司”，在40平米的蜗居里，1部电话、2台电脑、3个人，直到2009年的元宵节过后，才正式开门营业。

那天中午，曹志远还特意请一帮朋友吃了顿饭，算是举办了一场开业仪式。晚上发现口袋里就剩2600元了，比初试创业时还少200元还“穷”。然而，在短短两年之后，2011年时，他的公司就盈利了500万元，这么迅速的业务增长和规模扩张，是如何做到的?

回首公司创立不久，让曹志远异常担心的事情还是发生了，就是他的这种经营模式，最怕被其他公司“山寨”，即模仿、复制。那段时间，曹志远每天、每周、每月都在和自己赛跑。对别人抢先夺去的市场，曹志远不放弃每一个标杆性的项目，三番五次地跑物业，硬是让物业公司改变主意，把《业主手册》易人交给自己来制作。

曹志远明白，如要达到让物业、商家和业主三方全都满意，是需要付出巨大的人力和物力资源的。经由他制作的《业主手册》，每一本、每一期，都经过大大小小几十次改版，都有新的突破，甚至精心设计了两个多月，堪比高端经典的家居杂志。

公司成立第二年，曹志远遇到了资金紧张，直到下半年才争取到市区两级创业富民帮扶资金4.5万元，也才有能力租了一个500平方米的大办公室。曹志远敢于下血本，用高于当时行业水平一倍的薪资，请了一位杂志编辑高手加盟。凭过硬的设计与印刷质量，用专业和执着逐步打开了市场，最终赢得了物业、业主和商家的满意和赞誉。

2011年，曹志远和他的公司团队再次扩招，不仅一举拿下长沙最有消费力的新楼盘95%以上的知名物业的签订制作合同，其中不乏全国大型的知名地产商。公司分业务和策划两支团队，深入每一个合作楼盘，以精确海量的社区信息和资源，整合30多个行业的一线品牌，为家居、建材、家电行业合作商家，提供主动营销实战培训和突破性活动营销方案，进行全程策划和推广。

据统计显示，在其中一个社区的设点活动中，仅一个衣柜品牌就达到上百万元的签单量，公司还为一家上市企业品牌做策划推广，两个小时即达成销售160万元，强大的社区广告效应，实实在在的销售利润，使商家对曹志远领头的“卓远文化”产生信赖，客户的忠诚度与美誉度大大提高并与日俱增。

曹志远以2600元再次起家，硬是凭借独特的经营、策划和营销模式，使2011年的业务量日进超“万”金，全年纯盈利就超过500万元人民币，成为激励公司团队成员的经典创业故事。

把“书”做大

曹志远和他的公司历经三年打拼，仅仅依靠《业主手册》——创新模式的社区广告直投平台，已具备以长沙为中心辐射全国的超强专业实力，和全国十强物业公司及数十家企业建立了长期战略合作伙伴关系。

曹志远经过市场研究，已研发了物业终端多功能自助查询机、百阅家居装修宝典网络版等几大核心载体，建立起了“业主、物业、商家”三方的和谐共赢圈。据介绍，以一处普通楼盘为例，小区规模少则几幢、多则几十幢楼房，交由物业公司管理后，《业主手册》平均可登广告数量为30个，如果每个广告收费为2000元，每年能做成30个这样的楼盘小区，那么一年的毛利收入就是180万元，而成本只是人员工资及办公室租金、印刷成本等，净利润达50%以上。

至此，公司旗下的市级代理商增至17个，从海口到苏州、从郑州到上海、从深圳到南京等各一二线大城市，已经形成遍布全国的战略格局。2012年，公司总部全年盈利有望达到1500万元。

2012年5月22日，在长沙某创新创业典型经验交流会上，曹志远这个年仅27岁的CEO语出惊人，大胆抛出："什么叫创业？创业，不是你开个公司、当个老板就叫创业，只有创新模式的产业才叫创业。"立足当下，面向未来，颇为"独孤求败，牛气十足"的曹志远，又有了新的创业目标和终极梦想。

年赚1500万元，"书"里"捞金"真靠谱。曹志远在接受记者采访时表示："我们根据发展规划和调查论证，把《业主手册》注册上文化商标和刊号，办成中国第一本在报刊亭热卖的楼书杂志，APP移动版和网络版也将在年内推出，两年后有望把杂志覆盖发行100座城市、4000个高端住宅社区和发展200万名读者，公司总部也将提请加盟的代理商数增至108个城市，共同缔造创新创业的新传奇。"

“快递单广告”开创财富神话

时下，电子商务呈爆发式“蹿红”，快递行业发展也是突飞猛进，90后女孩，打造了“快递广告单”的创业神话。

早在2013年，全国日业务量已达1000万件。仅仅过去了两年，2013年快递业务量紧跟美国之后，升至世界第二位。一位“90后”女孩从中发现一个创业点子，创建了国内首家“快递单广告”业务公司，在尝试创业两个月后，营业额竟达到近100万元。

抓住创业的“金点子”

四川女孩郭星是个标准的“90后”妹子，1990年出生的她还是个刚刚走出学校大门的应届毕业生。2013年夏天，年仅22岁的郭星从德阳市的一所警官学校毕业后，未能如愿成为一名警察，来到成都寻求梦想。

2013年6月的一天，她找到第一份工作，为一家公司散发广告宣传单。每天站在街边向路人发传单时，尽职而又单纯的她却发现一个奇怪的现象，别人为了尽快完成任务，竟把多张传单派发给同一个路人，而且将没有发出的传单随手丢进了垃圾桶，这样一来，公司广告单的有效受众数量就大打折扣了。

在之后的一连几天，郭星的脑海里一直在思考同样的问题，同一份广告

宣传单怎么才能被多个人看到，以增加广告单的被阅读量和最终实现宣传效果最大化？正当她苦思冥想却找不到出路时，突然就想到了当下最流行的网上购物，因为她每天都能看到快递公司的工作人员拖着大量货物，穿梭在大街小巷和居民区，手持快递单寻找门牌号码和送货上门的情景，灵感一闪：如果把广告印刷在快递公司的送货单上，那么至少可以保证有两个人能看到或阅读广告，一个是送件人员，另一个则是收件人。

当天晚上，一向拘谨和腼腆的郭星找到同在成都的中学同学胡雪梅透露："反正现在的好工作都比较难找，不如以此想法作为创业点子，再相互召集几个其他女同学，大家一起尝试创业，怎么样？"谁知，刚刚毕业于四川大学计算机系的胡雪梅，与郭星同龄，都是"90后"，听她这么一说，同样感到把广告印刷在快递单上的创意不错。第二天，她们又各自找来了一名女同学，四个大学生姐妹激情高涨，一拍即合。

不几天，在没有任何资金的条件下，一支由10多人组成的"快递单广告"创业团队组建而成，并以郭星和胡雪梅为联合创始人和领头人，很快分成两个小组，进行了分工和行动。一组负责联系物流和快递公司，如果能在该公司的快递单上争取到广告位，印刷上一些广告，那么，她们将免费设计和印刷该公司的各类快递单据；而另一组人员，则去寻找愿意在快递单上做广告的客户。几个年轻人可能并没有意识到，她们的大胆设想，竟形成了一条新的广告产业链和一种新的广告营销模式。

收获第一桶金

万事开头难，何况她们都是初出茅庐的应届毕业生，有激情创业，但社会经验欠缺。团队运作才过去几天，一无所获，就开始有人坚持不住而选择了退出。

2013年6月底，半个多月过去了，团队的处境仍然处于剃头挑子——一

头热的状况，虽然已有几家快递公司声称愿意合作，但却没有找到一个愿意在快递单子上投放广告的商家客户。而且，所有快递公司也是本着节约成本的目的而来，才答应加盟。据一家快递公司的分部经理表示，他们分部平均每天有2000多份同城快递业务，每张快递单的成本是0.3元，使用她们团队免费提供的快递单后，每天可节约成本600多元，这样算起来，每月、每年的节约成本则以近2万和20万计，带来一笔可观的经济效益，对公司来说绝对是一大利好。

正在这时，由于没有找到投放广告的客户，个别团队成员退出，作为领头人的郭星也开始怀疑起自己的创业模式。其中，有一家在网上售卖零食的店商，郭星每天打两个电话给这家公司的前台，找领导商谈投放广告的事宜，但都被对方以各种理由搪塞回来，郭星一筹莫展。

这时，不知是谁急中生智，想出了一个好办法：让郭星把“快递单广告”的宣传资料放进快递信封内，再把自己乔装打扮成快递公司的员工，直奔店商的公司而去，恳请前台的工作人员一定把快件转交给相关部门和领导。哪知，郭星在等待一个星期之后，那家售卖零食的公司竟主动与她取得了联系。

2013年7月初，双方经过深入沟通，卖零食的店商抱着试试看的态度，愿意支付8000元，买下了快递单上的两个广告位。“快递单广告”创业团队终于收获第一笔订单，深受鼓舞，这8000元钱也就成了团队的创业资金。随后不久，郭星成功注册了自己的快递单广告公司。

一个月后，最初投放广告的这家售卖零食的店商，因客户群中年轻白领居多，广告受众精准，每天销售量以30至40笔订单的速度递增，产生了显著的市场效应。郭星从一个“快递单广告”业务的创业点子，到创建团队，成立公司，逐步赢得不少商家客户的青睐，纷纷加盟和投放广告，受到业界及媒体的广泛关注和追捧。

获千万投资如虎添翼

2013年7月份，郭星和她的创业团队收获第一笔创业资金8000元后，引起了一位投资人的浓厚兴趣。这位投资人主动登门，通过了解，对“快递单广告”的创业主题和行业预期非常看好，毅然以投资人的身份注资1000万元，加入到了创业团队中。当月，投资人就把100万元现金作为先期投资配置到位，并为创业团队配备了一辆宝马轿车，便于开展业务时使用。

快递单广告公司成立后，截至2013年8月中旬，郭星和她的公司历经一个多月的激情拓展，以一个广告位日收费为0.4元和10000份起印为投放广告的业务标准，与11家快递企业建立了长期加盟的合作伙伴关系，同时，又有50多个商家在她们的快递单广告业务上投放自己的品牌宣传广告。公司的业务量和收益与日俱增，一个月时间累计收入达到了94.4万元，距离100万元仅差5.6万元。

如今，在成都市成华区的一套居民房内，简单的办公环境下，年轻的“90后”女大学生们，有的在接待物流及快递企业等的上门拜访，有的在电脑上寻找着有广告需求的商家客户，早已忙得不可开交。无论是创业时间、业务增长、营业额度和品牌价值，她们的物流快递广告公司都创造了令人惊讶的神话。

据预算，以全国每天的快递业务量为1000万件计算，就会签订1000万张快递业务单，广告位收费为0.4元，由此可以推算出，在全国每天的快递单广告的市场容量就多达400万元人民币，而且随着快递行业以及物流行业的迅猛发展，全国一年的市场容量必将超过12亿元人民币。

2013年底，公司创始人兼CEO郭星在接受媒体记者采访时说：“虽然我们都是‘90后’和刚毕业不久的大学生，社会经验欠缺，但可塑性很强，我们公司已聘请专业人士对团队进行营销知识和公司管理概念等方面的培训。”

谈到公司未来的愿景，作为快递单广告行业的首创者和践行者，郭星同时表示：“目前，以投资人的1000万元资金作为雄厚根基，我们将首先带出一个千万级创业主题，然后把这个创业主题打造成一个千万级的公司企业。如今，我们公司发起的‘中国快递联盟’也已经逐步在全国各地展开创建，因此可以预见，我们快递单广告公司的目标定位，就是让‘快递单广告’能够在未来5年内成为一家上市公司，拓展更加广阔的事业空间和领域。”

是的，机遇无处不在。一张快递单，点亮了一位“90后”女孩的非凡创业梦，且以“快递单广告”为创业切入点，最终成就了她的创业之路。

把盒饭打造成亿元“大餐”

曾几何时，“吃了么”成为熟人相见的口头语。如果有人突然问：“饿了么？”是不是特有爱，还是个够美好的提议！张旭豪领头的“饿了么”公司却以它为商机，把盒饭成功搬到网上卖。创业5年，员工过200人，业务面向地区遍布8个城市，北至哈尔滨，南至广州，加盟餐厅数共计50000家，2012年完成在线交易金额达到6亿元人民币。这就是网络新宠“饿了么”。

2013年3月，《福布斯》中文版第二次推出“中国30位30岁以下创业者”名单，“饿了么”的CEO张旭豪榜上有名。

饿着肚子聊出来的商机

2008年4月的一个周末，张旭豪还是上海交大的在读研究生，在交大闵行校区的一间学生宿舍里，他和同学康嘉全神贯注合打了一场实况足球的电脑游戏，至晚间10点多，两人感觉肚子饿了。张旭豪随即给几个餐馆打电话，一连打好几个电话，要么是打不通，要么是没人接。在一阵无奈的抱怨声中，他们饿着肚子畅聊起来。

一个说：“这外卖，为什么不能在晚上送呢？”一个说：“晚上生意少，赚不到钱，何苦。”前一个说：“倒不如我们自己去取。”后一个说：“干脆我们包个外卖吧。”

渐渐地，两个人骨子里“不安分”的梦想全被抖落了出来，两人击掌结盟创业，决定开发一个网络订餐系统，把盒饭搬到网上卖。

创业伊始，启动资金12万元，全靠东拼西凑。两人首先要做的是深入市场，摸清行情。张旭豪第一个业务是毛遂自荐，边承揽一家餐饮店的送餐服务，边做市场调研。为扩大业务，两人在宿舍里安装了热线电话，当接线员又当调度员，招聘来的送餐员人手不够时，亲自披挂上阵，既要跑外送餐，又要联络其他餐馆饭店加盟，风雨无阻。

几个月下来，有17家饭店将外卖业务承包给张旭豪来做。而为了让这17家店入伙，张旭豪两人受尽折磨，第一家餐厅让他们上门跑了20趟，被拒绝后继续上门游说，直到没有人愿意出来接见他们为止。二人还专门开支数万元，自行设计并交由印刷厂印制了一万本“饿了么”外送广告小册子，小册子内容囊括17家餐厅的详细菜单。小册子里预留的三个广告位也被他们成功卖掉，收取的商家广告费用基本与制作成本持平。

“饿了么”线下送餐服务在广告的推动作用下，名声大振整个校区，业务突然之间大增。张旭豪两人感到分身乏术，“饿了么”线下团队初创时，也就只由10多名外聘来的送餐员组成。那段时间，每天从午间到午夜，他们要接150至200份订餐单子，每单抽成15%。完成订单后，送餐员去饭店领取盒饭，再送到各个寝室里去，送货上门，签单收钱。

2008年9月，“饿了么”团队开始研发订餐网络平台。4个月后，“饿了么”网络订餐系统网站正式上线运营，仅有30家加盟店支持网络订餐，日订单量500～600单，却以每月60%～70%的速度递增。

“饿”出来的奇招屡获基金大奖

“饿了么”的创业历程是一帆风顺的吗？他们又是如何把普通盒饭打造成“亿元大餐”的？

2009年2月，正当“饿了么”网站上线运营之际，张旭豪和康嘉过于奔忙劳碌，不料“后院起火”。有一天深夜，一名窃贼潜入了他们的研究生宿舍，将电脑、手机等财物一掠而空；雪上加霜的是，存储在电脑里的所有公司事务数据也丢失了。刚过去几天，倒霉的事再次找上门，一位送餐员工在骑车送外卖途中与一辆绕行而来的大巴相撞，两人接着又竭尽全力一次一次向对方索要经济赔偿。随后，公司有一辆配送外卖的电动自行车也被偷了。公司核心成员中有两人选择退出，第一次引起团队动荡，让成员们无不承受“极限”压力。张旭豪不得不在“饿”中思变，取消热线电话和代店外送，让顾客与店家在网上自助下单和接单。

创业需激情，更需奇招。为振奋士气，在“饿了么”上线之后，张旭豪就想到了一个为网站造势的奇招——不停地参加各种创业大赛，以获取基金奖励，充值创业本钱。说起参赛经历，网站CEO张旭豪充满自信和自豪地说：“2009年下半年，在上海参加的80%的创业大赛中，我们都是第一名。”

2009年10月，“饿了么”网站在上海慈善基金会和觉群大学生创业基金联合主办的创业大赛中，获得最高额度资助10万元全额贴息贷款；12月，“饿了么”网络订餐系统创业项目在欧莱雅大学生就业创业大赛上，获得10万元冠军奖金；当月，再次获得上海市大学生科技创业基金会提供的最高额度奖金25万元。前后两个月，“饿了么”团队就斩获45万元的现金融资。

到2009年年底时，订餐平台已拥有50家餐厅进驻，注册会员达到5000人，服务范围以交大闵行校区为中心，迅速扩张到附近居民区，这时的日均订餐交易额突破了8000元。

另一方面，创业需人才，更需奇才。在张旭豪看来，招聘来的网站技术总监汪渊就是一枚“奇才”。最初为提高“饿了么”人气，汪渊专门编写了一个小软件，可在校内BBS上给每个会员用户自动群发站内消息，其中规模最大的一次发了60000条。“饿了么”网站因而声名大振，访问量直线上升，并开始向周边校区突击。

然而，靠线上和线下广告吸引学生订餐容易，但吸引更多饭店加盟绝非易事。由于多数店家保持半信半疑态度：“我在你的网上开个页面，放几份菜单，你凭什么就要抽8%？”关键时刻，张旭豪的策略功力发挥到极致，其威力就是：“谈，不停地谈，谈到老板不想跟你再谈，也许就谈成了。”他们每天出门“扫街”，最忙时一天要“扫”100多家饭店，对最难谈的饭店进行天天回访，“谈”了40多个回合还是拿下了。

2010年5月网站实现性能升级，2.0版本成功上线。“饿了么”如法炮制，不仅攻下华师大，连附近紫竹科学园区也被纳入自己的“势力范围”，顾客群从大学生拓展到企业白领。仅隔一个月，“饿了么”就推出了超时赔付体系和行业新标准。8月，公司规模扩张，喜迁新址至闵行市郊的一幢别墅，办公、住宿和生活全都在这里。9月，“饿了么”全上海版上线，合作餐厅超过1000家，月交易金额由原来不足3万元，持续翻倍增长，全年最高月交易额达到了100万元。

2010年11月，手机网页订餐平台上线，“饿了么”从最初占领高校市场，不断发展壮大，消费者随便输入任意地址都能查得到周边餐厅，平台订餐业务已覆盖全上海。

小盒饭“饿”成亿元大餐

进入2011年，宅文化盛行，食品安全问题突现，“饿了么”作为区域化电子商务领跑者，为用户提供更多吃的选择。

2011年3月，“饿了么”注册会员已超过两万人，日均订单3000份，年交易额达千万元。这一战绩，很快引起了美国硅谷一家顶级投资公司高度关注和风投意向，主动找到张旭豪洽谈合作事宜。接洽数次后，“饿了么”成功融得风险投资100万美元。

2011年5月，上海交通大学在校生联合创办“饿了么”网上订餐系统的新闻频频见诸媒体报端后，网站名气更响亮，闻名遐迩，年交易额很快突破2000万元。2011年7月，“饿了么”秉承“极致、创新、务实”的信念，激越奋进，相继成立北京和杭州等两大城市分公司。

2012年春天，加盟“饿了么”合作的餐厅超过10000家，订餐业务覆盖上海、杭州和北京等大城市中所有高校和主要写字楼，只需鼠标轻轻一点，美味即刻送到面前。3月，“饿了么”成立广州分公司和天津分公司，团队规模超100人；4月，“饿了么”iOS版应用1.0上线；8月，iOS版应用2.0上线，并提供免费下载；9月，成功推出在线支付功能，以及餐厅超级结算系统，率先形成网上订餐闭环系统；11月，Android版应用上线；12月，日均交易额突破300万，并完成全年在线交易额6亿元人民币。

在过去5年的时间里，“饿了么”公司率先提出C2C网上订餐概念，除了为用户创造价值和带来方便快捷的订餐体验，也为餐厅提供了一体化的运营解决方案，并向用户传达了一种健康、年轻化的饮食习惯和生活方式。与此同时，致力于推进整个餐饮行业的数字化发展进程，通过整合线下餐饮品牌和线上网络资源，用户可以方便地通过手机、电脑搜索周边餐厅，在线订餐就能享受美食。

2013年3月，“饿了么”成立苏州分公司、哈尔滨分公司和福州分公司，团队规模达到200人，加盟餐厅累计达到50000家，共完成A、B两轮融资，融资额达数百万美元。

这位和脸谱网站创始人马克·扎克伯格同龄的“饿了么”CEO张旭豪，早已透露出一个公开的秘密——其实，“饿了么”公司有个真实的名字叫“拉扎斯”，是从梵文中音译过来的，它的含义就是“激情”，创始人们永不放弃的就是他们的创业激情，以抵御和承受创业所带来的重重磨难和压力。

不仅如此，崇尚苹果产品文化的张旭豪格外信奉苹果公司前CEO史蒂夫·乔布斯的一句话：“永远把公司当成创业公司。”“饿了么”公司正是具备了这种“美式创业”的氛围，给了核心成员坚持到底的信心和勇气，才使其真正成为了中国餐饮行业的“淘宝网”，把普通的盒饭打造成“亿元大餐”的梦想，终于成为现实。

“三只松鼠”塑坚果网销第一品牌

在电商界，被人誉为“松鼠老爹”的章燎原是一位标新立异的人物。他靠“三只松鼠”品牌，进行了一场坚果销售革命，创下了不菲的业绩，也体现了他的人生价值。

寻梦路上成就自我

章燎原于1976年出生在安徽省芜湖市宁国县，技工学校毕业后进入一家国有企业上班，边上班边自学营销方面的知识。后来，他不甘心当一名工人，于是放弃稳定工作，带着青春期的发家梦，南下广州、东莞等城市打工。

2002年，章燎原26岁，折腾惯了的他猛然意识到自己至今一无所成，既没有高学历，也没有钱。进行一番绝地反思之后，他回到家乡芜湖，走进一家主打坚果销售的食品公司，沉下心来做一名普通的营销人员，每天做着搬货、送货、跑市场等最基层的事。

一年后，一同被招进来的11个人因吃不了苦头而陆续走了10个。章燎原因业绩突出被留了下来，领导提拔他为区域经理，让他全权负责一线销售。

2004年，28岁的章燎原提出企业5年发展构想，被很多人嗤之以鼻。他不为外界耻笑所动摇，坚持自己的构想，销售业绩一路扶摇直上，职位也一次次被提升。29岁时，他已升到了公司营销总监、总经理等要职。

2006年，章燎原再次放话："当企业做到1亿元时，我就离开。"他的言行再次遭到多数人的不屑，有人说他痴人说梦，有人笑他瞎折腾，甚至有人说他是疯子。

夸下如此海口，章燎原能做到吗?

2009年是章燎原提出企业5年发展构想的最后一年，时任营销总监和总经理的他又开始了新的思考：公司业绩发展迅速，已在安徽省内遍地开花，下一个新的成长空间在哪里?

一天，章燎原正在网上闲逛，突然被淘宝商城的一句广告语深深地吸引住了。正是这句"没人上街，不代表没人逛街"，一下子触发了他的灵感。他想，由于坚果类商品含油率较高，在一定温度和湿度影响下容易产生氧化。既然电子商务如此迅速便捷，其核心优势恰恰能解决这一难题。比如，将山核桃之类的坚果采取细分品类突围，并赋予其徽派文化，就一定能迎来新的井喷式销售。

2011年1月，章燎原经过近一年的市场调研和充分酝酿，依托公司年销售额近2亿元的雄厚实力，精心筹划的公司子品牌"壳壳果"旗舰店登录淘宝网，以细分坚果品类和15天新鲜坚果概念，不到一个月就赢得不错的销售业绩和市场口碑，他也摇身一变成了公司员工口中的"壳壳老爹"。

华丽变身"松鼠老爹"

2011年2月，春节将至，"壳壳果"旗舰店开张不到一个月，章燎原精心策划了一次"万人免费试吃"活动。他万万没想到，当天销售额就突破了100万元。不过，更让他意料不到的是，刚刚组建的团队却遇到了巨大危机。面对订单量暴增，章燎原和他的新团队一下慌了手脚，需近30万份备货的"壳壳果"首遇危机，因货量不足，一再延迟发货，本来承诺3天之内发

货完毕，不得不延迟半个月发货。

那几天，章燎原既感到焦急、无奈，也第一次亲身感受到了电子商务让人疯狂的魅力。他带领的“壳壳果”13人团队被狂风暴雨般的疯狂网购搞蒙了。原想“万人免费试吃”活动能给“壳壳果”赚足口碑，哪料却在一夜之间成了砸自家招牌的“坚果炸弹”，迟迟发不了货遭到很多客户投诉。

“要么关闭‘壳壳果’，要么优化管理理念。”章燎原面临两难选择。最终，他不得不选择后者，宣布“壳壳果”进入休整期，顾客第一的价值理念同时被优先提出来。章燎原随即推出了“最新鲜、无破损、无漏发、包满意、15年专业品质保证”等五大承诺，并在此基础上深度优化客服系统的供应链。

惨淡经营了一个多月，一系列措施靠着优质服务和良好的产品品质，让“壳壳果”从困境中走出来。2011年11月，“壳壳果”旗舰店每天销售额突破10万元，占据网购同类产品的前3名，总销售额逾1000万元。电子商务给“壳壳果”带来了新的发展契机。

2012年，是36岁的章燎原的本命年。当时，很多人都认为电商行业一片红海泛滥，他却反其道而行之，辞去安逸的职业经理人职务，带领一支85后创业团队，创立“三只松鼠”互联网食品品牌。他坚信，这是创造电商品牌的最后机会，也是一场基于互联网时代的营销革命。

2012年1月11日，章燎原在一篇《写给詹氏同事们以及壳壳果的辞职信》的博文中写道：“非常遗憾，我不能和大家一起继续战斗了。”所有人都猜测，他作为一位职业经理人，小有成就，放弃高薪，是想坐享成功吗？他日后到底想干啥？

一个月过去了，正当业界热议不断时，章燎原却玩起了大手笔。他创建了电商坚果品牌“三只松鼠”再战江湖，一个PPT演示、10个页面及30分钟演讲，就轻而易举地拿到了150万美元的投资。

章燎原在谈到“三只松鼠”争取投资时轻松地说：“我主要谈了过去做

过什么、正在做什么、将要做什么、会做成什么。‘三只松鼠’品牌受到中国最大的风险投资机构IDG资本的青睐。”

据章燎原的企划创想，“三只松鼠”品牌的诞生，主打非过度加工坚果、花茶和蜜饯三大类食品，依托和聚集本地资源，只寻找生于原产地的新鲜原果，为消费者提供新鲜的森林食品。

IDG资本看中“三只松鼠”创意背后的巨大商机，注入150万美元资金，堪称中国农产品电商界最大的一笔天使投资。从此，章燎原所创立的“三只松鼠”电子商务公司成为一家实力雄厚的中外合资企业。

2012年11月，互联网硝烟弥漫。在“双十一”促销中，章燎原带领年轻的“三只松鼠”团队完成了近800万元单日成交额，一举夺得坚果零食类销售日冠军宝座，创造了一个中国互联网食品销售奇迹。章燎原华丽变身，被业界誉为“松鼠老爹”。

重塑电商坚果第一品牌

“主人，您有什么需要？”当点开“三只松鼠”淘宝店客服QQ对话框后出现这样的问话，你有何感觉？

30名客服人员摇身一变成了为“主人”服务的可爱松鼠。于是，买家和卖家仿佛被拟人化地演变成主人与宠物的关系，全部购物过程就像在扮演某种角色的游戏中进行，体验轻松、愉悦而又新奇。

章燎原还总结出了上万字的《松鼠服务秘籍》，指导客服人员要像可爱的松鼠那样，“既会卖萌，又会卖货；一边卖萌，一边卖货”。在“三只松鼠”上线之初，章燎原便提出极致顾客体验模式：“‘三只松鼠’要为人类寻找最好的森林食品——寻找原产地、寻找最新鲜、寻找最满意，以此构建原料、加工和服务等一体的全供应链整合运营模式。”

“三只松鼠”的动漫色彩、与众不同的包装和超越顾客期望的一系列购

物体验，开创了中国电商客服场景化的服务模式，让“三只松鼠”在短短几个月内一跃成为网购食品的热门品牌。

“三只松鼠”上线63天日销售上千单，上线65天成为坚果行业销量第一品牌，2012年7月至11月的销售额从30万元蹿升到1000万元。

魔鬼般的服务细节是“三只松鼠”打造品牌的杀手锏。“三只松鼠”不仅卖坚果，抓住的萌点也是“松鼠爱坚果”，可爱机灵的“小松鼠”一边卖萌，一边将新鲜美味的坚果和森林食品送到消费者手中。

“三只松鼠”在快递箱封口上写着：“亲爱的快递员哥哥：我是鼠小箱，我要去见我的新主人了，请您一定要轻拿轻放哦！如果您也想品尝下，也可以到‘三只松鼠’家来。”打开鼠小箱，除了订购的食品，一起送到买家手中的湿巾、吃坚果的开果器、扔果壳的纸袋、封口夹、微杂志等一应俱全，每个细节都彰显品牌服务理念，包装、沟通、物流……从头到脚都是萌的。食品袋上的话语也温馨、可爱：“主人，我是鼠小袋，吃的时候记得把果壳放进袋子里哦！”标语使用手写体，这些细节让包裹更私人化，更有亲切感。

如此萌萌动人的品牌形象和服务过程让“三只松鼠”迅速蹿红网络。近一年来，“三只松鼠”从注册时的5人扩张到如今100多人的全新创业团队，平均年龄不足25岁。2013年7月初，“三只松鼠”获得B轮投资600万美元，月销售额飙升至2000万元，公司市场化估值逾2.5亿元人民币。

谈及未来规划，章燎原雄心勃勃地表示：“目前，我们已通过完善购买、互动、线下体验等各个环节，逐步实现了网络全渠道覆盖。下一步，我们将建立网店平台，在全国建立4个发货仓库，保证全中国80%以上的买家当天订货，次日收货。5年内，实现公司上市。”

棒棒糖蛋糕卖萌更卖创意

在武汉，有这样一家小店，名叫“卡乐庄园”。进门乍一看，是在销售各种口味的棒棒糖，其实这是一家蛋糕店。店主是3个80后潮人，他们不把蛋糕做成圆的、方的或纸杯型等寻常形状，而是做成像棒棒糖一样的小食品。自2011年10月开业以来，小店投资不高，收益却颇丰。

触发创业灵感

段立是“卡乐庄园”联合创始人之一，在大学里学的是设计，毕业后在杭州一家公司上班。2011年上半年的一天，他受公司委派，前往香港参加一个大型展会。正是在这次展会上，段立看到了一种造型像棒棒糖的蛋糕。

这种名为“CakePops”的棒棒糖蛋糕，在欧美市场卖得非常好，而在国内市场尚属空白。段立有了灵感：把这种蛋糕引入国内，不就是一条很好的创业之路吗？

段立前往武汉找到大学同学王兴，准备一起创业。两人花了4个月时间，通过从国外网站下载资料、购买书籍、向在美国留学的同学以及西点师请教，学习棒棒糖蛋糕的做法。

功夫不负有心人，段立和王兴逐渐在学习中掌握了门道。这种“艺术+

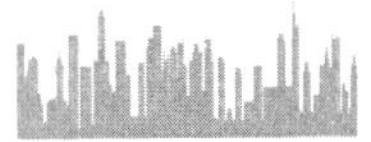

创意”的蛋糕与常见的奶油蛋糕迥然不同，要用巧克力为主要原料替代传统鲜奶油，才能做出各种精致漂亮的造型。

做自己的品牌

2011年10月，“卡乐庄园”正式营业。王兴介绍：“小店面积不足10平方米，位于武汉江汉路万达广场附近，当时盘下店铺时光转让费就花了2万多元。此外，每月租金7000多元。”

这样一间“迷你型”小店，却让段立和王兴丝毫不敢怠慢。先是在装修方面，他们的设计专长派上了用场：天蓝色的店面清新纯净，柠檬黄的装饰香艳明亮，给人以温暖洁净的感觉。二人有着强烈的品牌意识，为设计出满意的LOGO，他们反复设计、修改，对每一个细节精益求精。

由于蛋糕芯是从美国进口的，经特殊方式改良后制作，虽然成本高出不少，但口感细腻香甜，不黏不腻。每天早上7点，段立和王兴便守在蛋糕房里，悉心烹制糕点。

2011年10月31日，正值西方人的万圣节，段立和王兴意识到，这是一次检验市场的大好时机，也是“卡乐庄园”棒棒糖蛋糕的首次亮相。他们制作了鬼南瓜、咪兔和超萌的HelloKitty、机器猫等卡通形象的小蛋糕，将造型可爱的蛋糕固定在玲珑的木棒上，瞬间，灵动的棒棒糖和美味的蛋糕完美结合在一起。10多种蛋糕面市后，大受欢迎。7元一支的“HelloKitty”最受顾客青睐——“蝴蝶结”源自美国进口糖果，“耳朵”里藏着草莓果酱，成了令人无法抗拒的美食诱惑。

二人尝到了节日促销的商机和甜头。紧接着，2011年圣诞节到了，他们制作出圣诞帽、圣诞树等造型的棒棒糖蛋糕。三天的销售量，一举超过上千支，销售额近万元。

小作坊大梦想

后来，女孩唐丹加入了“卡乐庄园”。段立包揽店面和产品的外观包装，唐丹负责销售，王兴则主抓市场定位和推广。小店开业不到一年时间，推出了一系列新产品，营销策略做得有声有色，成效显著。

2012年2月14日情人节，王兴在微博上推出“爱情营销”，专门制作“蛋糕花束”等产品——精心包装的蛋糕外形新颖别致，热销程度比附近花店里的玫瑰花还要火。当月，小店的营业额突破了3万元。一个顾客慕名而来，一次订购了428支“蔓越莓桃心”，用于在结婚典礼时展示。

2012年9月，“卡乐庄园”在网站发布视频，点击量超四万；创建了卡乐庄园博客，棒棒糖蛋糕QQ群和“粉丝团”，组织团购和打折优惠；在人人、阿里巴巴等网站，创建网上商铺，展开“爱情营销”“生日营销”“婚礼营销”等。

小店的最高日销售量，达到三百多支。有一款名为“愤怒的小鸡”，巧克力口味，活泼可爱，很多女孩儿买来送给男朋友；“柠檬表情帝”，玩转各种表情，在你不顺心时，买个笑脸吃掉它，连心情也似乎恢复了明朗；“芝麻街家族”，它在思考着生活；“CookieMonster”，在寻找它的糖罐；“Oscar”，生活在垃圾堆里唱反调……

有人说，棒棒糖蛋糕卖萌，更卖艺术创意。三位有着艺术气质和创业梦想的年轻人，在忙忙碌碌的“卡乐庄园”里，收获了快乐和甜蜜。只要创意无限，卖萌中也有商机，只要能把顾客和市场萌翻了天，那么，你就走在了通往成功的大道上。

把空气变成“大油田”

加油站、储油库，汽油挥发到空气中产生“油气”，刺鼻难闻，属于有毒有害物质，被人体吸入后，甚至能致癌。有没有人想过，把空气中的“油气”进行回收，重新生成为汽油？如果成功，那么既能改善空气质量，又能带来经济效益，实现环保和财富双丰收。

一位南京“科技达人”以此为商机，将这种似乎“不可能实现”的梦想变为现实，成立了自己的科技公司。他研究生毕业后，创业之路犹如过山车轨道一样跌宕起伏，坚持和付出终有回报，不到五年时间就赚到了千万身家，成为南京最年轻的科技型企业家。2011年，他和他的公司就已纳税900多万元。

第一桶金，核心技术才是成功法宝

10年前，赵新还是一位“80后”大学毕业生，在南京读大学期间，每天都经过一家加油站，闻到一股刺鼻的汽油味。有一天，他突发奇想，有没有什么办法，可以把挥发在空气中的有机气体“抓”住，进行技术处理，再生成汽油？为此，他绞尽脑汁。

2002年，赵新大学毕业，考上了研究生。在读研的4年里，他把很多美好的校园和课外时光都用在了研究课题上，希望能寻找到一门技术，生产出一种设备，安装使用在储油库、加油站，在装卸汽油或给车辆加油过程中，收集挥发的油气，减少污染，达到回收油气变为汽油的目的。

功夫不负有心人。赵新历时4年即1000多天的刻苦探索和研制，突破了各种技术难关，自主研发出“有机气体分离膜”的核心技术，以吸收、吸附、冷凝和膜分离等工艺系统和方法，成功达成油气从气态转为液态，最终实现回收再利用。

然而，研究生毕业后，赵新已身怀绝技，却没有选择“毕业即创业”。他充满自信地说：“进入21世纪，膜分离时代已经来临，必将开始。”但又表示，“老板肯定不是那么好当的。”

赵新决定不走寻常路。2006年的夏天，他被一家合资企业聘用，做了一名技术员。在工作中，他一边继续完善自己的研发技术，积累经验，一边偷师学艺，向先进企业学习管理经验。2007年10月的一天晚上，赵新在新闻中看到一则消息，国家对加油站、储油库以及汽油运输行业连续出台了三项大气污染物排放标准，嗅觉比较敏锐的他，当即预感到大展拳脚的机会来了，很快辞去稳定的工作，自主创业。

万事开头难。赵新成功创建并注册了南京天膜科技公司，但在创业之初，由于公司规模不大，又没有什么知名度，很多储油库和加油站对他的产品根本不了解，总是以怀疑的态度把他拒之门外，都不敢交给他来做。赵新感到前所未有的无奈和无助。

2008年，是北京举办奥运会之年。赵新时刻在严密关注，一点利好消息，他都不放过。机会终于来了，北京及其周边地市的储油库和加油站，为改善空气质量，不允许将油气直接排放到空气中，必须赶在奥运会开幕之前的3个月，全部改造完成。一心想把多年研发的“分离膜”核心技术转化为产品应用的赵新，得知仅在北京市就有30多个储油库的巨大市场，心中要大干一场的豪气便油然而生。

坚持就是胜利。2007年至2008年之间的那段日子里，赵新马不停蹄地跑了20多家储油库，最终只拿到了5家民营企业的改造工程项目的订单，但前提是，赵新的公司必须先自筹资金垫付，意思就是将设备免费提供给这5家储油库使用，否则一切免谈。而赵新呢，为了能挣到第一桶金，只好硬着头皮上马，免费提供产品和安装设备，但回收来的汽油，则以折价再卖给这5家储油库企业，这样一来，才能获取经济效益，保证盈利，不做亏本的买卖。

深陷窘境，谷底求生也要坚守到底

赵新清楚地记得，2008年北京奥运会结束，公司便深陷窘境，原本另有3名股东，却以无力再投资等为由，也都前后脚地弃他而去。然而，他和他的公司由于首先掌握了核心技术，填补了市场空白，最终赢得了企业信任，迅速占领市场，成为国内最早从事油气回收服务的私营企业。

2008年下半年，在接下来长达一年半的时间里，受全球经济危机的影响，百业萎靡不振。至2009年年底，赵新的公司竟然一份订单也没有接到，对任何一家企业来说，没有产品订单，就意味着濒临破产。更为严酷的是，2009年全年，公司的资金几乎到了弹尽粮绝的地步，厂房的房租已拖欠大半年之久，员工的工资也发不出来了。为保住厂房和留住员工，赵新不惜孤注一掷，釜底抽薪，刷信用卡取现来支付，以确保实业不被解散。度过2009年的寒冬，就迎来了2010年的春天。

2010年，上海世博会和广州亚运会相继召开，赵新等来了新的创业机遇。上海世博会犹如新一年的第一股春风，他开始生机勃发，成功地将“有机气体分离膜”等整套系统的产品设备推销给了上海6家储油库。赵新曾自信地说：“在技术和性能上，我们的产品跟进口产品相比，一点都不差，而价格却比国外产品低很多。”

到了2010年下半年，赵新连续调整经营策略，由被动转为主动出击，又将产品成功地打入了中石油、中石化等大型企业，事业开始蒸蒸日上。据环境专家介绍，1吨汽油在转运或加油过程中，大约会产生9公斤的油气，如果一座储油库每年转运15万吨，就会产生675吨的油气挥发进入空气中，而一个常规的加油站经过“分离膜”设备系统改造后，每个月大约能够回收3吨的汽油。由此可以说，赵新的核心技术和油气回收系统产品，无疑是把空气变成了“大油田”，进行油气回收，使其成为汽油后再出售。

2011年初，赵新所在的南京市共有8座储油库、183辆油罐车和310家加油站，全面启动油气回收污染治理。赵新和他的公司一举承接了其中的4座储油库改造工程的订单，据推算，一年可回收汽油总计2500吨以上，从长远目标看，每年产生的经济价值在3500～4000万元之间。当时，全市每年汽油销售量达160多万吨，产生1万多吨的油气，回收这些油气能产生超过1.4～2亿元的经济价值。赵新清楚地意识到，他的公司在全市的油气回收市场占有的份额还不足40%，未来还有巨大的发展空间。

至2011年年底，以赵新为CEO的天膜科技公司从深陷窘境，到谷底求生，一直坚守，终于等到了开辟财源，坐收财富，不断创造经济收益。其公司不仅完全实现扭亏为盈，还为国家纳税900多万元。他本人被评为“2011年度南京市的科技型创业家”，同时他也成为了南京市最年轻的科技型企业家，从而实现了从一个创业家到企业家的提升和转变。

环保生财，把空气变成“大油田”成就千万财富

没有金刚钻，不揽瓷器活。进入2012年，赵新和他的公司早早展开了拳脚，只要有油气排放的地方，就能够把空气中的油气“抓”回来，转变成可以出售和使用的汽油，而且还能卖出和汽油同等的价格，坐收效益。谁能说这样的事情不是“神乎其神”！赵新因此被誉为新生代企业家当中的“科技

达人”，超越传奇梦想，让奇迹与财富齐飞。

现如今，司机师傅们在驱车进入储油库、加油站转运或加油时，再也不受浓烈的油气味困扰。正如已经千万身家的赵新所说：“创造科技，收获财富，只是我理想的一部分，其实更大的意义是倡导环保。”

2012年3月中旬的一天，赵新在接受媒体记者采访时坦言：“环保产业大有可为，从这个意义上，我也一定要把公司做大做强，不仅把‘漏’掉的油气全都回收起来，改善空气质量，还要创收更多的经济效益。”谈到未来规划，赵新最后表示：“2012年，正是我们要大展拳脚的一年，预计年内纳税将突破2000万元，未来3年，公司或将实现成功上市的目标……”

原来，早在10年前，以全身心投入研发“有机气体分离膜”这一核心技术时，赵新就已经成竹在胸，甚至完成了周密规划，所以他才在研究生毕业后，没有选择急于创业，而是深入企业做了一名技术员，一边学习实战技术，一边积累管理经验。

从空气中“抓”汽油、毕业5年拥有千万财富的赵新告诉我们：生活中处处是机遇，创业的每一步都饱含激情、信念、契机和智慧，更需知识、经验和技术的丰富储备，才有可能达到预期的梦想和目标，以及收获不可实现的财富和成功。

创意“智造局”售卖创意“智品”

作为领先的创意门户“Arting365”艺术设计联盟网创始人，“80后”青年朱飞在创意设计及其产业转化等领域已摸爬滚打10多年之久，从“不务正业”的美院大学生，几经波折，成为“创意产业高成长企业”的执行总裁。

放弃画家梦想，移情数字媒体

朱飞，1982年4月出生在浙江省丽水市一个普通家庭，小学时没受过绘画学习训练，全凭自己的感觉画画，参加市绘画比赛年年都能获得奖项。高中时恶补绘画技艺，不负众望，顺利考上了美术学院。进入大学后，却临时放弃成为一名画家的梦想，偏偏对数字媒体和网络编程产生了极大兴趣。

10多年前，位于上海张江高新开发区的中国美术学院位置偏僻，出行不便。就读数字媒体专业的朱飞，大一时就要完成不少设计作业，但相关领域信息少之又少，让他颇为头疼。为查找资料，也让同学们与外界联系方便，他利用课余时间，在宿舍用自己的电脑创建了一个以“创意设计”为主题的网站，组建了交流社区，“不务正业”地当起了中介“招商揽客”。

那时，互联网远不及现在发达，网站建成后，受到诸多关注，有创意才华的学生和设计师纷纷注册成为会员，引来有设计需求的企业和个人慕名而

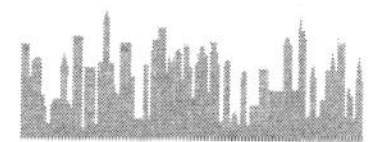

至，咨询和洽谈合作事宜，希望学生发挥专长为企业做设计服务。

最初，朱飞非常珍惜这个机会，对金钱并不看重，一门心思把活干好，建立了好口碑，加之所要酬劳不高，很快在创意设计行业领域聚集人气，赢得了很多客户的信任。他在数字媒体专业方面也得到了实践和锻炼。

2003年，朱飞读大三时，创意网站初具特色，人气骤增，自己的电脑难以承受起高涨的浏览量，不得不对设备进行扩容和优化。他筹集3万元添置了服务器后，拓展了网站规模，背靠美院师生的资源优势，很多大牌公司慕名找上门来，寻求长期合作。这样一来，他的网站在设计师与企业单位间流行起来，也为师哥师姐们解决了不少就业问题。

2004年夏天，朱飞临近毕业，他通过网站业务赚得了第一桶金，攒够了自己全部的学费和生活费，没有向家里要过一分钱。这时，他的网站已聚集10多万从事艺术设计的创意人士。

毕业前夕，朱飞收到院长抛来的橄榄枝，推荐他进一家工业设计中心做设计师，但他仅仅工作一天，就再也不去了。随性的朱飞不喜欢固定的工作环境，更喜欢挑战自我，再一次打破父母和教过他的所有老师的期望，拒绝铁饭碗，开始自己打拼创业。

Arting365创意网络平台，不只是创意

2007年初，朱飞租了一间10多平方米的办公室，经过两年多的筹备，组建团队厉兵秣马，正式注册公司，将创意网站由原来简单、业余的校园小网站，转变成了业内熟知和商业化运营的专业设计网，Arting365创意网络平台正式建立。

朱飞表示：“Arting365是由Art（艺术）+ing（延伸）+365（一年中的每一天）组成，意味着生活中的每一天都是‘艺术创意正在进行时’。”

然而，作为创意设计对接产业市场的Arting365平台，其经营理念本身

就是一场全新创意，从设计作品到做成产品，再到消费终端，一共整合了创意者、材料生产商、大众需求者和销售终端等环节，无限宽广，又整合运营，形成了一个庞大的创意设计产业链，甚至在1000个人眼里，就有1000个Arting365。

如此全新的经营理念，对于完全没有管理和经商经验的朱飞来说，在初创时期无疑是最大的课题和挑战。2007—2008年间，朱飞一路走过，压力重重。如何洽谈业务，如何盈利支出，全部是摸着石头过河，边做边学，经营网站和经营公司完全是两码事。

经过两年的探索和实践，公司团队在朱飞的带领下博采众长，协同作战，越做越顺手，Arting365逐步涉及线下培训、提高设计师创意能力和提供创意服务，公司运营慢慢走上正轨。直到2009年，公司营业额实现高成长，一跃成为全国创意产业高成长百强企业，转亏为盈。

2010年后，Arting365通过集结大众的创意力量，完成需求方催化产业转型和提升公司形象的重要举措，得到快速蓬勃发展。设计师可以收集到更多更新的行业资讯，参加各种创意大赛，结交同行；艺术院校学生可以在课堂之余倾听业界资深人士的专业点评，参与各类大赛的实战演练，收获经验；企业则以最少投入，找到最好的创意作品，更能找到适合公司发展的优秀创意人才；时尚达人可以在这里紧跟潮流，追逐时尚，发现和掌握前沿文化和品牌动向。

截至2012年7月，Arting365创意网络平台已积累近10年的发展成果，产业服务项目得到更多元化拓展，专注于数字、艺术和游戏动漫等相关创意产业的同时，广泛涉及行业资讯、平面设计、工业设计、服装设计、CG动画和绘画艺术等众多创意领域，集合产业资源，强化服务功能，为创意者和产业之间搭建桥梁，打造对接服务体系，培育出了创意“软集聚”的新模式。网站日平均页面浏览量超过600万人次，一跃成为国内乃至全球较为领先的中文数字艺术设计门户网站。

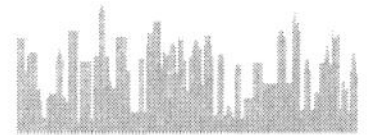

值得一提的是，Arting365强化平台运营功能后，也汇聚了众多合作伙伴，建立了全国高校资源、行业协会资源和专业媒体资源等三大核心网络。“Arting365创意擂台大赛”就是立足上海、辐射全国的品牌赛事，每个大赛项目都能吸引来自国内外数千名、甚至上万名大众及专业设计师参与创作。

这时，“Arting365创意擂台大赛”在已举办的500多场赛事中，就成功对接了超过5000个创意案例，创意库存量多达1500多万件。在2012年，平台承接了一个关于征集地铁公益广告及视频的项目，竟吸引了近4000名设计师提交作品，丰富的想象，多元化的主题，内容涉及环保、杜绝滥用药物、提倡健康饮食和发扬传统文化等方方面面。大赛结束后，企业作为需求方一下子挑了上百件作品，将精彩的创意及时转化为生产力，产生了极大的经济和社会效益。

10多年来，Arting365从线上到线下、从行业到院校、从用户到企业，业务覆盖了40多个行业，与30余家主流纸媒、60所顶尖艺术院校等达成“线上媒体”的合作项目，整合了众多优势资源，鼓励创意发布与分享，发挥和开拓出了创意的最大化价值和潜在的商业化市场，为创意的产业化和产业的创意化插上了翅膀。

针对Arting365未来的创意服务模式的方向和发展，随性的朱飞却显出成熟和理性，清晰地表示：“移动互联网将为我们提供向软件化方式拓展的契机，这样，我们就可以为更多的中小企业提供一对一、定制化的创意服务。”

创意“智造局”售卖创意“智品”

多年来，在创意行业领域一直存在着极为现实而又残酷的现象。对此，朱飞举例说：“需求方在网站平台发布项目，让设计师参与投标某省的文化形象设计，设计师参与投标的作品超过1万件，但中标率却不到0.1%，其余

99.9%的设计作品最终变成了‘库存’。”

Arting365作为超大浏览量的中文设计门户网站，截至2013年已注册有80万设计师会员，平台与客户达成1000多万元的交易额，最终让设计作品转化为产品的实际订单仅属于不到0.1%的创意。而有些设计师的“库存”是实实在在的创意产品，可放到淘宝并不容易出售，还存在反被抄袭的风险，那么超过99.9%的创意设计怎么办？只能永远“待字闺中”被埋没吗？

2013年伊始，身为执行总裁的朱飞领导团队再次出发，以“创意产业化”为终极发展目标，为99.9%的创意寻找出路，探索库存创意的“出闺”之路。他们依托Arting365创意网络平台的丰厚资源和资金后盾，创办了一家名为“智品行空”的子公司。

所谓“智品行空”，就是包括线上商店、线下体验店以及创意售卖装置的平台，以此与更多的潜在客户达成互动体验，让其参与到创意产品设计中，搜集反馈信息。2013年3月，“智品行空”第一家线下体验店正式开业。朱飞介绍：“体验店就是为创意及其产品先开通一个预购渠道，提前把握市场需求和有效反馈，对产品再进行合理化修正，一旦产品订单数量达标，即可进行批量生产，这样就能有效规避市场风险。”

为此，他们还不惜投入重金，专门开辟和设立了一个创意园区，取了个寓意明显的名字“智造局”，设计制造了售卖装置“创意售卖机”，把创意产品取名为“智品”，并通过线上“智品网”和线下“智品行空”，联合呈现设计品牌及创意人的设计风格与设计思想，转化成有实质创意价值的产品，专为设计师的创意交易而量身打造。

2013年6月17日，“创意售卖机”在“智造局”亮相，即刻引起反响，受到各方盛赞和关注。许飞由此坦言：“把市场调研、寻找渠道、开设店铺、售卖创意、投入量产和版权保护的事交给我们来做，通过创意‘智造局’售卖创意‘智品’，就能够解决设计师的后顾之忧，将全部才华和精力专注于创意创作。”

2013年底，“智品行空”线上线下平台开业半年多，开展各项售卖、开设智绘课堂等活动如火如荼，吸引大量企业、普通民众、设计师和院校学生的积极参与，为开辟拓展新市场，创立了又一商业化模式，被业界视为展示创意、售卖产品的新渠道，

至此，10多年过去，从大学宿舍起步的朱飞，由第一步建网站“把人气聚集起来”，到开展线下培训，进而从提供创意服务为设计师与产业架起桥梁，到制作创意成品实现“实物对接”，最终实现了Arting365创意产业化和产业创意化的超现实梦想，创业之路一直走得很艰辛，但更是一条让人充满激情和快乐的全新创意之路。

开“参差咖啡”馆，乐赚“小钱”

王森，人称“森哥”，是个典型的光头眼镜男。过去5年间就想开间小小的咖啡馆，一连开了18间。他把18间咖啡馆开成18种面貌，每一间咖啡馆都独具特色，完全迥异，因而被他总称为“参差咖啡”。2012年6月1日，他把咖啡馆产业继续延伸放大，创办了咖啡梦想学校，写有一本关于咖啡的“分享”之书《就想开间小小咖啡馆》，面世5个月，加印10余次，成了畅销书。王森一跃又成了咖啡馆圈子里知名的文化人。

如今，他把18间咖啡馆打包成立了一家公司，自己一跃成了最大的投资人，把大部分净利润分给各咖啡馆的搭档后，看书、旅游、喝咖啡，照样过得快乐而自由。在过往的光阴岁月中，王森经历了众人眼中略有成就而实则劳顿迷茫的生命征程，使得他反其道而行之，杀了一个回马枪，逆袭成功，从格局迥异的各式“咖啡”中悟出了自己的真知灼见、处世智慧和生存态度，乐活人生赚“小钱”，最终得到了他最想要的生活。

被梦想捆绑的青春，喝咖啡度过旧时光

王森是土生土长的武汉人。时光回溯到青春年代，王森最大的梦想是环游世界。

后来，他如愿以偿地去了欧美和澳大利亚等很多地方，曾以朝圣的心态去过几次传说中的巴黎左岸，也去过澳大利亚繁花似锦的墨尔本，和一个漂亮的法国女孩谈过恋爱。这自由浪漫的一切，成为他环游归来开间小小咖啡馆的创意之源。“60后”的他有着“80后”的状态，闲适散漫是他的常态。

“19岁之前，我从未喝过咖啡，只是从海明威的小说中阅读到主人公喝的都是不加糖的黑咖啡，印象特别深刻。”王森第一次喝咖啡，是初上大学时，在一位来自瑞典的外教宿舍里，美女老师用咖啡招待她的学生们，问王森需要什么口味的咖啡，他学着小说男主角的口吻说：“黑咖啡，不加糖！”结果，喝了一口，满嘴苦涩，全吐了出来。

上世纪90年代初，王森大学毕业，即被甩入奔波忙碌的人生轨道，投身奔命于所谓的职业和励志、诱惑和挑战、打拼和奋斗之中，贪婪而繁复，梦想成就一番大事业。很长很长的时间，王森与速溶咖啡的交情特别深，每天不喝几杯速溶咖啡，就觉得生活没有了滋味。

2000年之前，王森感到被梦想捆绑的青春，走与不走都由不得自己。他辗转抵达广州，几经打拼和创业，环游世界的背包客最终成为一家公司的老总，创建了属于自己的食品公司。之后的6年多，他的公司和个人的资金财富逐渐雄厚。日复一日地不停旋转中，他养成了泡咖啡馆的习惯，从此与各式咖啡结下了不解之缘，觉得喝咖啡很酷，每天都喝四五杯才觉得过瘾。

后来，在开了几间咖啡馆之后，王森常说的一句话就是：“一个开咖啡馆的人，就是一间咖啡馆的主人，也一定是喜欢喝咖啡的人。首先你得爱喝咖啡，还要有丰富的阅历，你才有东西与人打交道，喜欢与人分享，都是构成一间咖啡馆不可或缺的软环境。”

关闭公司开咖啡馆，赋予生命新命题

6年前，母亲在66岁的年龄提早病逝，留给王森深深的痛楚和触动。他开始重新思考有关生命的命题。那一年，他思考的结果终于有了眉目，于是关闭公司，再次选择出发。

这一次，他去了澳大利亚。在异国他乡，王森渐渐地从母亲去世的伤痛中解脱出来，思考人生既然有太多的“不容易”，那么又何苦来哉？他反复追问自己：“我到底想要什么？”最终的答案是：“生命宝贵而短暂……我只要过简单而快乐的生活。”比如，他热爱旅游，坚信没有“恶习”不成生活；比如，他酷爱读书，视已故作家王小波为精神偶像，“宁做一只特立独行的猪，不做一个循规蹈矩的人”。

他找回了自己。2007年4月的北京，王森参与筹备纪念王小波逝世十周年的活动，因缘际会做了一件他真正喜欢、感觉快乐且可以说非常容易的事情——和几个北京朋友开了一间“参差咖啡馆”。咖啡馆赶在5月13日王小波的生日之前布置完毕，当天又邀请到王小波的夫人李银河来咖啡馆坐了坐。

咖啡馆取名“参差”，则源自英国哲学家罗素的名言：“参差多态乃幸福本源。”于是，他日后所开的每一间咖啡馆都风格各异、“参差多态”，尽显浪漫的自由主义情怀，如同王小波所言：“一个人只有今生今世是不够的，他还应当有诗意的世界。”

“小的是美好的。”王森非常在乎经济学者E.F.舒马赫这句哲语，严格履行和延伸前人的智慧结晶。在他看来，咖啡馆只卖咖啡和小点才是真正的咖啡馆，而市面上的诸多咖啡馆中，咖啡却是正餐末尾的点缀，“初衷是开一间咖啡馆，最后却变成一个餐厅”。

5年开18间，把“参差咖啡”打包成公司

家住武汉的王森自然要回到自己生活的原点。2007年6月，北京的“参差咖啡”开业两周，王森便把它交由一位志同道合的北京哥们儿接手，只身

回到武汉开创他的咖啡梦。

这年下半年，王森一连开了3间咖啡馆，规模都相当袖珍，之前在北京的咖啡馆也只有35平方米，被他称为在武汉开的第0间咖啡馆，总投资不超过7万元。很多人怀疑：“7万元？买一间厨房都不够！”这恰是王森最神奇的地方。

为节约咖啡馆装修成本，他成了旧货市场上的常客；不买价格昂贵的咖啡机，先用虹吸壶煮咖啡；剩下的钱买书或置花，咖啡豆也不是一次进很多；更为奇绝的是，他以“自雇型”的方式，一人既是店主又当小二，省去雇工的费用。于是，他的一间间大大小小的“参差咖啡”就这么开起来，“花房咖啡”“咖啡书屋”“货柜咖啡”“邂逅咖啡”“阳台咖啡”等，迄今他已在武汉开了17间各具特色的咖啡馆。

“小咖啡馆盈利能力和空间毕竟有限，当然不是我一个人在管理。”有时接到外卖订单，王森能很放心地出走半小时，馆内的熟客会帮他看守，并能熟练地接待和照应客人。有一次，他出门旅行十多天，便将咖啡馆交给熟客打理，当他归来时，营业额丝毫不差。有了这些经历和经验，王森开始寻求创办新的咖啡馆，逐渐将很想开咖啡馆的熟客培养成馆长。“我从不习惯称呼馆长或店长，我们更多是朋友或搭档。”但馆长可从打理的咖啡馆中获得70%的净利润。

“我想证明，生活有很多种选择，开咖啡馆照样可以过日子，简单、自由且不用打卡。咖啡师也可以是一份正式工作，过上富足而有尊严的生活。继北京的‘参差咖啡’和武汉的第0间咖啡之后，我就想开一间可以步行抵达的咖啡馆。”2007年底，他的“写字楼咖啡”开业，王森这才确认拥有了完全属于自己的咖啡馆。

“参差多态乃幸福本源”，是在很多咖啡馆的墙面上都有的字样。“参差花房咖啡”是2010年他的得意之作，摆放花器，播种花草，添置园艺好书，室外的树木和空地上挂着草编吊床，自己躺在上面享受悠闲时光，无意间就成了一个活广告；参差咖啡书屋配备图书达四五百册，但绝对看不到管理学和励志类书籍；“邂逅咖啡馆”谢绝非单身人士入内，开业仅一年，已促成和见证顾客中多对有情人的表白、求婚等时刻……2011年，他毫不费力地买了个集装箱货柜，往某个园区的空地上一放，“参差货柜咖啡”就顺利开张了，极尽随心所欲。

现如今，王森已将18间“参差咖啡”打包成立了一家公司，有17间“参差咖啡”遍布于武汉三镇，每天都在漫不经心地讲述一个个关于咖啡生活光阴的故事。不过，王森依然坚称：“外乡的人们提到武汉时，不再只有鸭脖和热干面，而是一座咖啡之城。最有意思的是，某一天，一位友人邀请我去一家美女白领经常出没的地方喝咖啡，我会乐呵呵地告诉对方，那是我开的。”

就想开间小小咖啡馆，让美好生活触手可及

2012年6月，本着英国布道师约翰·多恩的布道词中所说的话：“没有人是一座孤岛/可以自全/每个人都是大陆的一片……”王森又把原本是公司内培训员工的课堂转型升级为“参差咖啡梦想学校”，面向社会招生，帮助热爱美好生活的年轻学员实现创业梦。

此后，近一年来，王森每一个月中有8个下午在为学员们授课，关于如何选择咖啡豆、如何烘焙和制作高品质咖啡及西点。他十分真诚坦率地说：“‘参差咖啡’是创业，更是一种生活方式，也是投资。你可以拥有下半辈子的阳光、慵懒、自在、喜悦，以及一间在你名下的小小咖啡馆。”

固然，王森现今的收入比六年前少很多，但生活依然讲究品质，对事物充满敬畏之心———总是微笑着与不同的人打交道，分享旅途中的人生或喜或悲———美好生活就是如此触手可及，就像他当年去过的小咖啡馆林立的巴黎左岸，人们在忙中偷闲，边喝咖啡，边看街景，怡然自得。

“我把所有的咖啡馆都交出去，让搭档们各自独立经营，如果每个月略有盈余，便是给自己一个大大的红包，除此之外，我可能去开新的咖啡馆和咖啡梦想学校去了。”尽管，他的“参差咖啡”招牌常被人错看成“叁差咖啡”———“位置差、环境差、服务差”。本是搞笑，也是误会，但的确是热爱喝咖啡的人生活的一部分。7万元开一间小小的咖啡馆，成了《就想开间小小咖啡馆》一书的年轻粉丝们按图索骥实现创业梦想的美好模板。

“参差咖啡”能有多少种面貌的可能性？王森早已想好，巴士咖啡馆、火车咖啡馆、阁楼咖啡馆、屋顶咖啡馆、树屋咖啡馆、烟斗咖啡馆、绘本咖啡馆、小博物馆咖啡馆……这些都在他未来的构想之内，照样过得很自由：看书、旅游、喝咖啡。这正是他想要的生活方式和咖啡人生的态度。未来，他会持续放大梦想，第2本和第3本有关咖啡的书也将相继出版面市，把武汉打造成“咖啡之城”，并把“参差咖啡”向广州、上海等一线城市延伸，无需承担高额租金，就能将梦想落到实处，诞生一间新的小小的咖啡馆。同时，他还计划在创意天地建一个咖啡博物馆和一个可观光全部流程的咖啡生产厂。

“是的，真正的咖啡馆时代已经来临，亦非舍我其谁，而是大家各具特色，共存共荣。”或许，王森的生活和咖啡人生的态度，与那些所谓事业和成功、诱惑和挑战、打拼和奋斗、创业和财富相比，并不迎合社会主流的“成功”价值观；但在当今浮躁纷乱的年代里，他开掘丰富的想像力和创意思维，思考一间间小小的咖啡馆如何开办、如何存活、如何保持经营收益，并从中收获自由和快乐，这本身就是独特的生命模式、价值体现和积极心态。你很难想象到，他新近创办的咖啡梦想学校也是一间小小的咖啡馆，被他取名为“参差多态院子”咖啡馆。

参差多态乐活人生，若能简单便是快乐，小的就是美好的。开间小小的咖啡馆，让美好生活触手可及，赚到的可能是“小钱”，闪耀的却是精彩人生。

“鲜切水果”大发“酷”财

愿望即商机

贾冉是个80后，大学读至硕士，念的都是信息及软件工程专业。2005年夏天毕业，先后进入BEA、IBM、淘宝等大型互联网公司担任软件工程师。

贾冉并不是一个典型的IT男，在创立果酷网之前，已做过代理鞋店、SNS网站等多种生意，却都以亏损而失败。身为IT公司软件研发工程师的他，与电脑为伴，眼睛里全是编码，几年后怎么做起水果生意了呢？

按贾冉本人的话说：“我从小就爱折腾，总想做点接地气的事儿。”做过生意又有从事IT业的经验，他骨子里难免有一种“不安分”因素。

2010年，正值电商生意异常红火的年份，贾冉一直想做线上线下产品的生意。而那时，他在公司对着电脑一待就是一天，写编码，做研发，也没有发现令他可做的商机。

这天，又是忙碌工作一整天，贾冉突然发现桌面上留有一只苹果，原本是他早上带来公司吃的，却原封不动地摆在台面上。临至下班时，他竟没有顾得上洗一洗，把吃苹果的“常见事儿”完全忘记了。

几天后，贾冉在观察同事工作状态时，也发现同样的问题，很多同事因

为忙碌而无暇顾及工作之外的生活细节。同样，有的同事为补充营养能量，想吃水果，通常会选择午休时间跑到街上去买“水果杯”，且看杯中价格为10元钱的水果切片，量少得可怜，品种也单一。

贾冉凭着生意人的头脑及直觉，认为这是不错的商机。经过深思熟虑，被定义为“鲜切水果”的商业模式在他的脑海中形成。他的想法是：“如果把洗好、切好的水果送到上班族面前，让他们吃到送上嘴的水果，一定会受欢迎。”

随后，贾冉又在网上网下进行调研，在上世纪50年代的美国，“鲜切水果”早已是消费者的即食需求。3年前，国内的鲜切水果领域还处于萌芽状态，而美国一家鲜切水果供应商已做到7亿美元的年销售额。

把新鲜的水果切了卖，只要有利可图，就能产生附加价值，通过树立品牌，把品牌做大做到位，溢价空间会越做越大，甚至蕴藏着巨大的市场潜力和前景。

2010年6月，贾冉拿出10万元积蓄作为启动资金，紧锣密鼓创办果酷网，在一幢居民楼顶层，租了一套民居，忙了一个多月，在身边人的一片质疑声中，终把“鲜切水果”生意做起来了。

头几个月，贾冉一个人边写代码搭建网站，一边买设备研究鲜切水果技术。每天晚上编程到凌晨，白天顶着烈日在地铁口发传单，但网站的访问量却无起色。

一同创业的两个合伙人，又招了两个配送师傅，一天忙到晚，每天支出1500元，却只收回1000元左右，投诉电话还不断；每个周末要爬10多趟楼梯，把批发的500多斤水果背上楼……入行不久，贾冉损失惨重，10万元投入资金已所剩无几，创业团队濒临散伙。

精细化思维

初时，贾冉常用“煎熬”来形容，眼看创业要失败，内心的不甘和疑惑愈加强烈，鲜切水果明明蕴藏着巨大市场，却又为何做不下去？

贾冉分析总结后发现了一些问题，比如网站页面不好看，宣传不到位，库房和加工车间都位于楼房顶层，由于个体消费者众口难调，品牌没有说服力，物流成本过高等，致使订单数量很不确定，团队成员基本处于坐等用户下单，接单后随时骑车出发，又满北京城送货，使配送费用居高不下。

此后一天，贾冉无意间走进一家汽车4S店，在店内等候区，他看到桌面上摆放着一盒糖果，当时心想：“既然会用糖果招待客人，那也不会拒绝水果。况且，不少企业的员工午餐里就少不了水果，与其吃一整个梨，大家更乐意吃水果拼盘。”

既然个体消费者市场行不通，那么以公司企业为终端市场呢？于是，贾冉决定转型再试，在一次次碰壁，又一次次尝试后，这家汽车4S店最终成了他的第一个客户。果酷为其每天提供150份鲜切水果，收入1000元，很快就实现了收支平衡。

“抓大客户，一单1000份，直接搞定。”在4S店第一笔生意激励下，软件工程师出身的贾冉，便带领团队四处洽谈业务。大客户一家一家多起来，优酷、土豆、小米、搜狐、畅游等公司皆按需埋单了。

同时，贾冉意识到，由于企业客户常压低价格，3块钱的果盒，只能赚几毛钱，如何减少水果损耗，是面临的问题。然而，这难不倒互联网专业出身的贾冉，在他的工作电脑里，有着一个庞大的数据文件，数据收集是他的老本行。

2011年3月，贾冉定期去批发市场做调研，掌握水果销售最新趋势，果酷网（第2版）改版上线时，实现了前端水果搭配，根据用户口感认可度做

预算自动生成。专业化水果营养知识，性温性凉的水果如何搭配，将数据结构生成融入算法当中。而后端水果成本控制，则来自采购数据的积累。

此后，果酷网每周从批发市场获得采购数据，根据数据来分析当季主推哪类水果，如主推的水果搭配中含成本高的进口水果，才能均衡水果成本。贾冉如是说：“平时吃水果只有一种或者几种可吃，而我们可以一次让你吃上十几种水果。”

另一方面，贾冉通过研究国外资料文献，得出自己的一套技术规范，刀子多长时间消一次毒，整个流程如何操作，一举解决果块先浸泡、再晾干的保鲜问题。并与企业签约半年或一年期合同，确保零库存。

果酷网在公司企业大客户模式上尝到了甜头，决定将消费对象从个体消费者端转向公司企业端，订单稳定了，成本就可控。水果的采购数量、配送线路、分发方式都可以交由后台系统来全程控制。

2012年4月，果酷网累计发出20万份“鲜切水果”果盒，并依托公司企业端带来的生意让果酷能维持10%～15%的净利润。两个月后，果酷网获得第1轮融资，以此进入快速发展阶段。

区域化加盟

2012年8月，果酷网搬家至新址，同时搬迁了库房和加工车间，运营和物流能力同步提升。从客户下单到搭配水果、订单生成，全部由系统自动完成，6个小时内便可送达用户或顾客面前。

在一间100来平方米的加工车间里，20多位流水线上的加工工人在分级、清洗、去皮、切分、浸泡和包装，一盒盒哈密瓜、葡萄、蜜桃组装成的果盒在生产线上完成。贾冉介绍说：“我们先拿订单，再去拿水果、加工、出货。”两个小时后，他已驱车把430盒“鲜切水果”送达企业用户办公楼内。

2012年11月，果酷网又与多种渠道开展合作，拓展线下渠道。至年底，全年销售额由2011年的300万元，一跃达到了1000万元，呈“几何倍数”递增。

“鲜切水果”一开始所需技术含量不高，不过到了每天1万份订单时，市场景象已大不一样。现如今，3年多过去了，针对如何梳理产品线、用户订购需求，用互联网思维做出自动化配餐系统，果酷网已经有了独创的一套科学专业的方案，这也成了公司的核心竞争力之一。

2013年，是果酷网解决规模化问题的关键期，贾冉已通过小成本加盟、打出果酷统一品牌的形式，顺利开始了公司的规模扩张战略，拥有了大批加盟的“酷粉”。公司负责为加盟者提供后端技术支持和水果供应，加盟者则负责解决和公司企业端用户谈判并建立销售关系。截至目前，果酷网的企业客户已超过200家。

果酷网的发展呈一路飙升的形势，但在贾冉看来，果酷网扩张得还可以更快。为此，他特将北京每个区进行了商圈划分，生成模块，引入每个区域加盟商，由果酷网开放前端和后端系统，加盟商只需完成商务交单、线下物流两个环节。

对于果酷网目前发展及未来前景，贾冉坦诚地表示：“刚创业时，我已有房有车，创业更多的是给自己一个激励。我希望未来公司可以上市或者被收购，让果酷网等同于‘鲜切水果’最专业的垂直电商。”

而业界人士赋予果酷网更高评价，公司企业端是果酷网的开始，未来水果作为刚需产品，个体消费者端才更有故事。果酷网电子商务模式的成功范例，势必引发更多生鲜类商品以较高毛利率和较大市场需求，成为国内各大电商的掘金热点。

第二辑

创业不“磨叽”，“不靠谱”只是看起来不靠谱

超级绵绵冰玩转甜品“互联网”

“杨小贤”不是一个人的名字，而是一个店名。杨是店老板的姓，小是老板娘名字中的一个字，贤是取自老板女儿的名字。在厦门，有这么一家名为“杨小贤”的甜品小店，没有奢华装潢，没有雄厚财团支持，以纯正手工制作工艺，打造“超级芒果绵绵冰”甜品品牌，把产品做到极致，赢得大众口碑，生意越做越红火。

在过去一年多的时间里，杨小贤甜品店借力互联网思维，通过微博营销推广，由一家不起眼的小店迅速以连锁加盟模式向全国蔓延，已在多个省份的大中型城市开设了20多家加盟连锁店，店面越开越大，其微博忠实粉丝也近2万人，打造出线上线下经营甜品店的“互联网”，开创了一个甜品店连锁王国。现今，作为非主流小行业的自主创业者，以及实现财富梦想的成功典范，其别出心裁的营销模式，让人眼前一亮。

玩创意，把产品做到极致

40平方米、4张桌子、20个座位……杨小贤第一家创意甜品店开张时，真可谓既普通又寒酸，并无特别之处。店中所销售的主打甜品绵绵冰，也是较早流行于台湾的冷饮小吃，直到2009年底才在内地逐步兴起。

开店之初，作为创始人的店主杨先生，原本喜欢给家人和亲戚朋友做一些好吃的甜点。基于这样做给亲人吃的朴素想法，他不可能在选择食材时有丝毫马虎，最起码要保证食材新鲜，不加防腐剂等任何化工原料，确保纯正的手工工艺制作。

于是，一个以家庭为主题的小小甜品店就这样开张了。既然是以家庭为主题，杨小贤表现出最大限度的亲民诚意，为绵绵冰取了个诱人的名称——“大盆绵绵冰”，除此之外，香酥芋头、手工小汤圆、纯手工仙草、健康鲜泡茶饮和新鲜水果茶等作为辅助品种，也给了大众更多的选择。重要的是，杨小贤甜品店“大盆绵绵冰”也是全国唯一的手工绵绵冰产品。

杨小贤甜品店在全家人的精心制作和潜心经营下，为迎合大众口味需求，凝聚了他们全部精力和深入思考，产生了很多新奇的创意。不多久，杨小贤深入市场调研后，又在大盆绵绵冰的基础上，开发出了符合大众口味的超级芒果绵绵冰，并本着把产品做到极致的信念进行专攻，逐步提升至店里的主打产品。

然而，杨小贤甜品店毕竟是一家以超级芒果绵绵冰为主、其他产品为辅的小店，仅以家庭为主题和凭借纯手工制作工艺，显然是不够有活力，单一的口味满足不了消费者的需求，单调的造型也让消费者逐渐失去兴趣，又怎能长久地吸引更多人的眼球呢？而且这样一家小店很可能会被别的同行轻易地模仿和复制，甚至由于店小且甜品种类不多，会随着时间的推移越来越经营惨淡而埋没在同行业中，不再受食客青睐了。

杨老板针对现状，通过了解消费者对甜品的喜好需求，很快意识到色彩搭配与营养均衡至关重要，果断做出了开店以来经营模式的第一次改变。他总结出让消费者满意的条件不只有物美价廉，还有独特的产品定位和品牌价值。

杨老板经过一番考察，在保证产品品质的基础上，随即延伸出“健康”的理念，让家庭主题、纯手工工艺流程和健康甜品理念等三者形成经营的主旋律。尤其是最畅销的超级芒果绵绵冰，作为第一主打品牌，采用口味绵软的牛奶芒果绵绵冰作底料，配以自家配方调制的香浓纯正的芒果酱，再铺上大块清新可口的金黄色芒果，制作流程全都是纯手工进行，获得了大多数食客的认同和喜爱。

杨小贤甜品店的店面虽小，店名朴素，但由于定位诱惑且明确，生意越来越红火。重要的是，杨小贤甜品店在甜品的分装上，没有采用盘子来装，而全部使用盆来装，给人以耳目一新之感。从一早开门营业，到晚上下班时间，店内一直忙碌不停，甜品爱好者尽情享用“盆装”的超级美味芒果绵绵冰的同时，窗口前始终排着很长的队伍，好奇的食客们等待着一尝究竟。

玩加盟，开创绵绵冰连锁王国

时下，甜品市场上的产品品类繁多，而真正像杨小贤甜品一样畅销的名吃并不多见。杨小贤甜品店自开业至今，在过去不到两年的时间里，能够火速风靡开来，赚足了回头率和追捧者的同时，甜品店的业绩也迅速增长，令人称奇。

2012年10月，杨小贤甜品店已不能满足持续增多的忠实食客，首次以加盟连锁的模式，以福建厦门为中心，迄今已在福建莆田、江苏南京、浙江杭州、广西南宁等南部各大城市开设了20多家加盟连锁店。

萧山是浙江省综合实力最强的县级市，全国“十强县”之一，被誉为浙江的“文明源头、交通枢纽、经济首富、休闲胜地、民生乐园”。杨小贤甜品店不仅在杭州市中心设有一家号称“最高档”的绵绵冰旗舰店，店内面积超过150平方米，还在萧山这样的县级市设有被称为“最大”的超级绵绵冰旗舰店，面积达400多平方米，服务生在传递冰品时，都要靠升降机运送。

按说，开一家小小的甜品店，店主既是脑力劳动者也是体力劳动者，是非常辛苦的，而杨小贤却在不长的时间里做到如此高度，其成功的秘诀在哪里？市场分析师给出了如下答案：“杨小贤的成功已不仅是简单的体力劳动和技术的运用，更多的是融入了创业理念和故事，并在发展过程中，充分利用现有的全部资源，打破常规，敢于推陈出新，即在互联网上不断摸索运营，做好自身的店家经营和精准营销相结合的模式，从而明确了自己的社会价值和社会定位。”

原来，作为杨小贤创始人的店主是一个资深网民，已有15年网龄。他非常懂得互联网信息传播，通过互联网社交，捕捉网络粉丝的心。因此他在开店之初，边操持实体小店，边进行产品开发和定位，并在他的精心运营和推广下，杨小贤绵绵冰在新浪微博（杨小贤幸福的味道）粉丝量一路飙升，从最开始的几个粉丝迅速飙至15000多人，而且他没有花一分钱购买过一个粉丝。

杨小贤甜品契合了大众对于家庭、健康、美食的全部需求和愿望。杨小贤用温馨、甜美、真诚的情感号召力，以及优质、特别、美味的生活高品位，打造出属于自己的甜品品牌，已经具备连锁品牌的全部优势。

现如今，你在微博搜索“杨小贤”，看到的不是微博名人，而是一个拥有超高活力人气的新浪名店，截至目前的粉丝量近20000人。看到微博上杨小贤与消费者亲密互动的内容，你便不会对很多粉丝不远千里跑到杨小贤店，为的就是品尝到大盆的超级绵绵冰感到奇怪了。

最新的一条和粉丝互动的微博内容是：“杨小贤中山路店将于2014年3月1日试营业，诚挚邀请各位亲携小伙伴们前往试吃。即日起，你只需2步，就有机会免费吃到‘超级芒果牛奶绵绵冰’：1.关注@杨小贤幸福的味道；2.转发本微博并@你的3位以上厦门本地好友，即可参加此活动（名额：100名）！小伙伴们转起来吧！”

至此，杨小贤作为非主流小行业的自主创业品牌，以势不可挡之力，打造出线上线下经营甜品店的“互联网”，开创了一个正在迅速崛起之中的甜品连锁王国，其与时俱进、别出心裁、高质量和高标准的创新营销模式，温馨如家、健康时尚的饮食品位，让众多甜品爱好者倾心不已。

玩创新，用互联网思维卖绵绵冰

绵绵冰本是流行台湾中比较受欢迎的甜品，尤其在炎炎夏日里，更是众多吃货们的最爱。杨小贤独创“盆装”超级芒果绵绵冰，开创了绵绵冰甜品的第一个招牌案例，走出的是一条差异化之路，信誉良好，有口皆碑。

杨小贤尽管在全国已拥有20多家加盟连锁店，但其品牌及产品的营销和推广依然坚持依托互联网，以精准的数据分析，积极运用互联网思维，走和传统甜品店不一样的非主流路线，迅速让杨小贤甜品首先主流起来。

2014年伊始，杨小贤又启用了“超级绵绵冰online”创新模式，喜爱绵绵冰的吃货们皆可直接通过微博、微信、QQ、陌陌、贴吧、论坛和社区等网上平台进行留言或直接下单预订。随着加盟店不断扩张，想吃什么口味，预定多少数量，是否有推出新品，都能第一时间在线沟通交流，真正实现就近前往加盟连锁店品尝，百香果、水蜜桃、草莓、焦糖、仙草、Q感十足的手工芋圆等系列口味的牛奶绵绵冰，足以让你“吃绵绵冰，永远online”。

杨小贤甜品店会有专职人员收集来自网上的评论和建议，对于“中差评”的建议，店家会针对性地进行产品优化和改进。这就是杨小贤选址即便不在闹市口，却同样生意火爆，一跃成为超级绵绵冰第一品牌的重要秘诀之一——注重营造粉丝文化，让食客在味蕾及视觉上得到双重体验和满足，来实现食客和店家双赢共享。

针对杨小贤甜品店的品牌价值和美好愿景，创始人由衷地表示：“一直以来，甜品市场的竞争相当激烈，加上绵绵冰的技术门槛并不高，要想做出更大更多的业绩，要么做第一，要么做唯一。从目前发展态势来看，杨小贤已经成为‘唯一’，接下来，我们的目标就是如何继续推陈出新，成为‘第一’。”

观众席位上挖出千万“金矿”

5年前，大学期间的张拓在中央电视台实习时，从电视节目现场观众席位上嗅到商机，投身创业，根据电视栏目组需求，为节目招募“精准”观众，在大众与电视栏目之间架起桥梁。5年多来，他所创建的观众网，历经艰辛运营，线上线下发力，逐步发展成国内最具影响力的观众社区体验平台，并以“观众乐园”“TV秀”和“我要上电视”3大版块并驾齐驱，发起“观众文化”创新和引领，一跃成了具有品牌优势和规模效益的文化传媒公司，帮大众实现人人都有机会上电视当观众的愿望。其自身也完成了由一名草根成长为身家千万的财团CEO的人生蝶变，梦想成真。

央视实习生，观众席位上发现商机

观众网CEO兼首席执行官张拓是个85后，来自湖南省邵阳市的一个偏远小镇，是个真正的草根青年。2005年夏天他高中毕业，顺利考入北京吉利大学商务策划专业。

大学期间，张拓就是个活跃分子，曾先后组织创建3个校级社团。大一时，他就借在央视体育频道做实习生的机会结识了主持人马欣，并成功邀请她前往大学校园做有关奥运知识的宣讲活动。此后，张拓处处展现出敢为人先的精神，积极参与到学校社团活动及社会实践中去，热心于各种公益性活动，比如组织预防艾滋病的宣传及向汶川灾区捐款等。

在此期间，张拓已开始尝试创业，和同学一起创办了一个名为“方便传媒”的小公司，免费为消费者开发一款购物袋，并将广告植入到购物袋上，收取投放广告的费用进行盈利。然而不到半年，他第一次创业便以失败而告终。

2008年下半年，升入大四的张拓先后进入央视体育频道、经济频道等多个著名栏目组实习，并渐渐地对电视节目的制作流程由陌生到熟悉，产生了浓厚兴趣。有一次，张拓在节目现场遇到了大名鼎鼎的做客嘉宾马云，从此改变了他的命运。

那时，马云已经是传奇式人物，在互联网业界拥有大量粉丝，也成了众多大学生心目中的超级偶像。而作为实习生的张拓，也是现场观众之一，毫无例外地视马云为导师，更渴望获得与其接触和学习交流的机会。

然而在节目录制过程中，张拓却发现了一种很奇怪的现象。马云在台上做演讲，妙语连珠，激情澎湃，而台下观众席上坐着的却多是老大爷、老大妈。这些上了年纪的老人可不管马云的演讲精彩与否，始终处于似听非听的状态，感觉枯燥时就昏昏欲睡起来。

节目录制完成，张拓回到学校，一直都在思考。他后来了解到，那些参加录制节目的老人早已是“现场观众专业户”。一方面，导演急于寻找现场观众，而另一方面，更多的大众想参与节目录制却无机可寻——这是不是一个可以突破的机会呢？为节目录制招募现场观众，在当时的市场上还是一个空白领域，属于创新项目。

此后，张拓并没有轻举妄动，继续在央视做实习生。他一边搜集电视台节目录制现场招募观众的信息，一边考察市场和可行性，竟吃惊地发现，当时央视所有频道的栏目就有293个，北京卫视也有100多个电视栏目，仅这些栏目加起来，北京每年需要的现场观众超过3万人次。更为惊人的是，如湖

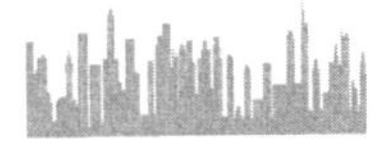

南、安徽、江苏等全国各大卫视近70%的知名栏目都在北京录制，每年所需现场观众数量超过10余万人次。

于是，张拓再也按捺不住激动心情，萌生了创建一个网站的想法，为大众架起一道桥梁，让大众都有机会，在参与节目制作的同时，还可以与影视明星、文化名人、商业精英等近距离接触，既能给电视栏目组导演解决“观众难寻”的成本和流程等方面的问题，又能提供和满足大众“上电视当观众”的机遇与需求。

创建观众网，抢占“蓝海”艰辛筑梦

起初，张拓并不了解的是，有的现场观众已经职业化，还有机会获得50元至1000元不等的劳务报酬。应当承认，这个条件对大众参与电视节目的录制极具吸引力。而张拓只是依托于名人明星的号召力和电视屏幕上的出镜机会来吸引人，他希望能借此打开市场。就这样，他毅然选择离开央视实习生活，开始筹建观众网。

2008年11月，张拓带领两个志同道合的学弟，一人拿出5000元钱，在安定门租了一个狭小的房间，三张办公桌是上一个租户留下来的，两台笔记本电脑是学弟们自带的，还有一台电脑是他去中关村花600元钱买来不知几手的。张拓抢在第一时间前往工商局注册成立公司，一边搭建观众网，一边编织业务拓展计划。

然而，在电视行业产业链中，为节目录制现场招募观众的环节，尚属无人涉及的“蓝海”。网站搭建起来后，张拓首先想到的是找中央电视台的各品牌栏目寻求合作，却因为没有影响力而处处碰壁。一是网站没名气，人家不知道观众网；二是团队仅3人，其业务能力更让人怀疑，把招募观众这事交给他，人家不放心。

那段时间，由于运作不得力，张拓经常遭遇对方一口回绝：“不要再

打电话了，烦不烦呀？”为了省钱，3个年轻人开始长达数月的“节食计划”，早餐一人吃一个馒头，午餐和晚餐也仅以泡面充饥。每当他看到两个学弟跑完业务回来后，满脸都是疲惫和落寞，自己也感觉就要崩溃了一样，快坚持不下去了。

为缓解压力，张拓除了独自去爬山，在山顶上大吼几声，别无办法。次日一觉醒来，他还要召集两个学弟，一起开会商量。然而，一个月过去了，公司面临公关受挫、业务失败、资金极度匮乏等多重压力，生存也难以为继，所有业务都停滞下来。

2009年初，张拓不得不向外界寻求支持和帮助，他找到了在校时曾一起合办过“社团杂志”的大学校友、现任观众网运营总监的张文威。张文威听完观众网的艰难处境，也表示对观众网非常看好，二人一拍即合，决定同甘共苦，共创未来和希望。最后，张文威毫不犹豫地拿出5000元钱作为补充资金，重振团队士气。

2009年3月，另一位合伙人、现任观众网技术总监的应江林加盟，观众网的业务才慢慢有所好转。应江林原在微软工作，不惜辞职并加盟观众网后，负责网站设计和技术管理工作。这时，整个团队虽然困难重重，却依然坚持负重前行。

在身为观众网创始人兼首席执行官的张拓等人的四处奔波和不懈努力下，这种艰难的处境在几个月后终于出现转机。在一次创业论坛上，一位来自新加坡的企业家听了张拓的创业经历和公司前景后，当场允诺出资8万元钱作为观众网的种子资金。

2009年底，观众网团队进行了进一步扩容，原新东方老师刘思辰负责与观众及导演的沟通和协调工作、戏剧影视文学专业的大三学生杨秋蒙成了观众网电视电影评论人员。观众网第一次做出重新定位后，拟以央视和北京台为主要阵地，打造“首都大学生第3课堂”为目标，继续跟各栏目组接洽，在“软磨硬泡”下拓展业务，甚至为几个节目免费招募现场观众。2010年

全年，团队已发展至15人，公司暂且走出资金紧张、人员不足和网站技术缺失等困境，完全以价格、服务和口碑打开了局面，不仅使网站存活了下来，还通过行业会议、导演推荐等扩大业务面，获得了几家地方卫视的跟进与支持，共与72个电视栏目建立了通力合作。

2011年上半年，观众网在创建两年多后，每月营收超过了4万元。由此，张拓和他的团队更加意识到，将观众与电视栏目相结合的业务有着巨大市场。观众需要网上家园，观众网让观众距离上电视更近了、当现场观众更容易了，为市场找到了一条为电视栏目提供“精准观众”的解决方案和营销服务的渠道。这时，母校北京吉利大学也恰好为其提供50万元的一等奖创业基金。

2011年末，张拓在大学毕业两年半后，所创公司从一开始的3人团队逐步壮大到拥有20多名专业骨干，观众网也从一个只为品牌栏目提供免费现场观众的网站，发展成拥有观众社区现场体验平台、市场调研、移动平台拓展、高峰论坛等的综合性“观众新媒体中心”。

2012年初始，观众网与CCTV、BTV及湖南卫视、江苏卫视等全国16家电视台的78个栏目取得紧密合作。观众网经历了三年多的无钱、无人脉的窘境之后，到2012年10月，网站注册用户超过35万人，成为连接全国130个电视栏目与观众的桥梁，

“互动+资讯”模式，全年收益已超千万

在张拓看来，最初的观众网是受马云启发才创立的，没有马云，就没有观众网。现如今，观众网每年可招募观众超过20万人，让大众与名人明星面对面、近距离接触的机会越来越多。仅北京地区，每月需要招募的观众已达到2万余人次。

2012年以来，同时作为“京城大学生第3课堂”品牌的观众网，也和国

内外100多家企业、300余所高校、上千个学生组织及社团联合会等建立了密切合作。大学生可根据自身需求，通过观众网选择电视节目参与录制，并从节目中聆听、分享和学习来自企业界、文艺界、科技界等成功人士的人生经验和智慧。观众网的专职人员则汇总注册用户所填写的兴趣、爱好、职业、年龄、地理位置等信息，对用户进行筛选后，与电视节目对观众年龄、学历等的相关要求进行对接，并以短信群发方式通知符合条件的用户。为此，观众网在各高校建立了拥有80余名市场兼职人员的线下团队，随时组织线下招募，并通过线上和线下结合，将不同区域的观众分别对接位于不同区域的栏目组，撑起了整个观众招募市场。

2013年伊始，观众网及其公司团队经过改版和整合后，已具备2个小时内随时组织500余名职业观众参与节目录制的能力。在北京，每当遇到刮风下雨等极端天气，观众网为确保招募观众不缺失，便会采取双重应急预案。一方面通过专车接送，保证将每个人送到节目现场，再将其送回家中；另一方面，若仍不能招够人数，会随时启动第二预案，在5至10公里范围之内，以高于平时5至10倍的价格，迅速招集职业观众应急，以保证节目顺利录制。

眼下，观众网除招募现场观众外，还立足北京，面向全国，不断延伸和创新网上业务范围和商业模式。在网络上，观众网以“观众乐园”“TV秀”“我要上电视”三大板块作为三股动力源，在后台建立了庞大的观众库、演员库和资源库，努力将网站打造成为国内观众互动和综合资讯服务的社区网站。

点开网上“观众乐园”版块，只需注册为会员，即可有机会免费参与《非诚勿扰》《非常静距离》《星光大道》《我要上春晚》《鲁豫有约》等全国各类知名大型综艺节目的现场录制，成为职业观众后，还有机会获得有偿的劳务报酬。

现今，张拓早已成为圈内的创业名人。观众网依托强势传媒资源优势及

专业市场运作团队，为电视电影、体育赛事、歌舞剧、演唱会、歌友会、展会论坛等提供了精准的募集现场观众服务，至今已组织了近100万人次参与各大知名节目的录制。这样既提供给普通大众与名人明星面对面的机会，又在无形中普及了“娱乐就在身边”的理念，为各合作伙伴提供了所需的品牌推广、活动策划、明星经纪、礼仪模特等各种软性资源，成为国内最具影响力的观众社区体验平台。2013年，观众网全年收益已超过1000万元人民币。

就在不久前，张拓接受媒体采访时回望多年来的创业历程，深有感触地表示：“创业就要敢于做别人不敢做的事，勇于接受失败，从中汲取经验和教训。不能只凭一时的热情和金钱，因为只靠金钱不可能砸出好项目，只有靠实事求是地调研、实践和分析，得出自己的思考和想法后，逐步破解离你最近的困境或困惑，才能获得突破和成长，长久地努力、坚持、勤奋和专注才能取得成功。”

创“达人工”做达人“淘宝”

2013年3月，一家集创意、技能和个性化服务的买卖平台——达人工（darengong.com）上线，很快成为“达人工作者”汇集和出售服务及产品的网上交易市场，让有“一技之长”的工薪族实现了下班后在家也能赚钱的梦想，“淘”份工作，改变人生和改善生活。

点开“达人工”，体验如淘宝。智慧、知识、能力、经验、创意、技能和服务等皆作为产品“实物”在网站上免费发布，以信用评价确保交易安全。一时间，“我会给你画张漫画、我会叫你起床、我会帮你测试App应用、我会翻译各种英语材料……”这些五花八门不拘一格的“我会体”，均出自“达人工”，在网络上广为流行。

重要的是，买卖无需竞标，连基本服务都是10元起价，让“达人”工作者工作起来更轻松，更赋予“达人”卖家直接的现金收益。2013年12月，“达人工”被纽约一家名为SPTTE的风投公司看中，第一笔投资就高达1500万美元。

厚积薄发缔造“达人”商机

“达人”通常是指在某方面或某领域精于“专长”的高手。“达人工”

创始人兼CEO崔金峰可谓是个有着10多年互联网从业经历的“科技达人”。

10多年前，崔金峰从山东大学威海分校计算机系毕业时，仅是个大专毕业生。1999年9月，他怀揣专科毕业证书，只身前往北京寻求发展，凭着“注重实践，用证明说话”的胆魄，正式进入互联网行业。

10多年来，崔金峰从自学编程和开发软件起步，多次被知名大公司破格录用，先后服务过SOHO、51.com和58同城等知名互联网公司，担任过SOHO公司高级主管、51.com首席架构师、58同城CTO等重要职务，成为京城里各猎头公司的重点推举对象。

工作之余，崔金峰一鼓作气考取北京航空航天大学的MBA进行深造，学习团队管理等方面的知识，并从维护现有品牌、扩大营业额、开发新产品、满足客户要求和人力资源管理等领域入手，不断磨炼自己，提升综合治理能力。

MBA毕业后，崔金峰勇于突破和不断学习的精神，得到了超值回报。在担任58同城CTO和中国最大SNS51.com首席架构师期间，由他研发的分布式存储技术领先淘宝两年。他带领的技术团队以Google的技术理念为榜样，倡导浓厚的技术背景和文化氛围。

崔金峰不仅学习和掌握了互联网大并发处理、大数据挖掘和智能算法等相关领域的一流技术，还主持过每秒10万的并发项目，构建过上万台机器的计算集群，结识了航天、证券、投资、制造等各行业精英，积累了特别丰富的互联网运作经验。

10多年后，崔金峰越发觉得，自主创业的梦想才是他内心深处最亮的一盏灯，点亮那盏灯，也一直是他内心的动力源泉。崔金峰产生了一个有趣的灵感：现在无论是网上还是网下，各路“达人”层出不穷，何不搭建一个平台，把他们聚集起来，在网上出售他们极具个性化的智慧、知识、技能、创意及服务？

2013年3月，“达人工”上线。让所有人不曾想到的是，仅仅过去一个月，其创业项目和团队就获得真格基金天使投资人徐小平的100万美元投资。这对于一家初创公司来说，无疑是最大的利好消息，由此引起其他投资机构和个人的高度关注。

一技之长，乐赚“达人”买卖

“达人工”是专注达人创意和服务的交易平台。达人工网的品牌口号就是：“让工作生活更轻松。”

一年前，崔金峰从互联网了解到，很多大学生面临就业难和创业难双重压力问题，并敏锐地意识到这不仅是个人困境，也是社会痛点。凭借多年互联网从业经验，他把这种困境和痛点作为创业契机。

2012年8月6日，崔金峰注册了域名为“darengong.com”的网站，初步希望个人或企业能通过辛勤劳动，把知识、经验、专业技能借助他构建的网站放大，变成财富，让渴望就业以及初创公司的人工作生活更轻松、快乐和美好，从而改善专业人士或开工资源不足的公司的生计现状，帮助其走出困境。

为创出新意，防止同质化，崔金峰首先做的就是推翻其他同类网站的竞标模式，这也是他没有急于将“达人工”上线运营的原因。他需要全面而深入地挖掘数据，更充分了解市场和客户需求，为客户打开更广阔的职业通道，创造更多的人生机会。

于是，在长达半年的创办过程中，一个更大的个性化服务买卖平台、以及未来可能成为的线上超级市场，在崔金峰脑海中渐渐酝酿清晰。

对于竞标模式，一直以来，很多用户对竞标辛苦、接单难、骗单、价格服务不透明等的抱怨声音由来已久，因累而放弃。2013年3月，新一年的就业季即将打响，“达人工（darengong.com）”趁时成功上线。所不同的是，其他同类网站是由买家发布需求、卖家竞标；而达人工是采取卖家展示、买

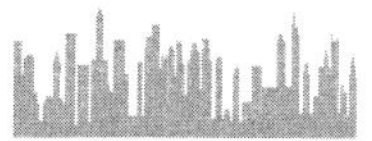

家挑选购买的模式。

“达人工”设计的关键词包括作者、达人、创客、就业、创业、服务、超级市场、信用评价、安全交易、众包平台等，希望能更好地对接起服务提供方和接收方，把服务和需求高效匹配起来，帮助达人们利用空闲时间，提升个人专业能力，创造更多人生机会，让自己的专业知识发挥价值，并能够轻松赚到钱。

崔金峰同时毫无讳言地表示，最初是受国外一家名为“fiverr”的网站启发，“fiverr”起价5美元，提供超个性化的偏娱乐服务，比如弹唱一首由你填词的歌曲，或者用红辣椒拼出你要的logo等，尽管报酬普遍不高，但卖家和买家非常多，交易火爆异常，目前已是世界上最大的小微服务市场。而达人工的服务，更多专注于自由职业者或有一技之长的普通人，让他们在发挥优势的同时小赚一笔，为保证服务质量，以真实的服务点评，为买家购买服务增设安全防线。

点开达人工网，体验非常像淘宝。只不过，达人工将商品变成了“服务”。上线一个月后，网站每天独立访客量逾4万人次，注册用户超过5000人，每天成交10多单。在这里，如果你是卖家，免费发布自己的一技之长，贴出一个价格，等待有需要的人购买。如果你是买家，则可以按图索骥寻找到你所需要的达人服务：漫画工坊、生活服务、设计专场、翻译写作、营销推广、技术开发、个性创意等10余个分栏项目，总有一款适合你。

有一位大二女孩抱着试试看的态度，在达人工上“亮”出自己的“绝活”：“我会将一张单调的照片变成有场景、有气氛、有文字、有故事感的图片。”上线当天，她就接到了3单“生意”，成交后挣了90元。第二天她又成交5单，进账160元。现如今，她每个月都能有稳定收入近5000元。

著名天使投资人徐小平也在网站上打出“我推荐使用达人工”的推荐语：“达人工可以让就业难、创业成本高的问题有所改善。如果每个人都可以成为达人工作者，那么，你的一技之长是什么？”

超级市场，聚揽千万美金

不久前，崔金峰在接受媒体记者采访时表示："对一家初创公司而言，尤其在最开始的一年里，要钱没钱，要人没人，为杂七杂八的事而专门雇个人，不免太浪费了，而很多有一技之长的人也在发愁没地儿发挥。达人工是以卖家为核心，打造类似fiverr的线上技能交易市场，从而解决了这一不对称问题。"

点开网站发现，主体"秀"出来的是一溜儿卖家，创意、技能、众包任务交易的服务内容应有尽有，每一位注册用户均可展示特长，承接和发布技能与服务，让用户的知识和智慧充分体现价值。

在崔金峰看来，"达人工"不只是一个众包网站，更是一个创业和就业平台。比如，创业公司进行产品测试，不用招聘人员，达人工的"网站/app"测试体验频道汇集了用户体验师、测试工程师等很多高手，在"达人工"分发任务，花几十元到几百元钱就能搞定测试任务。"达人工"能成为开工不足的企业"用人不雇人"、"花小钱，办大事"来拓展业务的好帮手。

另据崔金峰介绍，所谓买家就是有需求的个人和企业，在达人工上最低只需要花10块钱，就能在这里找到各种类型的人才。比如法务频道，达人工邀请很多知名律师事务所，一对一解答法律问题。这样一来，买家不必登门和担心隐私问题，律师事务所不光解答问题，遇到诉讼等大业务，也等同于拥有了一个潜在客户。

针对达人工的商业模式，崔金峰表示："目前，平台上的所有交易都是通过支付宝完成，网站以收取平台中介费的方式，每笔交易向卖家收取交易金额的10%。如果是实物，收取5%的交易费。"从创建网站至今，崔金峰及其创业团队共有员工10人，没有专职的测试工程师，而网站的测试工作就是在站内以众包方式完成的。

迄今，“达人工”虽然还只是初创公司，但网站上画漫画、LOGO设计、网站测试和英文翻译等个性服务已经相当热门，并以服务和价格优势，赢得了购买过服务的买家、中小企业以及众包公司的赞誉。

2013年12月初，“达人工”再传喜讯，纽约一家名为SPTTE的风投公司非常看好其未来发展和市场前景，第一笔投资就投进了高达1500万美元，是“达人工”团队目前获得的最大一笔融资。

谈及未来愿景，崔金峰满怀信心地说：“‘达人工’势必将成为中国最大的达人工作者创业平台，创造更广阔的职业通道和人生机会，赋予普通人拥怀‘一技之长’和小微服务的超级网上市场，已完全可以在美国上市，同大名鼎鼎的美国fiverr网站进行比拼和挑战，一争高下并有望打赢它。”

学新技巧？来“几分钟”吧

生活中有这样“几分钟”的小时刻，用之太短暂，闲置却可惜。在杭州，有这么一群身手不凡的年轻人，他们可以让你用“几分钟”轻松找到自己。比如你可以找到感兴趣的人和事，发现你的爱好和志向，也能学会以往未曾了解的生活小技能或小窍门，为你增光添彩，解决你生活里一直悬而未决的难题。

几分钟网(jifenzhong. com)是一个原创视频互动分享社区，以创意视频教程为核心内容，长则五分钟，短则三分钟，短小精悍，题材丰富。他们创立“几分钟工作室”，以“好看的生活百科”为主题目标，经轻松幽默的自导自演，紧贴生活方方面面，创作出超万部微视频。他们发起“达人计划”，寻找生活中的各路达人，结识同好，共同创作。

有趣的人做有趣的事

叶睿智是几分钟网创始人，2005年7月毕业于浙江大学竺可桢学院计算机专业，两年后又获得浙江大学计算机硕士学位。创办一个基于原创视频教程的网站，他早在学生时代就已经形成了想法。

叶睿智即将本科毕业时，由于所学专业要接触各种编程语言，有好多知识在课本上没有涉及，学习起来感觉异常吃力，只能依靠专业书籍，或者上网查阅资料自学，于是就产生了想法：“如果有人能一步步教我，不用去理解文字，那该多好呀！”

有一次，叶睿智在网上查阅资料时，发现美国有一家传播编程技巧的视频网站，用户可以通过录像视频，就能很轻易地获得学习效果。他认为这种形式非常好，很适合像自己一样的懒人。

大学毕业后，叶睿智又忙于考研和读研，创建在线播放视频教程网站的想法便没能付诸行动。按他后来的话说：“想法早就有，但时机不对，知识储备也不够成熟，只好当作梦想的种子埋在了心中。”

读研后，叶睿智因缘际会地进入网易研究院，却从编程设计专业转行到相对陌生的互联网研发工作领域。直到2009年8月，他在网易工作一年半后，掌握了如何制作互联网产品，这才初步成立了自己的工作室。

那时，叶睿智特想做个有趣的人，更想做些有趣的事。成立工作室后，他的初衷是想制作一些微视频，再用微视频让大家在几分钟时间内，就能学会有用的生活技巧、知识或小窍门。随着工作室不断壮大，工作室的核心内容和目标日渐清晰。于是，他在工作室的基础上，最终延伸到“几分钟”网站的建设。

2010年1月，几分钟网正式推出测试版。叶睿智和他的工作室团队自编自导自演，用了整整一个星期，才拍出第一部微视频，视频发布在几分钟网，当天晚上，他们竟然监控到有几个用户已开始访问网站，这让团队成员感到兴奋不已，充满信心。

“几分钟工作室”成立半年中，一直坚持不停地拍视频，紧紧围绕“生活百科”所涉及的内容，在齐心协力地繁忙工作中，不知不觉已拍成上千部“短则三分钟，长则五分钟”的微视频教程。

在微视频中可以看到关于做菜、美容、健身等各方面的生活小细节，他们以轻松幽默的自演方式进行拍摄，传上网络，期待与用户分享，让用户学有所用。他们确定的主题和目标就是，不仅要做有趣的事和有趣的人，还要把几分钟网打造成“好看的生活百科”。

探索拍摄效率，提高视频产出

最初阶段，几分钟网作为生活百科网站，其视频内容全由工作室自主策划、选材和拍摄，最后剪辑制作成完整的原创视频，每个月能完成上千分钟的拍摄量，以至于所有成员都从门外汉逐渐成了团队里的专业技术人员。

叶睿智曾这样表述初始状态：“拍视频短片教大家做各种各样的事，视频形式和创作内容从一开始就很受用户欢迎，连其他网站也找上门来，寻求合作。”

2010年7月，几分钟网与淘宝旗下的淘花网达成合作，进驻淘花网，其中的《如何接吻》一跃成了几分钟创立以来首个播放量超过10万次的视频。10月，“发型系列”视频被优酷网时尚频道发布在首页，并和知音视频网合作推出共建频道。在短短几个月时间内，几分钟网作为一个视频内容源，逐步输送视频到了百度、优酷、酷六和土豆等各大网站。

毕竟，几分钟网正值创业初期，随着视频内容增多，用户对视频不断提出更高要求，但由于他们坚持视频的原创性，叶睿智及其工作室团队开始觉得“江郎才尽”了。他们不得不在设备、流程和操作手法上，探索提高拍摄效率的方法。

叶睿智举例子说：“拍摄手工类视频时，用户第一视觉是适合的拍摄角度，而我们如果从对面拍摄，观众看到的是反方向，就不容易学。”于是，他们想到了垂直拍摄的办法，把设备固定在桌子的上方，但又需要一个东西作为支撑。

就在这一个难点上，他们花费了不少时间，想到了好多措施。比如摆一把椅子在桌面上，摄像机固定在椅背上，摄像师则坐在椅子上拍摄等。半个月过去了，他们一边摸索，一边改进，拍摄效率却怎么也提不上去。最后，他们对摄像设备进行改造，以增强拍摄稳定性，才使得操作起来更为便利。

2010年10月13日，几分钟网视频《如何扎礼帽发型》被优酷推荐至网站时尚频道首页，登上了优酷魅力达人板块。这部视频以时尚英伦风为内容卖点，恰巧契合了当下潮流趋势，在优酷网一天内，就获得了1400多次的点击量。

2012年3月至5月，几分钟网在两个月时间里，日访问量最高达到了10万人次，浏览量也以200%的速度呈几何式增长，一跃成为全国小有名气的视频及教育类网站。

有了流量，他的公司团队加紧对网站进行升级和改进，并启动了一个“达人计划”，以“达人你来，伯乐我做”为口号，广泛招募人才，来弥补团队创作视频的不足，提高视频的产出量。此举一经推出，很快吸收了发型、运动、手工、魔术、美食、户外、桌游、时下潮流服饰等领域的各路“达人”，加入到他们的拍摄、制作和发布视频队伍中，结识同好，交流经验，分享乐趣，共同创作。

迄今，在叶睿智办公室里的一面墙上，摆满了各种手工艺作品，剪纸、布艺、发饰、收纳盒、装饰画等，这些都是与网站合作的达人们亲手制作的作品，并能在网站中找到相应的制作过程视频。

2012年年底时，几分钟网已形成信息化管理和规模化制作，月产出“3～5分钟视频”数量达到了1500部，与达人合作及达人原创视频超过了1万部，视频教程在优酷、土豆和酷6等大型网站的播放总量逾6800万次。

至此，几分钟网的“生活百科”视频给网友们的工作和生活，带去“几分钟”的愉悦，还带去崭新又奇特的视频体验和生活方式。

小视频，用“几分钟”找到自已

打开几分钟网你会看到，一段段微视频的内容非常贴近实际生活，几乎

涵盖了方方面面，社交礼仪、运动户外、风尚美妆、饮食健康、电脑网络、手工DIY、职场理财、交通出行、休闲游戏、数码极客等十几个分类，以内容和技术相融合，用短小精美的演示，让用户可以获取学习资源，在寓教于乐中学会很多小技巧，集时尚性、娱乐性和实用性为一体，深受广大用户尤其是年轻用户群的追捧和喜爱。

叶睿智胸有成竹地表示："目前，几分钟网已不但是视频网站，还是论坛社区和社交平台。更长远来看，它会成为一个在线学习和交流的社区平台，随着视频总量的上升和题材拓展，终将会涉及到学科知识类和职业教育类，比如中小学数学、高中物理化学，或者它还能教你如何成为一个服务员、汽车维修工等。"

几分钟网用几分钟的微视频短片，与广大用户分享生活中的种种精彩，本身就是趣味无穷和非常接地气的事。甚至有用户希望几分钟网可以辅助学习和辅助改善生活，"独乐乐不如众乐乐"，在社会化学习的时代，和志同道合的人一起进步。

重要的是，几分钟团队在叶睿智带领下，核心成员都是高素质人才，具有丰富的网络开发和技术团队管理经验。截至目前，由于几分钟网与采用付费点播视频的网站不同，网上视频内容全部免费看，甚至还可以下载，加上产品现已通过各大门户网站、手机App、公交电视、IPTV等渠道分发，每天有近15万受众，花2.1万个小时，观看100万个视频页面。在大量互联网用户眼中，这里成了他们追潮流、玩乐、创意和生活的策源地，还是各路达人才艺展示的大舞台。

对于未来，叶睿智表示："存在种种可能性——不久之后，用户就可以在网上购买到与微视频相对应的创意产品，还可将视频内容变现（版权分销或付费），也可通过精准广告进行商业化探索等等。我们旨在打造生活化的百科视频教程，最终能让你利用好短短'几分钟'，随时随地都能在几分钟网上，找到你自己想要找到的答案。"

微印，把微博印成书

微博的火爆兴起，以裂变式扩张引发网络全情投入的浪潮，早已成为用户记录生活、关注时事和热衷转发的传播工具。随着大批用户以“织围脖”为快心乐意事，成了极度喜爱微博的“微博控”，也因此衍生出与微博紧密关联的创业模式和最潮职业。

那么，继微博、微信、轻博客等热门互联网产品之后，后微博时代是什么样子的？微印创始人李朋涛及其团队创办的“微印”排版引擎网络平台，便是悄然兴起的个性化与社会印刷相结合的增值服务。微印正是基于“微博控”们喜爱珍藏和转发微博的愿望，而开发出了一款微博书模板网站。2013年3月底，微印上线8个月，已经生成3万本微博电子书、杂志或图册，印制了500多本微博书，成为后微博时代最为热门的互联网新产品之一。

扎根互联网的“法学生”

李朋涛无疑是个不安分的人。大学时学的是法学，毕业后却从未从事过跟法律相关的职业。在离职创业之前，他已做到了腾讯手机管家的产品经理。

没有人会随随便便成功，说来有趣，李朋涛的成功只是基于不喜欢安定的生活。高中毕业在报考志愿时，他以为法学专业出身的人都很牛，于

是就填报了中山大学法学院。进入大学后，他精力充沛，对什么新鲜的事物都感兴趣，都能从中找到自己的兴奋点。需要学习的新知识太多了，他就成了总也闲不住的人，在大学校园的大部分社团里，都能见到他活跃的身影。最终，他找到了最为感兴趣的互联网作为自己努力的方向，开始自学编程。

大学毕业后，李朋涛直奔热衷已久的IT业而去，成为腾讯公司3G门户的一名员工。虽然放弃了法学专业，但他从法学知识体系中得到了磨砺和提升，学到了严密的逻辑与思辨思维的方式。他不仅参与开发了一款手机管家软件，见证了这款软件用户数量在一年的时间里数十倍的增长，还坐上了产品经理的位置。

然而，就是这么个专心做产品、做体验和研究用户的舒心工作，也丝毫没能留住李朋涛骨子里原本“难以确定”的冲动和欲望。在腾讯工作4年后，李朋涛最终选择离职，自主创业，并毅然坚持在互联网创业大潮及夹缝中寻求新的突破。

微印，把微博“印”出来

2009年8月，自“新浪微博”正式成为中文门户首家提供微博服务的网站，微博的轰动效应在中文互联网上持续火热，迄今用户总数已经超过3亿人。微博的横空出世，彻底改变了互联网用户以往的生活常态。在微博上用户既可以是观众，也可以是听众，它成为大众浏览和分享信息、转发和传播信息以及发布和获取信息的平台，图片、视频和简短的文字让人一览无余，且分门别类，内容庞杂，传播速度飞快，继而衍生出“微博控”群体和微博文化，创造性地引发大批创业模式和新兴市场。

2010年8月，新浪微博联手《新周刊》杂志制作了微博第一书《微语录》，书中精选收录了新浪微博在过去一年里名人和草根的经典语录、微文、格言和热点微博等内容，每条不超过140字，短小精悍，句句精辟，在市场上很是火了一把。

李朋涛很受启发。经过对微博用户的研究，他发现微博作为开放平台，很多用户不仅记录自己的生活信息，与人分享，也根据喜好共享着朋友、家人和网络的资讯，这些涵盖着生活细节和人生哲学的内容，随着时间的推移，必然被记忆遗忘掉，但无疑又是值得个人珍藏的某种时刻和幸福。因此他认为，既有珍藏价值，就是增值最直接的诱因。

2012年6月，李朋涛创建成立了“微印”团队，旨在打造一个能把微博内容变成一本书、一本杂志或图册的网络应用，可以让每个人的微博都能做成为一本“微博书”。

2012年8月，微印上线。打开微印网站，制作流程非常简单易行，首先看到的是网页介绍：“只需三次点击，花费一分钟，即可把您的微博变成一本书，不仅能在线浏览，还能制作永久珍藏的纸质微博书。”

背靠腾讯微博、新浪微博两大老牌且强劲的国内网媒，作为初创阶段的微印团队和平台，其获得的媒体优势可谓是得天独厚。最初，微印只提供3种排版方式的微博书模板。在使用新浪微博或腾讯微博的授权登录后，即可在线制作编排供大家分享的微博书，可以在线浏览，也可以将其下载到自己的手机、电脑等各种移动设备上，慢慢品读。

与此同时，微印作为一款互联网产品应用，它也可把微博记录的“生活”方便地搬到纸上。微印采用了定制的方式，用户在微印中通过登录微博和导入微博，选择自己喜欢的模板，即可生成结合原创微博内容与图片，把个人微博的数据导出来而排布成的一本电子书。微印则提供将微博电子书制作成纸质版的外包服务，交由印刷公司印刷成文本，并与淘宝链接，最后经淘宝发货给用户。

微印是基于部分用户希望将微博书作为礼品赠送的特殊需求，才萌生与印刷公司合作的想法，推出了这项增值服务。微印不仅能制作自己的微

博书，还能将别人的微博生成微博书，前提条件则是ta关注了你，或者你关注了ta，这对于有意将微博内容集中珍藏和留念，或喜欢收藏美图、名言、宠物图片以及通过微博记录宝宝成长的个人，都不失为一种很好的记录方式。

全新体验，打造“微印”社交平台

实际上，微印作为互联网应用，刚一上线，就给“微博控”们带来了新奇之感，它必然是以互联网为平台、以数据为基础的在线应用产品。

对于微印的发展前景，李朋涛信心满满。他认为，未来微印的数据来源并不局限于微博。但是目前，由于用户对纸质产品的认同感依然很高，微印并非有意与印刷及淘宝运营业务联系在一起，而是把微博打印出来做成一本书的流程，都交给代理商来完成。微印为用户提供一种“个人数据平面化”的解决方案，追求的是生成一本书或杂志的第一步骤，并不提供纸质实物生产。而且，为避免有人侵害原作者版权或借此牟利等，微印规定每人印制同一用户的微博书不得超过3本，制作一本纸质微博书需要20~210元不等。

目前，微印的盈利模式一共有三种：一是成交佣金，从提供给实物服务生产商的订单获取佣金收入；二是增值服务，对提供更加个性化的模板及排版功能进行增值收费；三是广告收入，从免费模板植入广告、或提供带有商业性质的模板对商家收费。微印团队已经实现了收支平衡。

针对未来规划，微印最终的产品形态到底是什么样子，或者它将成为怎样的互联网平台，李朋涛表示：“随着更多网站开放数据的趋势，后图片时代和社会化印刷都将使电子书或电子杂志的发挥和发展空间更大，微印的探索依然在路上。”微印已经开始计划推出PDF版、Epub版本等供用户下载收藏，今天的微博控或将成为未来的“微印控”。

根据李朋涛及其微印团队的畅想，未来的微印不仅适用于微博用户，微印的功能也不只是做成一本微博书这么简单，会很快向设计师和用户开放，允许自行设计模板和主题，并增加把客户个人主页上的内容制作成电子书、杂志或图册等线上功能。

“小发明”变成“创富机器”

生活中，很多人喜欢小发明和小创造，通常是有了好的创意点子，先画一张草图，然后做成样品，有的甚至还申请专利，获得专利证书，但最终却没能将其转化成产品。最为严酷的是，即使有办法把产品做出来，投放市场也未被认可或大卖，更谈不上大批量生产和大规模推广。

你还在为美国“脸谱”公司CEO马克·扎克伯格的创富神话感到“超赞”不已吗？那你已经OUT了。现如今，26岁的美国小伙本·考夫曼被视为继扎克伯格之后的“明日创业之星”。在过去4年时间里，他创立的Quirky公司仅凭借3轮融资就获得9130万美元，商业化估值逾1.5亿美元，被喻为“民间发明家”的创意“梦工厂”和“产品转化器”。其创业模式被称为“考夫曼模式”。

特立独行，“辍学小子”偏爱小发明

本·考夫曼18岁时便贷款18.5万美元，所发明生产的歌吊索耳机获得苹果公司开发大会颁发的最佳产品大奖，赢得风险投资的青睐。

实际上，“Quirky”的本义是“诡诈的、离奇的”，本·考夫曼把如此“粗俗”的字眼作为公司名称，了解他的人都会觉得不足为奇。高中还没有

毕业，他就开始创业了，脑海中总是充满着奇思妙想。

2005年本·考夫曼18岁，当时美国苹果公司刚开发出一款MP3播放器，他想拿到课堂上听音乐，但怎样才能不被老师发现呢？于是，他想到一个制造耳机的点子，回到家竭力说服父母，把家里的房产抵押出去，最终贷款18.5万美元，作为发明创造的资金。

本·考夫曼考入大学不久，随即辍学，创建了他的第一家公司。之后，他来到中国找到一家电子制造厂，生产出一种配有活索并能够随意伸缩的“歌吊索”耳机。几个月后，这个每只售价为39.95美元的歌吊索耳机大获成功，还获得苹果公司开发大会颁发的最佳产品大奖，赢得风险投资的青睐。此后，本·考夫曼及其团队共设计和制造了22款产品，销售火爆。从此，他更加热衷于民间小发明和小创造的收集，并进一步认识到让更多的人一起协作创造和开发新品会更有力量。

2007年8月，20岁的本·考夫曼在一个开发者大会上，号召所有参与者在72小时之内生产出一款专为苹果设计的配件，结果他和他的团队创造了3个成品，凭借一个集成器项目独领风骚。随即，他卖掉自己一手创办的公司，凭借这个创意，重新成立一家新公司，专为产品的协作开发而打造。

不过，本·考夫曼创办的第二家公司也只运营了两年。他意识到消费型产品的市场前景和掘金潜力会更大，于是立刻调整方向，欲打造一个让消费者也参与到开发队伍中的论坛平台。他认为，很多企业习惯采纳消费者的意见和建议，但很少有企业让消费者参与到产品设计和生产的全过程。他由此发现商机，让消费者的创意、个人化的需求和大众产品之间撞出火花，转化成新品种，投放市场，引领消费。

有一次，本·考夫曼转战9所高校的设计学院宣讲活动，发出振奋人心的宣言：“将你们脑海中的创意发明提交给我们，我们只需6至8周的时间将它转化为成品，陈列在零售货架上销售。”活动结束后，本·考夫曼共收集新点子350个，其中有3个最终投入生产并进入预售环节，它们依次是：一张

集工作间和床于一体的桌子、一个可折叠的速干行李架和一个私人枕头套式的闹钟。

把民间“发明”变现，创造产品和财富

公司成立第一年，本·考夫曼和他的团队共收集4个创意小发明并将其变成了产品，全都卖了出去；2010年这个数字增至20个，全年营收超过100万美元；2011年将40个发明点子变成产品，全年销售收入达700万美元，首轮融资即获得1260万美元的风险资金，成为民间创意发明“梦工厂”和产品“转化器”。

2009年3月，年仅22岁的本·考夫曼创建成立Quirky公司，专门将有“头脑”的创意和发明转化为产品实物，经运营产品社区与电子商务网站，推向市场，让民间发明者也能轻松获取真金白银的财富。

2011年3月，Quirky公司已成长为一个社会化平台，集设计和网络、制造工厂和零售生产线于一身的集团化企业，并专注于创意产品细分市场。消费者可以和企业合作设计产品，如儿童玩具、数码设备配件、运动与旅行辅助装备和厨卫小工具等。

仅用了两年时间，本·考夫曼24岁时就已迅速成长为一个集团企业家。正如他所说：“每个人都有自己的发明点子，我就是要建立专门收集创意与梦想的网络论坛和企业平台，与大众一起协作开发民间的‘小发明’和‘小创造’，在最短的时间内，用我们的开发和制作团队将它们转化成产品实物，推向市场并获得大众认可，共同创造和赢得财富。”

在当今以品种数量和物流速度为核心的主流电子商务平台，同质化购物体验非常明显，而Quirky公司则以发明理念和创意故事为主题，走出了一条丰富而多元化的产品之路，其扩张速度成为业内奇迹，并大获成功。

打开Quirky论坛，注册成会员，用户就能够以10美元的价格提交自己的

创意发明和产品点子。至今，Quirky公司拥有论坛会员已超过25万人。

而作为消费者登录论坛后，也可对其他人的产品创意进行评分、投票或者提出修改意见等。每个提交的产品创意经过一周的评价期，Quirky公司就会在当周内挑选出一个最佳创意，进入包括重新命名、Logo设计和包装等环节，并将它制作成样品投入生产，产品实物也将推向各大零售商店和网上商城出售。

Quirky公司总部设有一间完整的工作室，首先负责制作出产品原型；在中国设立一个生产团队，负责制造产品。在过去的4年中，Quirky公司已收集近8万个创意发明，推出200多款产品。每一件产品从设计构思到完成销售，平均仅需180天。2012年1月，有一家电视购物公司还专门开辟平台，售卖Quirky公司最新开发的创意产品。

2012年8月底，一家电视频道推出了一档与Quirky有关的日播真人秀节目，就是以本·考夫曼和他的公司收集创意的故事为原型，让踊跃报名的参与者在节目现场集思广益，进行“头脑风暴”，为“解决某一个问题而萌发出一个好创意”，争当一周、月度或年度的“Quirky发明之星”。

这档节目播出后，Quirky公司每周均能收到2000个各式各样的产品点子，并有两种新品同时问世，这不仅引起零售商们密切关注，还给Quirky公司带来了一轮又一轮的井喷式销售。很多消费者更愿意从一家零售商店很轻意地买到这么创意丰富而多元化的小商品。

其中，以畅销产品可折叠插座板的发明者杰克·兹恩的经历最具代表性：这个在2012年毕业的大学生，高中时代就对直板式电源插座板感到不满，并对此进行不断地实施改进，发明设计出一种匹配于各种型号及形状插头的链条式插座，但尽管设计稿画了一大堆，多年来却始终没能找到一个平台使其转化为产品。直到2011年读大三时，他在Quirky平台以10美元的价格提交了这个产品点子，Quirky公司团队很快将它推至开发和用户讨论阶段，最终被制作成可以在任何方向使用的折叠式电源插座板产品，仅上线一周便销售一空，杰克·兹恩轻松拿到2.8万美元的回报。他也在大学毕业后，用挣得的“第一桶金”创办了一家软件公司。

Quirky也是第一家为发明和参与开发者提供现金奖励的公司，并将利润的10%～30%回报给参与宣传及投票等比较活跃的终身会员、网络用户和大众消费者。

截至2012年末，Quirky公司全年营收达到近2000万美元，同时也让很多会员从中赚到了钱。尽管Quirky不及“脸谱”那样财富惊人，但其营利速度相当快。在2012年度，赚取1万美元以上的会员就超过100人，有的会员收入甚至达到10万美元以上。4年来，Quirky公司已向发明者支付超过200万美元的授权费。也就是说，可折叠电源插座板的发明者杰克·兹恩作为终身会员，将从产品销售额提成中获得更多的财富回报。

“产品即使用”，铸就创富机器

2012年9月，本·考夫曼和他的公司进行第3轮融资，获得6800万美元的资金，总融资额已达9130万美元，公司商业化估值逾1.5亿美元。从创意的产生到执行，Quirky公司不仅拥有大批有想法的注册会员，还拥有一支超强阵容的专业团队。

2013年上半年的一天，本·考夫曼和他的公司团队共有80余人，浩浩荡荡地从原来的狭小空间搬迁到了曼哈顿市中心的一处大仓库内。当天，包括一些政府官员、真人秀节目策划团队以及前来应聘的实习生在内，一起见证了代表Quirky公司发展新起点和新征程的重要时刻。

然而，作为Quirky公司CEO的本·考夫曼却说：“不要去祝贺那些获得融资的创业者。获得融资就像厨师买到了原材料，所有的工作才刚刚开始罢了，而开创有意义的成功业务、让每一位普通人都能成为发明家、创建一家快速发展的公司、产品获得设计类大奖且销量不俗、成就一些百万富翁、把公司打造成一家百年品牌的老店，才真正是Quirky未来发展的终极目标。”

同时，Quirky公司还拥有近32万个产品运营社区成员，大都是业余的开发爱好者、热衷于产品设计的在校师生以及退休人员。为保证产品最高售价都不超过150美元，他们本着“产品即使用”的理念，依赖Quirky公司提供的高科技复杂平台，以全能发挥DIY动手创造能力和精神为前提，社区成员在产品设计阶段提供评价信息，让每一个注册会员乐于在线分享自己和他人的创意评价和心得体会。

至此，Quirky公司的200余款产品已出口至35个国家，在产品运营社区内的35000个零售店销售，但仍有大量提交的发明点子等待开发，包括能够自动搅拌的微波碗、舒适的靠垫沙发网及令人放松的磁性瑜伽垫等。本·考夫曼因此兴奋地称：“只要卖出成千上万的商品，我们就可以赚到钱。”

2013年，本·考夫曼已将新融资的6800万美元用于开拓纵向市场，激活更多创意产品社区。在新融资的推动下，Quirky公司每个星期将推出的产品由2个上升至10个，同时将产品品类扩张至儿童玩具、电子产品、交通工具甚至医疗设备等，并销往更多的国家和地区。Quirky平台将被打造成为每一位注册会员实现创意创业的实践平台和“迷你发明的创富机器”，让更多民间“小发明”提交者及消费者会员从中获得极大乐趣和真金财富。

从3张床垫起跳，5年“蜕变”20亿

两个学习设计的艺术生，想开办一家公司，却付不起房租，也不知道做什么。为生计，他们将闲置不用的3张床垫，成功租给了3个需要安置食宿的人。更是为梦想，他们下定决心，立足于“将闲置的东西被利用，就会产生价值”的理念，不断延伸和放大，做成了短期租赁生意和公司商业化运营模式。

5年后，他们所创建的“空中食宿（Airbnb）”——旅行房屋租赁社区(Airbnb. com)，租客遍布170余个国家的9000多个城市，民居、树屋、冰屋、古代城堡、灯塔或是游艇船屋，都成了租客旅行度假、奇“屋”可居、寻找食宿的住处，被美国《时代周刊》称为“住房中的EBay”。截至目前，三轮融资共获得307亿美元，公司市场化估值逾20亿美元。究竟是什么，让他们超越现实与梦想，创造财富和奇迹？

白手起家，从3张床垫起步

布莱恩·切斯基和乔·杰比亚是美国一所设计学院的校友，学的是工业设计。大学毕业后，仅在别人的公司里工作两年，二人便双双辞职，准备做一番属于他们自己的事业，但具体做什么，他们都还不清楚。

2008年初，布莱恩和乔都是25岁，从洛杉矶辞职后搬到了旧金山，这时他们才意识到连房租都付不起，只好先合租房屋，住在一起。

刚到旧金山的第一个周末，恰逢美国工业设计师协会在这座城市召开会议，布莱恩自然格外关注，上网浏览大会网站，看到一则所有酒店几乎客满的消息，突发奇想地和朋友乔聊了起来：“嗨，如果我们能给前来参加大会的设计师们提供床位住宿，并能提供一顿早餐就好了，这样，我们只需把设计师们安顿下来，就能赚到钱。”

乔听他这么一说，也觉得主意不错。可他们连一件像样的家具也没有，满屋子都是搬迁随带过来的衣物、简易衣橱等生活用品，没有空置的床位。这时，布莱恩又想起一个切实可行的办法，在他的衣橱里倒是有3张充气式的床垫，但不能确定这就能触发商机。

为生计，他们只好这么做，72小时内搭好网站，将出租充气床垫的信息发布到网上。结果，他们抓住了酒店床位紧缺的机会，很快就有3人前来要求入住。这可把布莱恩和乔乐坏了，一周后，设计师大会结束时，他们不仅成功安顿了3位租客，还赚到了交房租的钱。

设计师大会结束后，布莱恩和乔又回到生活窘困的初始状态，虽然依旧雄心勃勃，但并没有将租赁充气床垫的经历看作是一门生意，对未来想入非非，仍在寻找着新的商机，一无所获。他们别无选择，只好再次返回到“将闲置的东西被利用，就会产生价值”的理念上来。

2008年8月，两个设计专业出身，又毫无创业经验、原始资金和市场资源的“三无男”，和另外一个朋友内森·布莱卡斯亚克一起，经过半年的努力，创建了一个点对点式向旅游者提供房屋的在线租赁网站“Airbnb.com”。“Airbnb”是“AirBedandBreakfast”的缩写，中文译名为“空中食宿”。

不靠谱，只是看起来不靠谱

2008年11月，布莱恩·切斯基和乔·杰比亚受金融危机影响，生活所迫，不得不自力更生，尝试着把Airbnb的业务拿到民主党大会期间兜售，竟叫卖起了盒装早餐麦片。其间的艰辛和挫折，他们从不为外人道也。会议结束后，二人竟出乎意料地净赚了37000美元。

正是这笔钱，让缺钱的他们解决了大难题，成为了Airbnb公司初创时期的“种子资金”。

Airbnb的初衷非常简单，就是让租客能够找到地方住，而不是住进旅馆酒店里。其业务模式十分清晰：有空房子的人在网站上发布自家的空房信息，让那些不想找酒店住的租客上网查找合适的食宿地点，进行在线付费和实地入住交易。

就是这么个创意理念，在Airbnb初创时，却遭遇所有投资人的拒绝。为什么？因为它让人看起来相当“愚蠢”：你出门旅行会租用陌生人家里的房间，而不是去住旅馆吗？更为颠覆传统智慧的是，你会愿意出租自己家里的空房间与陌生人同住一个屋檐下吗？这也太不靠谱了！也确实是这样，人们大多不愿意让陌生人住进自己家里，安全问题、隐私问题，一直让房东们望而却步。对客人来讲更是这样，本来一个人出门就不安全，还住在别人家里？房东有歹意怎么办？但世界上总有那么几个喜欢吃螃蟹的家伙，当大家都觉得这个螃蟹不但没毒，还挺好吃的时候，这事就越来越好办了。

私家闲置的空房间要比酒店更便宜，而且房主与租客之间增加了聊天交流等亲切的互动。满足房主和租客基本需求后，Airbnb的生意越做越好，不仅有人发布常住的房子，更有人将别墅、村庄、城堡、树屋，甚至整个国家发布到网站上。随之，Airbnb模式又被打上了寻找食宿、旅行度假、奇“屋”可居等标签，在网站上可以直接进行寻找、付费和完成交易。

于是，这么时尚前卫的旅游住宿方式在社交网络和公司互联网营销的双重推动下，逐渐被认可而盛行起来，Airbnb网站的空中食宿服务得到更高升华，延伸出更大价值。

即便在2008年经济衰退时，Airbnb仍然茁壮成长，拥有更多房屋和租客，并在每次交易中都能抽取双方各10%的费用，很快实现盈利。这时，Airbnb俨然成了全世界的“网上租赁市场”。2010年，Airbnb的经营模式被评定为全球10大网站商业模式之一。

2009年伊始，Airbnb以迅猛的业绩成长，引来风投公司“红杉资本”及天使投资人保罗·格雷厄姆的注意，并将其纳入孵化器，投入60万美元作为Airbnb公司的“种子轮”融资。

从成立起到2011年6月，Airbnb总交易量达200万，但这个数字在2012年1月就达到了500万，2012年6月就突破1000万了。2012年10月，经过C轮融资，评定Airbnb的总市值在20亿～30亿美元。

正是这一看起来不靠谱、也不可能有好生意做的家庭式短租业务，却从最初的3张床垫和3个租客，经历5年“蜕变”，成就了现今市值超过20亿美元的短期租赁的互联网龙头企业。

如果把Airbnb看作是“一个点子+创建网站”就能坐收财富，显然是错误的。现年30岁的Airbnb联合创始人兼首席执行官的布莱恩·切斯基，回顾早期创业时肯定地说：“的确看起来不靠谱，但我们毫无办法，因为那时的我们太缺钱了！‘缺钱’让我们的决心变得更加坚定，不敢轻易偏离理念，一直坚持下来，并且做到最好。在你没有钱时，你就不会有什么‘五大战略’，你必须专注在一个战略上，你必须创建租客真正想要的东西。”

亲自去“流浪”，专注业务体验和增长

最初，Airbnb团队的办公地点设在一处公寓中，设备占据了卧室，布莱恩·切斯基便拎着一个行李箱四处为家。有一次，他在Airbnb上订了两间

房，一间是由房屋中介提供，另一间则是一对夫妇发布的。经分别入住感受后发现，房屋中介提供的房间就像是酒店，而那对夫妇却带着他游览了市区。

布莱恩·切斯基由此得出，如果CEO能够重新站在顾客视角，经常体验自己的产品或服务，那么，这个公司一定能够创造伟大的产品，而房屋中介显然破坏了个人租客的亲身感受需求。因此，Airbnb在创立之初就加入了社交元素，坚守要从“有血有肉的人那里”租房的理念，让租客感受到“不在家中，胜似家中”。

有一年，布莱恩·切斯基连续9个月通过Airbnb订到各种房间，为的就是实实在在地了解租客需求，每隔几天就更换一个住处。对此，他的解释是：“你可以认为我是一个流浪汉，也可以认为我在旧金山有650个家。”时年27岁的他，因此被冠以“流浪的CEO”“首席流浪官”和“史上最牛流浪客”等称谓。

多年来，Airbnb一直在经历着快速的业务和财富增长。2010年，Airbnb完成了160万个租赁交易业务。2011年5月，Airbnb获得了1.12亿美元的新一轮融资，订单总量突破200万份。至年底，公司又推出11种语言版本，主攻国际市场，先后在巴塞罗那、柏林、汉堡、哥本哈根、米兰圣保罗开辟了办公处，订单总量增长了25倍，上升至500万份，网站商业化估值超过10亿美元。

至此，在过去3年多的时间里，布莱恩·切斯基和乔·杰比亚原本是生活窘迫的“三无男”，还是互联网技术的“门外汉”，却从3张床垫起步一跃成了亿万富翁。

2012年6月，Airbnb的全球总订单量达到了1000万份，每2秒钟就有一个房间被租客预订，且在伦敦奥运会来临之际，成功收购了英国一家竞争对手，在10月份的C轮融资中又获得1.17亿美元的风投资金。仅仅过去1年多时间，Airbnb公司的商业化估值就从10亿美元翻倍增长，总市值超过了20亿美

元，而公司则将大部分资金用在了拓展新市场和新类别上，比如私家车租赁、车位租赁等。

租客只需一台电脑和一张信用卡，就能承租到遍布170个国家、9000个城市的民居、树屋、冰屋、古代城堡、灯塔，或是游艇、船屋、海边房、沙发及帐篷等住处，给房主原本闲置的空间资源带来增值，既帮助房主获得收入，又帮助旅行者节省开支，让旅行度假和寻找食宿不再奢侈，更能给背包客们带来“行者无疆，不期而遇”的美妙和新奇之旅。

然而，巨大的资金财富，并没有让首席执行官布莱恩·切斯基冲昏头脑，他至今还过着四处为家的“流浪”生活，还要求他的Airbnb团队每一位成员，必须以普通租客身份，频繁地深入体验和使用Airbnb所提供的种种业务。只有实实在在地亲身体验，才能有更多发现和花更多心思打造网站提升业务，从更多层面和角度，延伸并创造商业模式的新领域和新价值。

2013年，Airbnb推出一项更加惊人的业务：租赁整个村庄，甚至是一个国家。租客如果肯出5万美元，能够租到德国的某个酒庄，与当地居民共度一个良宵；租客如果肯花6.5万美元，就可以租到奥地利某个美丽的村庄住上一晚；甚至还可以租下整个国家，享受到仿佛就是为自己一个人打造的神圣“国度”。Airbnb卖给租客的其实是“这一天，我应为王”的感觉，岂不爽哉！顾客一爽，口碑传播就产生了。

Airbnb公司从创业之初，就坚持着一切围绕“租客至上”，让“点子”长腿，不偏离理念，做价值延伸，专注团队体验。公司有半数员工环游过欧洲，每隔几个月，还会组织一次大型的集体旅行，这些已经构成了Airbnb公司的特色文化和成功因子。

墨迹天气，创业不“磨叽”

“墨迹天气”是一款能够主动联网的手机天气预报软件。金犁和他的开发团队正是基于这个切入点，于2009年5月，自发布“墨迹天气”第一版本以来，经历多次升级、改版和开发新产品，供用户下载使用。而这一系列墨迹天气手机软件的最大优势，则是它所能满足客户更人性化的需求，并带来更贴心的服务，以及华丽视觉的界面和炫酷的新奇体验。然而，就是这么一款生活类的“小应用”软件，背后却蕴藏着巨大的梦想和计划、商机和财富。

不留遗憾，渴望创业的激情

2005年的夏天，“80后”的东北小伙儿金犁，从大连交通大学毕业，此后分别在全球500强企业之一的埃森哲公司、塞班公司和诺基亚公司，担任软件系统研发工程师。

2009年初，任软件工程师3年多，金犁内心却感到了一种深深的遗憾，因为他非常自信于自身的技术和研发才能，而又多年来一直在给外企打工，感到很是不甘。2009年3月，金犁拉上同样在北京工作的大学同学赵东和张雨丝，成立了一个研发手机天气预报软件的团队。

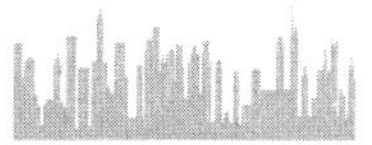

金犁不仅是个“技术狂人”，也是个敢想敢干的人。因为做天气软件，不只是靠天吃饭，还要靠天创业。于是，他们三人很快达成共识，一起创业。由金犁作为领头人，张雨丝负责技术，赵东包揽界面美工等方面的设计工作，利用业余时间开始进行第一版本的产品研发。

50多个深夜到天明，连服务器都是利用自己的电脑搭建，天气预报的手机软件终于开发出来了。他们反复测试多次，以突出软件的个性成果，但软件正要上线发布时，也没能把软件的名称定下来。2009年5月4日，他们将软件首次发布在网上后，供用户下载试用。金犁还利用网络做了很多宣传，谁也没想到的是，软件上线的第一天，下载体验的用户就达到了2000个。一个星期后，用户就升至10000个。

这也难怪。天气预报服务，在任何时候都是人们日常生活中不可缺少的需求，而在当时市场上，较为个性化的天气软件少之又少。他们的成果刚一发布，就突出特色，出奇制胜。

金犁和他的团队深受鼓舞。第二周，受体验用户的反馈意见和建议启发，他们立即对第一版软件进行了改版升级，日下载量又有突破性地稳步上升。半年后，至2009年年底时，软件下载量突破了100万次。

与此同时，金犁在决定创业的8个月之后，毅然辞去了年薪30万的工作，全身心地投入创业，志在做一款结合手机操作及特色鲜明的天气信息软件，更符合不同用户的个性化需求。因为，金犁意识到，突破100万次的下载量，就意味着墨迹天气即将迎来快速增长的阶段。

超酷界面，多功能贴心服务的手机APP

金犁是东北人，取“墨迹”二字作为软件名称，则是取自东北方言里的“磨叽”，也是三人在餐厅吃饭时“磨磨叽唧”中想象出来的，希望它能像夏日里的一片云朵，精诚团结，充满激情，勇往直前，能够记录下“墨迹天气”创业团队的奋斗痕迹。

2010年6月初，又历时半年的产品功能改进和升级，加上线下口碑相传，用户下载量突飞猛进，已达到近500万次。随后，“墨迹天气”下载量迎来前所未有的迅猛增长，2010年底，“墨迹”软件用户一跃突破1000万户。这一惊人数字，犹如给他们注入了一针强心剂。

随即，金犁成立了墨迹科技软件公司。不久之后，第一次融资就获得250万元的天使投资。这一年，金犁被推荐成为广州亚运会的一名火炬手，昭示着他和他的团队用创业的信念和态度正在改变着生活，并得到一定的认可和肯定。

公司成立一年后，墨迹系列软件靠着与用户的接触、吸引、黏着，到管理和发起，再到最终达成接受和应用，整个过程都只在APP这一个小小界面及端口内发生。以金犁为CEO的墨迹科技公司逐渐壮大，发展到一个由开发、产品、项目、UI（界面）、商务、财务六个部门30余人组成的精英团队。

创业之初，金犁对开发天气软件就选定了方向和目标，寄予厚望。首先它是一款更新、更快、更人性化的天气预报软件，并随着创业深入，于2011年初，为做出多功能贴心服务的手机APP，在主程序基础上，先后开发出一系列个性化功能，不仅支持手机界面显示，还可以以短信或微博方式与他人分享信息。

这一切功能和界面，皆是利用其首创的数据压缩技术，更新一次只需要不到1kb—2kb的流量，隐匿在“小”应用背后的“大”计划，已初步彰显了精彩。

2011年6月初，墨迹软件用户增至2000万户。打开墨迹天气手机软件，除了很具美感的星空主题界面之外，软件直接从相关气象台抓取数据，并兼容几乎所有系列手机，以形象逼真的雷雨、太阳等图像来详细展示天气的细节，赢得用户的满意和青睐，查阅天气信息如同翻书一样，简便易用。

2012年，墨迹天气坚持以用户体验为重，不断取得新进展。墨迹天气与气象局合作，保证信息实时更新，最终将一款易用的生活类APP，延伸成一个较完整的服务平台。事实证明，APP正在改造着传统，改变着生活。

2012年3月9日，“墨迹天气”再次升级，为用户量身打造的HD版支持动态横竖切换屏幕，获取信息更加便捷悦目，绚丽的用户界面效果使枯燥的天文数据展现得更加生动直观。预报范围已超过3000多个城市和地区，几乎覆盖并支持所有县级城市，展示当天及未来五天的天气和生活指数，相比于国内其他同类软件，都是位居第一位的。

2012年3月28日，墨迹天气发布可查看城市空气总体质量的“墨迹空气指数”，新增加120个城市的污染指数信息，覆盖中国大部分城市，可以查看到未来一天、一周以及一月的空气指数趋势和感冒指数。按金犁幽默的话说：“这些功能，可以减少用户买感冒药的机会。”

2012年12月29日，墨迹天气Android2.32版全新发布，“语音闹钟”功能隆重上线，同步更换了新的LOGO，更有多达8项系统功能升级。“墨迹天气”这款拥有超酷的用户界面，以及多功能贴心服务的手机APP，每日下载量都呈现爆发式增长，在同类软件中占尽风光和保持着强势劲头。

“小作坊”大梦想，“小应用”做出国际范

经历三年多的软件开发和激情创业的坎坷路程，墨迹从一个没有任何资源背景和不像大公司那样有着坚实后盾的“小作坊”，发展到业界知名的小应用软件开发公司，其间的酸甜苦辣从不为外人所知晓。

现如今，在北京中关村地区一处245平方米的办公区内，金犁和他的公司团队依然坚守信念，全心做贴心服务手机APP的初衷从未改变。据2012年7月底统计显示，墨迹天气在没有大规模广告和行销人员等资源投入的情况下，取得了奇迹般的傲然成绩，用户下载量累计达到了1.8亿次，激活设备5300万台，日联网设备1089万次，日查询次数近7424万，总查询次数近300亿。

而这一连串数据意味着什么？相当于一个传统企业拥有了数以亿计个顾客，以及建立了数以千万计的零售门店，而且是24小时全年无休止地推送各种品牌故事和信息，能完全掌握所有用户行为记录，精准到用户的每一分、每一秒和每一次位置的变化。

作为墨迹科技公司创始人兼CEO的金犁显然意识到，这就是蕴藏着巨大商机的APP营销模式，即不受时间和地点限制的营销或助销。至此，他们还与手机商及电信运营商合作，将墨迹天气内置到手机应用服务中，同时还引入到微博中，方便用户与他人分享天气资讯，并与气象专家合作搭建“天气问答”模式，并一举延续到了iPad平台等，迅速提升了墨迹的号召力和影响力，以及拓展了受众用户和商机财富。

不仅如此，他们还将墨迹天气软件推向国际，推出了国际版本，因为天气资讯服务在任何地方，都是人们日常生活中不可或缺的信息需求，不仅是国内的，也是国际性的，以此拓展更广阔市场和更多商业机遇，是顺理成章切实可行的，其中最主要的盈利点则是品牌商的广告投入。风投机构以墨迹种种成功的迹象表明，做出评估，墨迹作为“小应用”生活类软件的商业化价值已逾1000万美元。

2013年3月，墨迹天气已在增强天气应用自身的服务，通过用户间的评论分享等机制增添了社交元素，最新用户突破1亿人大关，并成功实现从工具型产品向生活软件服务提供商转型，成为继微博、微信、美图秀秀及高德地图之后又一款用户过亿的移动端产品。

对于未来的发展和方向，金犁表示：“墨迹是以天气预报作为切入点，不断开发和增加新的APP产品与功能，即使是没有强大资源作为后盾支持的‘小公司’和‘小应用’，我们也一样能做得更好，做出国际范的大梦想和大追求，并在众多网络领域和市场环节中，赢得新的商机价值和财富前景。”

独辟蹊径，只有做出不一样才能成就不一般

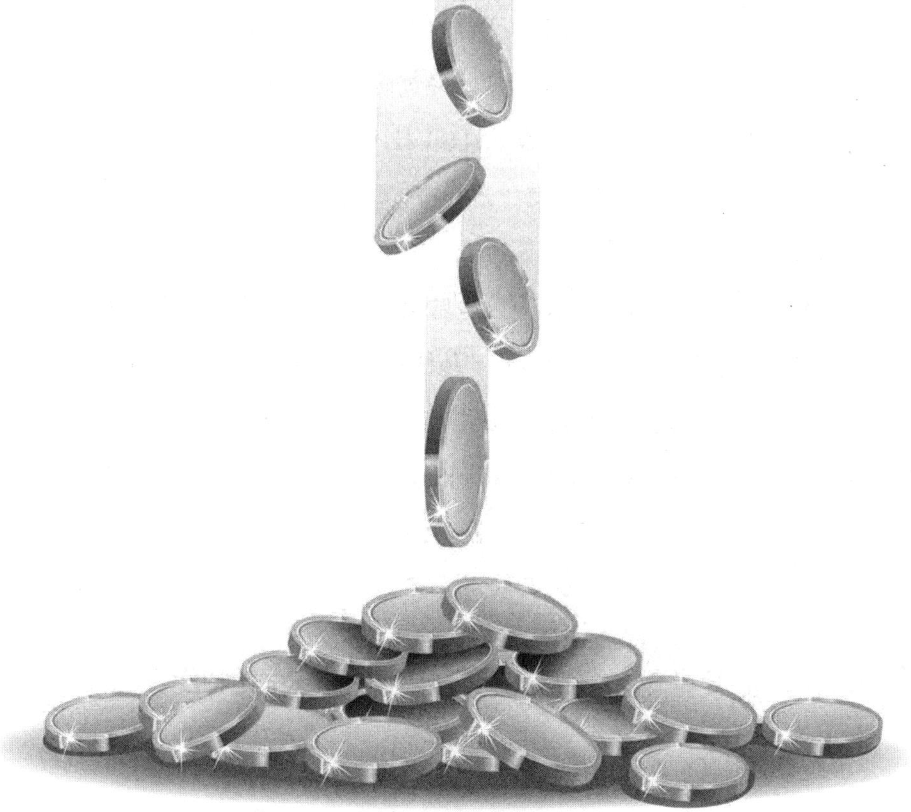

小鬼“当家”云电脑

年仅23岁的谈天霆，身为上海天霆科技集团有限公司的CEO，已是一位资深的企业家。他从少年起步创业，经过两年的前期创业基础，转而投身到世界IT业最前沿的虚拟服务器（VPS）技术和业务，又带领公司团队依托“云计算”，“沉寂”5年研发“云电脑”获得成功，最终将个人“云电脑”推向市场。

2012年6月28日，作为“国内云电脑第一人”的谈天霆，在上海号称“国内首台云电脑”发布会上放言：“传统电脑的笨重和高能耗等诸多缺点日益明显，必然走向衰败，因为‘云电脑’卖的是服务，‘机顶盒’式个人电脑代替PC的新概念和新时代必将到来，天霆云计算，代替PC，绝非妄言！”

追梦少年，狂砸50万元自创网络公司创业

1989年8月3日，谈天霆出生在上海市一个普通市民家庭。父母一直从事服装生意，利润维持全家生活开销后，积蓄不多。谈天霆自小学三年级时，就迷恋上了电脑游戏，升入初中后开始自学编写程序。

2004年，15岁的谈天霆在读初中二年级。年底期末考试，谈天霆除了英

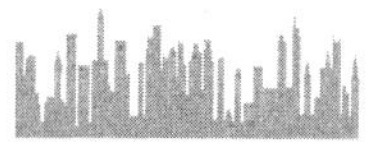

语成绩超过了80分，语文和数学成绩均不理想，学校建议他留级。谈天霆一听重读二年级，突然向校长和父母提出辍学，回家创业。原来，由于谈天霆沉溺网络游戏已久，且对网络游戏开发产生浓厚兴趣，才导致学习成绩差强人意，由此产生回家创办一家网络公司的念头。

谈天霆与父母及学校经过多次沟通，最终慎重地签下了一份“休学协议”。学校准许他休学一年，且规定在一年内如果创业失败，谈天霆必须无条件地重回校园读书。因此，谈天霆在创办公司之前，必须拿出一份包含学习、健身和回报社会等方面目标的完善的创业规划，每个学期回学校两次，向学校汇报学业及创业等方面的最新情况。

谈天霆创业的梦想始于2003年。14岁时，他已开始从事网络游戏的虚拟物品交易，直到休学前，已经拥有了自己的工作室。创业第一年，由于需要添置新电脑和招聘员工等，谈天霆因为手里没有一分钱，什么事也没有做成。

谈天霆的父亲目睹儿子铁了心要创业，一筹莫展，最终顾不得亲戚朋友的反对，横下一条心和儿子站在一边。父亲思来想去，不惜卖掉了一套120平方米的房子，得款50万元，交到了谈天霆的手中，作为儿子创业的第一笔经费。

2005年初，休学后的谈天霆还不满16周岁，不具备成为企业法人代表的资格，只好拿着父亲的身份证，去工商局注册了一家网络公司，以开发网络游戏为主业，全面进入创业状态。

公司成立半年后，以低收费交易和营销策略，谈天霆竟然成功接到20多笔业务，赚得了第一桶金。随后，有了资金实力的谈天霆又雇用5名大学生给自己当助手，业务包括求职招聘、游戏开发、企业网页制作和网站维护等，先后为5家企业设计和建设网站，生意兴隆。

谈天霆名声大振，引起全国各地媒体关注报道，谈氏父子还被邀请到了中央电视台的人物访谈节目。

“小鬼”当家，打造国内第一家VPS专业供应商

2006年下半年，17岁的谈天霆创立了国内第一家专业虚拟服务器（VPS）开发企业。因为，他早在做网络游戏研发期间，就非常关注国内外最新的研发技术。同时在这一年，Google首席执行官埃里克·施密特在一次搜索引擎大会上，首次提出“云计算”的概念，“云计算”技术立刻成为IT业研发的新动向和新宠儿。

谈天霆获此信息，当即意识到这就是他下一个经营的目标和方向，因为在自己的公司内部，报废的电脑多达几十台，如果将网络虚拟服务器代替电脑主机，不就可以大大降低购置电脑的成本了吗？于是，谈天霆毅然选择华丽转身，创立上海天霆网络科技有限公司，专门做中国第一家专业的VPS供应商，重新起航，再度创业。

2007年6月中旬的一天，不满18周岁的谈天霆，以上海天霆科技公司CEO的身份，主办并主持了主题为“创新·发展”的研讨会，与全球领先的服务器管理和虚拟化软件提供商SWsoft公司、微软公司等共同研讨了主机行业服务创新问题，300多万元的研讨会费用，全部由谈天霆的公司承担。

谈天霆的第二次创业，相较于第一次显得更大胆而有市场远见，VPS技术在国外已得到成熟发展，而在国内尚处于刚刚起步的阶段。谈天霆再次受到媒体的格外关注和报道，“天才少年”和“中国的比尔·盖茨”等溢美之词接踵而来。

谈天霆的年纪虽然小，但深知生意场上诚信和利益是关键。他租了一间150平方米的办公室，和普通学生一样，每天一早起床，随后上班，一直忙到深夜才下班。公司里的技术工程、市场营销、售前售后服务及财务管理都有专业人员打理。他每个月都要花一周时间学习英语和管理方面的培训课程，再把所学的管理技巧和知识运用到公司管理当中。

至此，他的新公司成立不到一年时间，就拥有员工20多人，全是来自各

大名校的本科生，月薪均已超过3000元。公司业务量大增，为全国各地600多家中小型企业专业提供虚拟服务器在企业管理中的开发与应用以及后台的技术性服务与支持，更是赚足了雄厚资金，完成了财富积累。

“沉寂”与研发，“云电脑”卖的是服务

2006年，谈天霆成立新公司，至2012年6月底，他和他的公司团队突然鲜少与媒体接触了。而他们在转入“地下”，又似乎“沉寂”了5年多的时间里，却一直在依托“云计算”、研发“云电脑”的道路上默默地求索着前行，更经历过无数次的挫折和失败。

尤其在2009年，有两位毕业于计算机系的博士生，听说他的公司正在开发虚拟服务器和研发“云计算”后，认为此项目所运用的技术在国内是非常领先的，最终被深深吸引，加盟并参与研发后，成为谈天霆团队的主要骨干科研人员。每当陷入困境，善于学习的谈天霆都有着超强的方向感，都会指明新的研发方向，激励团队重新实验，才没有导致研发“云电脑”服务技术停滞不前，而是不断取得新进展，终获成功。

原来，所谓的“云电脑”，外观和大小仅如电视机上连接外部信息资源的“机顶盒”。2012年6月28日，国内首台个人“云电脑”在上海发布，作为研发“云电脑”的首创践行者，被喻为“国内云电脑第一人”的谈天霆，即刻成为业界的焦点人物，其充满传奇色彩的创业经历，又一次被各路媒体热切关注和争相报道。

此时，谈天霆已由一个17岁的少年CEO，成长为一位年轻的资深企业家，且是在国内教育体制之外成长起来的年轻企业家。2005年至今，他在初中母校设立了谈天霆奖学金，以资鼓励有特长的学生，且信守“协议”承诺，每个学期开学时，他都会回到学校“述职”，为获奖的学生颁奖。作为成功人士，谈天霆为母校安装了“云电脑”，让师生们在第一时间内“品

尝”自己的最新成果。

2012年上半年，“云电脑”服务器的机房，即天霆云数据中心的第一期工程建成，实用面积达20000平方米，可容纳1500个机柜。“云电脑”用户只需将“机顶盒”式的终端插上网络，即能实现与数据中心互联。拥有个人“云电脑”之日，便是不管在什么地方，只要有2兆带宽能上网，都可以随时办公、看电影或玩网络游戏等。

在上海浦东国际会议中心个人“云电脑”的体验现场，谈天霆饶有兴致地介绍说，有了这台“机顶盒”式的终端新型电脑后，个人用户只需再有一根网线、一台显示屏及鼠标和键盘，即可向网络运营商以套餐形式申请购买“云服务”，即刻可以拥有一台永远不需要杀毒的“云电脑”，且用起来和普通电脑一模一样，手机、电视机、iPad同样能作为显示屏使用。

一位工程师算了一笔账，把电脑打造成“机顶盒”代替PC机，重量仅为162克，功耗只有3瓦……若以150万台“云电脑”代替PC机，每年可节省220万千瓦时的电力，相当于少用3万吨煤，少排放15万吨二氧化碳，会减少1万吨电子废物……与传统的普通电脑相比，岂不是更加绿色环保？

现如今，谈天霆和他的“天霆科技”已将完整的产品方案推向市场。对于未来发展，23岁的谈天霆非常从容、自信地表示：“公司目前拥有的数据中心，已具备10万个用户同时使用的承受能力，未来两年，数据中心肯定将有井喷式发展。‘机顶盒’代替PC机，‘云电脑’卖的就是服务，个人按使用多少资源付费，一切跟家庭中使用多少度的水和电而应当支付多少钱没什么不同，‘云电脑’的运用和推广必将成为个人使用电脑的一种新选择和一个新趋势。”

舌尖上的“小人国”

与其抱怨生活无聊无趣，不如换一种视角看世界。美国摄影家克里斯托弗·波佛理（ChristopherBoffoli）在过去几年里，把童年时期的玩具小人和美食结合在一起，用微缩摄影的镜头，拍摄出“美食小人国”系列摄影作品，旨在向人们展示“舌尖上的小人国”。

摄影师是个“道具控”

现年40岁的波佛理是长期活跃在美国西雅图的摄影师，大学尚未毕业，就开设了一家属于自己的商业摄影公司。

波佛理自小喜欢玩具，长大后成了摄影师，他也不放过玩具收藏，达到痴迷狂热的程度，至今在他的住处，还收藏着大量的飞机、火车、船只、火柴盒汽车及公仔小人等之类的模型玩具。而这一切，最终成为他诸多摄影作品内容风格的“营养成分”。

2001年下半年，28岁的波佛理放弃一切事务，开始去世界各地旅游，在行走过程中，一边坚持写作，一边进行纪实摄影，积累了大量文字和摄影作品。

4年后，随着阅历增多，波佛理回到西雅图家中，开始对过去几年旅途中见到的社会现象和人们的生活方式进行反思。他发现了人们因缺少食物而产生的饥饿感，对美食不可抗拒而产生几近贪求的食欲感。作为摄影师，波佛理很快找到了他独特的表达方式——用影像来表现人与食物的关系。

这天，波佛理来到了自己的“玩具小屋”，创作灵感一下子迸发了出来，何不以这些公仔小人的玩偶作为道具人物呢？用微缩的拍摄技术来打造缩微版的社会场景，让公仔小人物与食物相结合，来展现人们的现实生活场景，说不定更有趣。于是，波佛理把这个摄影项目取名为“美食小人国”，并开始致力于微缩摄影创作。

摄影师都是“道具控”，波佛理也不例外。他用新鲜食物中的蔬菜、水果、蛋糕、玉米、热狗、饼干甚至牛奶等搭建场景，以公仔小人物的生活情态为线索，将一个个动作各异的“小人物”戏剧性地置身于“巨大”的食物世界中，就这样，一个个妙趣横生的场景呈现在眼前，如同一个栩栩如生的“小人帝国”。

玩“差异”，美食小人国玩转全美

2011年5月的一天，波佛理整理出一组以甜点和水果为背景的照片发布在博客上，迅速被传播开来，爆红网络。这组名为“大胃口（BigAppetites）”的微缩拍摄作品充满奇思妙想，开了摄影新领域和新发现的先河。原来，在琳琅满目的食物世界中，还隐藏着形象逼真又主题丰富的“小人国”，让人惊爆眼球。

在过去3年时间里，波佛理几乎走遍全美国的各大画廊、展览馆和美术公司，通过捕捉人们在日常生活中的有趣行为，又把镜头转向了厨房以及食物上，推出了他的全新摄影系列作品，比如有水管形状的意大利面、馅饼、龙虾、烤面包等，再次让“美食小人国”成为经典之作，给人以崭新视角看待食物之外，更突出食物的美味，造型愈加奇特和丰富多彩。

波佛理把这个系列摄影作品统一命名为——“差异（Disparity）”。他曾表示：“创作出有趣的画面只是我工作的一半，能够令大众会心一笑才是我的主要目的。我在打造一个大孩子的‘小人国’世界，彰显的是‘大食物和小人物’的差异性。”

然而，对于摄影家波佛理来说，创作每一件作品都不是一件轻而易举的事情。他在西雅图拥有一间独立的工作室，首先要想好一个点子，然后到农产品市场买回所需要的新鲜食物或食材，回到工作室后开始布置场景，当然最为麻烦的问题就出现在那些“小人物”的公仔人偶，它们不会自己站立，不会任人摆布或“听从”安排。更重要的是，在镜头下的它们要显得非常自然，而不能让人感觉是被刻意摆设上去的。

波佛理在长期拍摄过程中，渐渐学会把玩具跟食物配搭在一起，使这些小人物能固定在食物上，食物还要经过切割、摆放，用龙舌兰蜂蜜作为粘合剂，或者用牙签在食物上刺上小孔帮助固定模特儿等，有时为完成一次完美拍摄需要多达25次的尝试。

于是，在他的“美食小人国”中，糖块变成了集装箱、牛奶变成了海洋、薯条变成了木材、马卡龙变成了名胜建筑；还有小人物在香蕉上惬意地骑自行车、徜徉在浓浓牛奶里开心划船……这些平凡场景因为有了小人物的点缀而变得妙趣横生，让人忍俊不禁。

从微观世界找到打开世界的“钥匙”

在现实世界，人人都像是生存在“食物”上的居民一样，对超供的食物已经无所适从。一方面是人们对食物的过度消费，以及有太多太多的人竟依赖着没有营养价值的过度加工食品；而另一方面，世界上还有很多人正处于渴望美食却忍饥挨饿的状态。

波佛理的生活和拍摄意念非常另类，更与“吃货”们的大块朵颐及大成本大场景的影像制作截然不同。在他所创造的“小人国”里，你会看到这里的“居民”没有语言和国籍之分，没有文化背景和社会地位的差别，人人平等，世界性视角充满整幅画面，而食物的色彩和纹理丝毫毕现，看不出有何塌陷和损伤之类的瑕疵……作品从微观世界中找到了打开生活与洞察世界的方式和钥匙，让人叹为观止。“小人帝国”正是对现实社会形态的反映与思考、演绎与反思。

“美食小人国”系列摄影作品在全美展览后，引起强烈反响。截至目前，其作品传至90多个国家和地区，刊登在报刊杂志上，获得很高的评价。

2013年春，波佛理又有了新的拓展计划，他将这些照片整理成册，或将在秋天出版发行。他在给一位同行的电子邮件中说道：“食物是庞大的，人类是渺小的。我希望我所创造的这个世界，无论现实生活多么凌乱肮脏和令人沮丧，‘美食小人国’的一切永远都是那样干净、完美与和谐——人类应科学地消费和使用食物，像善待自己一样对待食物和拒绝浪费，尊重食物而不过度加工的才是天然好味道。”

“混搭”人生，不靠谱也是最靠谱

乔小刀，学业只继续到初中二年级，他的想法是，与其在家里吃苦，不如在更大的地方吃苦。于是，十多年前到了北京，从捡破烂、做焊工做起。没碰过画笔却办起画展，成了“破烂艺术家”；不懂软件设计，靠非凡创意和怪点子，摇身一变成了科技公司的白领，一个人就是一个设计部；不识乐谱，唱歌跑调，却组建乐队担任主唱，开个人音乐会，出版唱片专辑，一炮而红；热衷手工制作，开有自己的工作室，经营商业设计，赢得“丝网印刷专家”的名头，成为商人；不仅如此，他还是诗人、杂志主编、创意师、展览策划人、文化传媒公司执行总裁等，得到与大导演张艺谋合作的机会……在全国几十所高等院校发表个人演讲，成为现实中的励志牛人。

没碰过画笔的“破烂艺术家”

1998年开春，乔小刀到了北京，一文不名，穷困潦倒。一年中换了好几样工种，做焊工、干泥瓦匠兼做装修工。每次出外干活时，透过玻璃窗看到在写字楼里工作的人，梦想自己有一天也能坐进去成为白领，并开始利用各种时间和机会“偷学”技术，学习电脑刻字，又学平面设计。

他敢想敢做，脑子灵活，更是个工作狂。那时，他居住地方的租客以及周围朋友大多是“北漂”一族，有的是搞音乐的，有的是搞美术的，原来都

是“艺术家”呀。他很要面子，就谎称自己是“画画”的，虚荣心得到很大满足。不久，一位酒吧老板找到他：“我的酒吧要搞装修，能不能挂上几幅你画的画？”他一听傻眼了。但一个月后，没有碰过画笔的他却奇迹般办起了画展。这是怎么回事？原来，他在搞装修之余，骑自行车捡破烂时捡回许多建筑胶、三合板、油漆和颜料等，然后经他的手涂抹拼凑后，居然一个月创作出70多幅“假油画”挂在酒吧里展览，取名叫“锈”。来酒吧喝酒的人称他为“破烂艺术家”，纷纷将他的画拿回家收藏。

“混搭”创业的快意人生

2000年春节过后，他再次从东北老家回到北京。这一次，自己的生活还居无定所时，他就大胆地把父母和三岁的侄女接来同住。这时的他经过多年的学习和打拼，摇身一变成了一家网络公司的白领，原因就是他虽然没有学过设计和软件，却用各种怪点子成为创意市场上颇受欢迎的人。他曾十分得意地说：“其时，我自己就是一个设计部，谈成客户，公司就能挣钱。”

此后一年，网络公司经历由遍地开花到大潮大落，他所在公司惨遭倒闭的厄运。离开公司后，他分得两台电脑和几张办公桌，并以此作为家底租了写字楼，成立起自己的工作室，主要经营商业设计和丝网印刷，俨然是个商人，开始接活儿单干。

好的人缘帮了他的大忙，也为他赢得不少商机。也就是说，在之前的三四年时间里，他玩命似地打拼工作，做出过许多新鲜而又令人刮目相看的事情和业绩。自2002年起，他每月主编一本“帆布制造，丝网印刷”的书，出版自己的诗集等。功夫不负有心人。2004年，他的工作室成立后，一边上顿接下顿地啃着方便面，一边为不少文艺界人士制作、设计和印刷唱片封面和宣传品。他又被冠以“丝网印刷专家”的名头。

然而，2006年，他赚到一些钱后，毅然卖掉工作室。可又任谁也没有想到，他一个连基本乐谱都不认识以及一个唱歌总是跑调的人，竟完全意外地

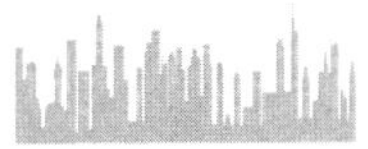

脱胎换骨玩起了音乐，成了民谣歌手。

见过不靠谱的，却没见过这么不靠谱的。他狠狠地想：“我不是唱歌跑调吗？那我就找一个唱歌比我还跑调的人加入。”于是，他找来8岁的侄女成立“大乔小乔”的演唱组合，紧接着又是搞音乐会，又是出唱片，玩得不亦乐乎。他们第一次在北京某酒吧里开了场音乐会，由于人满为患，被请来做演出嘉宾的三位好友却被堵在了门外，怎么也进不去。许多人纳闷至极：“他们唱歌这么难听，却为什么还这么受欢迎？”依然挡不住大获全胜，名声大噪。

不久，他们第一张专辑《消失的光年》问世，也是全家人齐上阵，自行设计包装，和母亲连夜用缝纫机做封套。在朋友帮助下，6天完成录唱，30天完成唱片制作，限量发行2000张，总计成本不到10000元。最让他难以忘怀和永远自豪的是，2007年7月12日晚上，1000多人手持40元钱的门票涌进专辑首发会场，观看一个年轻男人和一个小女孩的演出，取得空前火爆。

2008年，他“北漂”的第10个年头，曾经自嘲不敢和女孩抬眼对话的他，在10年之后和女友组建了一个叫“道具保修”的乐队，并担当主唱。这一年，他还参与北京奥运会闭幕式视效节目创意监制工作，最终方案得到大导演张艺谋拍板定稿，在位于“鸟巢”内的“奥运建设历程展”上，一个极草根的创意成功登上了大雅之堂。

下半年，他的“微薄之盐”团队成立，这虽是个非营利公益组织，但在他操作下，通过商业运作创办同名酒吧，既能盈利也能无偿帮助有梦想的音乐人，用于提供排练机会和演出平台。2009年策划演出近200场，并与国内知名男装品牌合作，出版发行音乐合辑《速写穿乐》，乔小刀亲自带领团队进行全国巡回演出，他本人也在全国12所高校举办个人演讲和讲座，大受欢迎。2010年，他是“快乐男声”长沙赛区评委，担任北京长阳音乐节蒲公英舞台导演，仅其“微薄之盐”团队就推出众多新锐音乐人，深远影响甚至扩展到了上海，同名酒吧也成为京城著名的民谣音乐圣地……

2011年9月，他从筹备拍摄到剪辑完成，仅用17天就导演制作出他的首部绝活纪录片《淘旧货》，面世后即引发低成本装修热潮。一年里，多家数

字科技公司和公益创新奖活动举办方纷纷邀请他担任艺术总监和策划顾问，在多所大学校园风采大赛和校园歌手总决赛中担当评委。

不靠谱的是命运，最靠谱的是梦想

2012年春节前不久，乔小刀的新书《好的生活没那么贵》出版，豪迈上市，并很快成为励志类的畅销书籍。在接下来的日子，他又马不停蹄地在全国24所大学举行巡讲和签名售书活动。

乔小刀的本名叫乔守民，成为设计师后，他更换了名字，叫“乔小刀”，被人誉为“破烂艺术家”，又被冠以“丝网印刷专家”的名头；之后，组建乐队担任主唱，出版唱片，他再次更名叫“乔西”，让自己听上去更像一个民谣歌手。但他无论叫什么名字，在现实生活中担当何种角色，他每做一件看似非常不靠谱的事情，却都能做得非常靠谱，风生水起。

现如今，更多的人都叫他“乔小刀”，是所著《好的生活没那么贵》一书的作者名。书中，他依然把“不靠谱”的事做到极致，教会你如何用10000元出版一张唱片、用5000元装修200平方米的房子、用3000元拍一部纪录片、用500元举办一次画展、用50元搞定一身衣服、用30元邀请十人吃饭等，宣称好的生活其实没那么贵，说做就做，亲自动手实现那个离你最近的可行梦想。此书得到王家卫、梁文道等一长串社会各界名流和达人的热力追捧和推荐。

这就是一个草根青年的快意人生，极具“混搭”意味，看似不靠谱，却很靠谱。不仅在北京买了车，还拥有一套300多平方米的大房子……他一跃成为京城里的“车房一族”。

从乔小刀的人生阅历和职业生涯中，我们不难有所觉察和醒悟。原来不靠谱的是命运，最靠谱的是梦想。所谓“混搭”就是充分发掘和利用生命中的不同资源，因为不同所以丰富，并亲力亲为进行重新整合掘进，只要从中每打开一条思路或一个方向，就要不遗余力地力臻完美，追求卓越，抵达极致，直至实现那个梦想，那么你的人生一定会分外绚丽斑斓，丰厚富饶。

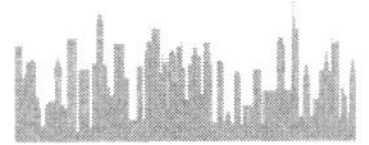

“餐厅白墙”成就的CEO

作为领跑高校传媒先锋级人物，孙绍瑞还只是个“85后”青年。

18岁考上大学并开始创业，20岁以6000元启动资金自创“梵谋文化传媒”，开创“高校传媒”新领域；21岁大学毕业前夕，他用500万元买断上海43所高校63个校区100多个食堂餐厅的5年广告位经营权，名噪一时；24岁被评为“第8届中国时代十大创新企业家”……

2012年3月23日，在上海“中国广告与品牌大会”上，27岁的孙绍瑞应邀出席，梵谋集团以大学生CBA篮球赛、校园达人秀等五大品牌活动，拥有北京、上海、广州、成都等全国20个城市610所大学近34000块广告位资源的专业规模和超强优势，获得大会“媒体运营创新奖”。

创业维艰，接连失败矢志不渝

“上海，一个无数次出现在我梦里的城市，一个被我认为是通向成功之路的机会宝地。我对这里充满了向往和渴望，所以从高中开始，我就下决心要考到上海，成就自己的梦想。”——孙绍瑞

1985年出生的孙绍瑞大学读的是工商管理专业，就读于华东理工大学商学院。2003年高考结束，孙绍瑞填报志愿时将本科和专科的第一志愿全都选

择了上海的高校。与古人说的“学而优则仕”不同，他是“学而优则商”。

2004年年初，孙绍瑞说服了父母，筹了3万元与几个学长合伙开了一家股份公司。大学一年级下半学期，他们追寻时尚潮流，共筹资20万元成立专售大学生消费打折卡的贸易公司。学生花20元买了他们一张卡，即可享受高校附近的服装、餐饮、美容、娱乐等加盟店里的打折优惠。

孙绍瑞负责市场开发。要说服商家加盟，绝非易事，孙绍瑞不怕吃苦，接到任务后，便一家一家地跑店铺拉客户，3个月辗转大半个上海，踏遍10多所学校。在完成加盟商突破300家的最初目标过程中，孙绍瑞遭遇许多冷嘲热讽，却单枪匹马独揽97家。

好景不长。这年9月，其他几位学长即将面临毕业，人心涣散，公司在维持一年多后，终以解散而告终。孙绍瑞第一次参与合伙创业就惨遭失败，最后清理公司资产时，他只分得一张桌子，3万元投资打了水漂。

失败，也是成就新机遇的开始。不久，有一家服装公司打电话找到他，想在上海12所高校做一次服装设计大赛及连锁服饰品牌推广活动。孙绍瑞内心燃起“无创不业”的激情，一咬牙接下这个项目。活动取得圆满成功，孙绍瑞赚得了“第一桶金”2.5万元。

之后，孙绍瑞又承接了一系列企业公司在校园里的企划活动，虽然都赚钱不多，但积累了经验，创业信心倍增。2005年8月，在大三上半学期，孙绍瑞开始了新的创业计划，又向父母借了2.5万元钱，号召同寝室的同学一起创业，成立上海梵谋文化传媒有限公司，将社会商业文化引入大学校园，策划和举办场面火爆的校园活动，从企业赞助和运作经营中创收效益。

在这一学期，孙绍瑞带领团队克服重重困难，承办“名家进校园”系列励志讲座，承接李宁运动服饰在上海14所高校的服装设计大赛、“百年唱片巨星演唱会”总代理和商家义卖及连锁促销等活动，取得较大市场声势和商业价值，也从中不时迸发出新的创业灵感。

然而一年后，一同创业的其他同学又将面临毕业、考研或找工作等，孙

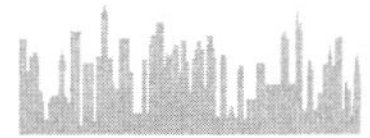

绍瑞二次创业也陷入散伙倒闭的状态。2006年5月，公司只剩下孙绍瑞一个人，资金剩余3000多元，创业之路再次举步维艰。

商机再现，餐厅白墙触发灵感

“‘梵谋’二字来源于公司最早的英文名‘FashionMaker’（时尚制造者），‘梵’字寓意‘高雅’和‘神秘’，‘谋’字代表‘谋略’和‘策划’。作为一个立足高校精英部落的传媒公司，我希望‘梵谋’能成为一个‘拥有高雅气质的策划者’。”——孙绍瑞

2006年上半年，学业繁重，创业停顿，对孙绍瑞来说，学业规划和生意想法一直处于十分胶着的状态。然而，机会还是垂青时刻有准备的人。

有一次，孙绍瑞像往常一样走进校园餐厅就餐，边吃饭，边望着餐厅四周空荡荡的白色墙壁若有所思，突然灵光一闪，一个更远大的创业灵感从脑海中喷薄而出，这四周空荡荡的餐厅白墙不就是很好的广告阵地吗？买下来加以培植，一定能成就校园里的商业广告项目。

于是，孙绍瑞马不停蹄地在上海高校转悠，跑了一家家校园餐厅，都吃了“闭门羹”。功夫不负有心人，终于摸到了关键“门路”：上海高校后勤服务有限公司。公司老总的回答却让孙绍瑞目瞪口呆。老总说：“高校餐厅的广告位可以让企业经营，但一年的买断费起码需要100万元，而且是‘五年’起步，总计500万元。”

500万元？对在校大学生孙绍瑞来说，简直就是天文数字，自己过去都是两三万元地进行投资，突然面对高达500万元的买断费，要到哪里去弄这么多钱呢？还好，后勤公司各部门最终协商认定，应当把机会留给大学生，答应孙绍瑞可以分期付款，第一年先付90万元。

这一次，孙绍瑞怀揣着父亲四处借来的120万元钱，激情涌动，难以言表。2006年8月6日，孙绍瑞拿出90万元作为首付，与高校后勤服务公司签订

了协议，涉及资金总额500万元，成功买下上海22所本科院校近百家高校食堂内部餐厅广告位5年经营权，重新组建一支更为专业的公司团队。

孙绍瑞第一笔投资20万元，构思并将以“中国·志”为命名的系列公益广告进驻到上海22所高校餐厅，主题分为“军志”“心志”“斗志”“商志”“艺志”五大板块，精心设计蕴含中国文化的五种图案。

年底，孙绍瑞迎来了新事业的“第一桶金”，一家乳品类公司斥资260万元，与他签约并买下了高校餐厅打饭窗口上的灯箱广告位。随着众多商家进军高校市场的需求迅速扩大，食品、饮料、电脑、手机数码、信用卡、服饰等知名企业纷纷挤进大学校园，抢占先机。一年之后，孙绍瑞和他的“梵谋”公司已拥有全职员工26人，资金数百万元。2007年9月，22岁的孙绍瑞大学一毕业就应邀参加中国青年企业家发展论坛，同年获得“中国教育新闻人物50强”荣誉称号、“2007年度上海市大学生就业创业典型”荣誉称号。

此后两年，他从一个“无资金、无资源、无项目”的“三无”创业者，一跃成为“校园里的传媒大亨”“高校传媒的年轻领跑者”等，一度作为新闻人物和成功人士被媒体争相报道，成为上海业界深度关注的新风尚和新标杆人物。

五大品牌，成就梦想聚揽财富

“拥有梦想的人生很充实，追逐梦想的过程很艰辛，实现梦想的瞬间很欣慰。我会一直往前走，不会停……”——孙绍瑞

孙绍瑞曾一度担心，好的商业思路容易被人复制，今天你不去占领，明天就会被别人抢去。2008年至今，三四年时间，梵谋文化传媒公司的业务范围逐步从餐厅向室外集团化发展，五大品牌活动声势浩大，不断开创独立核算的分公司，实现了传媒、实业和网络科技“三足鼎立”联动运营。

2008年12月，第一个品牌活动“CBA·梵谋杯”大学生篮球精英赛在

上海打响，迄今已举办四届；2009年，隶属“中国·志”中“斗志”的首部青春励志大型话剧《谭嗣同》首次在上海高校巡演，2010年移至北京，2011年回归上海，2012年1月话剧《谭嗣同》研讨会顺利落幕。此外，“中国·志”旗下的其他三项品牌活动——校园达人秀、“上音·梵谋杯”原创音乐排行榜和高校大型晚会，反响热烈，引起众多公司财团纷纷加盟赞助。

至此，孙绍瑞不仅从传承中国传统文化创业之初的失败经历中找到了商机，也收获了更为重要的社会责任。2009年，24岁的孙绍瑞入选“中国骄傲·第8届中国时代新闻人物”，被授予“中国时代10大创新企业家”荣誉称号。2010年4月，梵谋文化传媒在北京成立了分公司。

2011年，他分别与共青团中央、腾讯公司及众多知名高校建立了公益事业战略合作，媒体资源进一步向校园报纸、杂志、网站、广播电台等领域延伸。12月8日，梵谋文化传媒集团成立，从此成为集团化运营的高校传媒文化集团。

心跃梵天，思淀谋海。现如今，孙绍瑞带领梵谋已经成为深深扎根于中国高校文化沃土的亮丽一景，公司年销售额超过千万元，成为国内规模最大、最具影响力的高校媒体运营商之一。孙绍瑞个人品牌价值逾一亿元。

中国式“网络小巨人”

11岁接触电脑，16岁成为CEO，18岁坐拥4家公司，并获得美国新闻集团创始人布拉德·格林斯潘投资入股。去年，他24岁时首次入选福布斯全球30岁以内的30名创业企业家榜单。今年，年仅25岁的他再次入选福布斯中文版榜单，身家逾5.1亿元人民币，成了名副其实的“福布斯”青年。

他就是来自山东省临沂市的“机客网络技术”董事长徐瑞明。他的10年创业经历颇与IT巨人比尔·盖茨相似，被喻为中国式的“比尔·盖茨男孩”，从一个“边缘少年”逐步成长为现今IT界的“网络小巨人”。

“边缘少年”玩转互联网

徐瑞明1988年10月出生于山东省临沂市费县的一个普通家庭。父母都是普通的财会工作者。他小时候喜欢绘画，11岁时第一次接触电脑，很快在家长和学校老师眼中成了网瘾成性的“边缘少年”，这时的他已熟练掌握了3种编程语言。

3年后，14岁的徐瑞明利用小时候积累的美术功底，以每天能做3分钟Flash动画作品的能力，策划构造娱乐平台，从编写程序代码做起，搭建“仙之族”网站。

不久，徐瑞明在网络上结识了4个比他大5岁的程序爱好者，为了共同的爱好，他们聚集到地处山东沂蒙山区的临沂市，组建一支小团队，利用“仙之族”平台做起了生意。几个月后，以徐瑞明为主管的“仙之族”就月赚15000多元。一年后，他们人均年收入已稳定在10万元，这在10年前，已远远超过父母年薪的好多倍。

然而，徐瑞明他们却依然不能得到学校和家庭的认可，成了混迹于网吧玩电脑的落后学生和不务正业的“叛逆少年”。他们却雄心勃勃，并于2003年年底在一所旧房子里开始了追梦之旅，斥资在美国买下9e3.com和9e3.cn等域名。

这时，已近2004年春节，未满16岁的徐瑞明就发誓说：“‘9e3’的含义是什么？就是要让我们的网站未来拥有9亿3千万的用户，之后拥有9亿3千万的收入，然后拥有9亿3千万的纳税，一定要在互联网事业中闯出天地。”

徐瑞明以出色的专业成绩考入济南一所省级艺术院校，但他在学校里只待了17天就放弃学业，选择了退学，全身心投入于互联网创业中，人生道路由此出现惊天大逆转。一次偶然的机会，徐瑞明与当地一家年亏损数十万元的大型广告公司合作，以合资形式共同对广告公司进行重组。徐瑞明边学习边摸索，实践积累加上技术经验，16岁时就当上了CEO，把心思全部放在了网站运营上，成功牵手日本富思影印数码技术后，商业天赋得到全面发挥，当年使这家企业扭亏为盈，实现赢利8万元。

引领科技新模式创造辉煌

这时，徐瑞明以做Flash动画的身份背景，结识了国内大批的闪客一族和工作室，并将他们揽至自己的公司旗下和网站。徐瑞明的公司和网站为闪客们提供上传Flash作品的平台，为工作室开辟网络专栏。经过集团式发展

和统一运作，做起了在Flash作品中投放广告的业务，颇受企业尤其是IT行业的青睐，很快凝聚了200多家工作室入驻，产生了可观的经济效益。

2004年9月1日，正值互联网进入中国10周年之际，备受瞩目的中国互联网大会在北京国际会议中心召开，来自国内外专业参会代表人数近2000名，16岁的徐瑞明成了最年轻的互联网公司代表。会中，少年徐瑞明却毫不逊色和怯场，站在演讲台上侃侃而谈，一边陈述自己对互联网第二代互动协议的开发和服务延伸，一边演示娱乐服务赢利模式及Flash加载影音技术，精彩的演讲过后，以其完整的网站商业链和前景广阔的合作方式赢得阵阵掌声，受到与会投资商们的高度关注。

3天会议结束，徐瑞明收获极为丰厚，共签署多达11万部作品版权的合作协议。美国国际数据集团IDG公司与软银公司索取了他的名片及商业计划书，并达成美国驻中国棒球赛官方合作权协议，美国新闻集团创始人布拉德·格林斯潘首次关注这个来自沂蒙山的小伙子，让旗下的参展网站索取了他的联系方式，并相约在上海会面。

此后，布拉德·格林斯潘访问中国，在上海与徐瑞明第一次见面，经过一番深入探讨，格林斯潘被这位年轻的CEO深深吸引，对徐瑞明给予了高度评价。他说："你是一位美国式的中国青年，在美国你这个年纪诞生了很多商业巨人，我很欣赏你的才学和胆识，如果你肯为事业奉献你最珍贵的时间，我将很愿意与你合作。"徐瑞明由此被媒体追捧为"中国的小盖茨"，声名鹊起。

2006年伊始，以布拉德·格林斯潘为董事长的美国新闻集团，投资500万元人民币，入股徐瑞明E族人（9e3.com)网站，合力成立银光网络技术公司，业务囊括网络软件开发、制作及生产，以及网络技术、电子商务和信息咨询服务等项目。公司世界排名一跃升至第800余位，中国排名100余位，成为中国第一大互动展厅，行业排名第7位。格林斯潘认为，不管是从技术角度还是商业模式，徐瑞明的公司都是无可置疑的成熟企业。

2007年，“网络三少”名噪一时，他们分别是网络广告“大佬”沈洁伟、IDC基础服务运营商吴高远和有“中国小盖茨”之称的“网络小巨人”徐瑞明。三人强强联手，用一种江湖方式结拜成同盟，以娱乐内容网站为基础，结合3G互动技术应用和服务，向3G手机产业链转型，出资400万元人民币，共同创办了一家名为“机客网络科技”的公司，开创了无线互联网娱乐服务新天地，从此打破国内3G服务由外国人来做的垄断模式和历史。

那时，18岁的徐瑞明已分别在临沂、济南、郑州和上海，坐拥4家公司，3G领域的增值服务占据30%以上市场份额，业务涉猎电视、广播、报纸、杂志、广告及互联网等多个传统强势媒体领域，将旗下网站打造成为多平台共同发展的娱乐门户，总资产超过了1000万元人民币。

跻身“福布斯”榜单

2010年，机客公司获得了《创业邦（Q-Prize）》中国总冠军，在美国创新世界总决赛中获得全球第3名，机客网手机客户端取得世界级领先水平，被安卓、苹果、塞班等多家手机厂商采用为内置。21年来第一次有中国的高新技术企业获得世界级总决赛名次。

截至目前，机客网已能为187个品牌9626款手机提供相应的手机应用商店服务，包括手机游戏、手机软件、手机主题、短信祝福等类别，还拥有10多家传统内容版权提供商，基本覆盖所有手机品牌服务。至此，徐瑞明自16岁成为CEO，创业8年之后，24岁时就登上了《福布斯》中文版首度推出的“中美30位30岁以下创业者”名单，被业界认为是出类拔萃的新锐企业家。

2013年3月，徐瑞明再次以5.1亿元资产市值登上《福布斯（30under30）》中文版榜单。25岁的他现任山东省“银光网络技术”董事长兼CEO、“机客网络技术”董事长、“银光富思数码广告”总经理及上海亚宽投资公司董事等，拥有5家独资或者控股公司，掌握全国2亿多手机用户资源，并在房地产

开发、酒店服务等行业入股投资和担任要职。

同为中途辍学，同是IT业起家，徐瑞明的10年创业路与IT巨头比尔·盖茨极为相似，被人们称为中国式的“比尔·盖茨男孩”。

谈到未来，这个热爱动漫、滑板运动，又平易近人、低调务实的大男孩徐瑞明引用自己在博客中曾经写下的一句话说：“有了创业第一桶金，我们就想到在移动互联网内展开投资，成为市场与创业者之间的对接桥梁平台。我知道，数字本身没有尽头，而快乐和造诣却是最值得回味。未来，我除了在商业上有所作为，还将在艺术和语言领域展开新的尝试，并在创业板上打造一家国内顶级的移动互联网企业及创业孵化项目的平台。”

网络“包租公”的快意创业路

曾几何时，街头的1元店、2元店以及N元店已屡见不鲜，噱头十足，生意火爆。以9.9元的价格在网上买到一件市场上价值数十元的商品，而且包邮到你手中，你是不是感觉很爽又划算？“九块邮”网站就是这样一家聚集了淘宝、天猫等所有9.9元包邮商品的导购平台。截至2013年4月6日，上线仅一年就拥获了20余万用户，日交易订单达到5万笔，引起风投深度关注。

初创失败，另辟蹊径再启航

现年26岁的黄承松2011年毕业于华中科技大学软件工程专业。这个来自贵州的布依族小伙上学比普通孩子晚了两年，但他自小就有超强的学习天赋，高中尚未毕业，他已提前被保送至大学。

2007年初，20岁的黄承松在高三下学期，一边在家等待上大学，一边利用清闲的间隔期，靠编写软件赚得了人生第一桶金。那一段时间，他每天都有100元至200元不等的收入进账，也曾在20天里收入近4000元。进入大学后，他一直靠写程序挣学费和生活费。

2008年下半年，黄承松升至大二，心中萌生了互联网创业的梦想。为日后自主创业积累经验和资本，他开始在网上帮人承接外包业务。2010年暑假，机会终于来了。当时，他看到电商导购网站的业务比较火，于是用积攒的2万元作为启动资金，尝试在网上搭建一个电商导购平台，做起第一个创业项目“秀当网”，注册公司当上了CEO。

然而，黄承松首次创业并不顺利。其时，他所创建的“秀当网”在全国数十家电商导购网站中，同质化现象严重，加上他既无资金优势，也无相应的资源支持，而大大小小的电商们同样承受着利润被挤压的现实，因此对各类导购网站并不待见。

黄承松靠兼职积攒的2万元初创资金很快所剩无几，最后口袋里仅有几十元钱了。“秀当网”经过一番折腾，网站人气和知名度都难以提升，遭到暂时搁浅的命运。但他从这次创业失败中吸取教训，深入分析和总结后发现，经验严重欠缺阻碍了网站持续壮大，此后他进入长达3个月的调整期，为第二次创业做准备。

3个月后，一切从零开始，黄承松对秀当网进行了重新整合和拓展，再次启程后，他决定将秀当网更名为“卷皮网”，从电商导购和传统返利网的模式中衍生出一个全新的导购、返利和分享的综合平台，通过“有折扣、有返利”的创新导购模式，既为消费者打造了一个“省时、省心、省钱”的导购方案，又让消费者买东西、拿返利、还能分享更多“有实图、高质量”的商品。

2011年大学毕业时，作为武汉奇米网络科技公司CEO的黄承松，身兼秀当网和卷皮网的网络创始人，首推的这一“折扣+返利+分享”模式得到了专业人士的肯定，合作电商超过300家，并引起业界效仿，公司拥有职工30多人，卷皮网已发展形成行业内极具影响力的导购平台。

专注细分导购，“放水养鱼”悟出新商机

众所周知，经常逛淘宝的人被称为“淘宝客”，对“9.9元包邮”都非常熟悉。其实，“9.9元包邮”非常有吸引力，很多淘宝客为“秒杀”到一

件9.9元的商品，久久守在电脑前等待抢到“秒杀”机会。

黄承松大学毕业后，已有多年的网购经验，既是淘宝客又是经营者。为改变公司和网站运营现状，他时刻都在寻求转变，正苦于不得思路和机会。在频繁体验网购过程中，黄承松突然发现了一个新的商机，不够完善的“9.9元包邮”模式依然有值得拓展和突破的更大空间，一下子点亮了他又一个创业灵感。

黄承松当即意识到，“9.9元包邮”活动大多是限时抢购，货品数量少，轮到消费者抢购的机会更少，且标价为10元以下的打折商品，在海量商品信息中又很难被消费者发现或找到。他想：“我为何不搭建一个平台，把所有10元以下的商品都聚集起来呢？给消费者营造一种更加完善的网购体验。”

起初，黄承松有了这个想法后，便开始利用卷皮网平台，把各大电商网站上搜罗过来的10元以下商品的链接地址免费地放在自己的网站上。按照他的话说，这叫“放水养鱼”，既不从电商那里收取佣金，又帮助消费者轻松购物。他的这一招很快产生了奇迹般的效果，每逢有新商品上架，热衷于淘宝的消费者们如同在10元店里捡便宜一样，疯狂地上网扫货，一下聚集了不少人气，网站知名度得到大大提升。

黄承松在回忆“放水养鱼”的免费模式时说：“我们的初衷是想让更多的人知道我们的网站，因为我们只是提供信息，并不负责销售、物流、售后等其他环节，可喜的是，这一招推出后，卷皮网人气和知名度直线上升，同时带来了电商交易量的激增。”

黄承松以此为新的创业契机和拓展方向，展开了新一轮的运营升级。2012年4月6日，“九块邮”在卷皮网站开辟专线。网站的专业编辑每天都从全网搜罗各种“9.9元包邮”的信息。没过多久，黄承松的卷皮网迎来了超高人气，日均独立访客量一跃达到了20万人次。

2013年，很多品牌商户主动找到黄承松，想把他们的促销商品搬上“九块邮”专区，甚至一些品牌商家将“九块邮”作为自身的营销渠道。他们正是看中了“九块邮”的客流量，以期达到宣传产品的功能和成效。

变身网络“包租公”，“9块邮”月销5000万

以“9.9元包邮”为主打概念的“九块邮”，专注于低价包邮，通过导购服务成功向电商索取佣金的同时，也为消费者打造了一种更为简单快捷、实用方便和节省开支的网购形式。有专家预计，2013年年底的网购规模将达到3.1亿人次，超过半数以上的消费者会因价格因素而选择网购。

现如今，九块邮作为卖家与买家的媒介导购，以每天5万笔以上的惊人订单量和快速增长的成交量，已经处于盈利状态。低价包邮导航虽然不是一门“新”生意，但黄承松所营建的九块邮盈利模式，基本与他创业之初的构想相吻合。

打造“9块9的小幸福”正是黄承松为其网站设置的平台口号，九块邮也被喻为“网上的10元店”。据最新一日交易记录，有的商品一日交易量超过1万件，按成交量的提成计算，电商商户要为此支付给“九块邮”的佣金就达到数千元。很多商户为了节省开支成本，开始主动找上门，以包月或包年的形式洽谈“租摊位”的业务。这样一来，黄承松一不小心又成了网络“包租公”。

2013年5月，九块邮月交易额再创新高，超过了5000万元。“平台效应”的前景、发展和盈利空间越来越巨大，引来更多品牌商家的青睐和风投注意。

很难想象略带腼腆的黄承松，已是拥有100多人的“奇米科技”公司CEO。谈到创业感悟，他表示：“做网络就是要不断创新，创造比等待偶然更靠谱，只有不断超越自我，才能走得更远。”

面对未来市场的发展，黄承松早已有了蓝图：“目前，九块邮在保证特色9.9元包邮产品质量和服务的同时，专注提供更丰富的优惠措施，首先满足消费者日益广阔的网购需求，吸引更多客户量转换为成交量。未来，九块邮依然有很大的可发展空间和利润空间——产品试用、体验中心；淘品牌推广专区；小商品团购、散批市场；实体中小型商城……网站的盈利渠道将变得无限多元起来。”

把NBA漫画做成大品牌

把NBA球星培植成粉丝的“草根”漫画家

因为叫“李泉”这个名字的人过于常见，他给自己取了个网名“大嘴泉”——而今，这个名号“生产”的体育漫画已经名扬海内外。

1981年5月2日，李泉出生在江西赣州。小时候，李泉就喜欢看漫画，他是看日本漫画长大的。当看过日本版的变形金刚后，李泉总会忍不住拿起笔来，开始模仿着画漫画。到后来开始模仿圣斗士和七龙珠的时候，他的漫画水平已经大有长进。李泉坦言，在模仿画漫画的过程中，日本漫画大师鸟山明的作品成了他的最爱，也深远而又深刻地影响着李泉的漫画创作生涯，“这么多年过去了，我仍然是鸟山明的粉丝”。

大学毕业后，李泉去了北京谋求发展，成为“北漂”中的一员。“北漂”之初，他成了《体坛周报》的动漫美术编辑，和大多数年轻人一样过着极其“草根”的生活。“希冀很美好，现实很残酷！”作为一名普通的平面设计师，工作和生活是完全混乱的，什么时候工作需要，他就醒着，直到把工作做完才停止。“当时的状态是，工作之余除了睡觉还是睡觉。有闲情雅致之时，才画几张自己喜欢的漫画自我欣赏一番。”

工作与体育密切相关，也给了李泉更多的机会。一次，李泉在尽情享受美国NBA篮球联赛实况转播，场上你拼我夺技艺高超的精彩表演深深吸引了他。李泉心想，比赛固然好看刺激，但贴身肉搏的氛围难免令人紧张和窒息，甚至在关键时刻的一记绝杀，断可决定胜者为王而败者为寇，是不是有点血腥和残忍了呢？“也不知是哪来的想法，突然间就灵光一现！”李泉当时想，反其道而行之，何不用漫画的形式“恶搞”一下这些生龙活虎的大球星们呢？让球星成为自己笔下的漫画原型，然后画成一个个可爱的卡通形象，加上趣味和笑料，或许能给人带来别样的快乐和新鲜的感受。

正是这样的灵感突发，彻底改变了李泉的人生轨迹。只用了三个年头，他已成为一位国内知名的体育漫画家，更是一位将漫画与NBA最完美结合在一起的专家级人物。每一个钟爱NBA且看过他漫画的人，都会不自控地成为这位已近“而立之年”男人的粉丝，他拥有着众多的推崇者，甚至，美国篮球明星巴蒂尔、穆托姆博等都成了他的拥趸。

贴上了商业标签的漫画也能带来财富

一个以画漫画为生的人，何以让NBA球星也为他疯狂？答案是：博客。

开始体育漫画创作后，李泉“默默无闻”了很长一段时间，“自己的作品不能得到认可，也是很痛苦的事”。也就在这个时期，网络博客日渐兴盛。徐静蕾、韩寒等名人的博客开始大热起来，许多人通过写博客赢得了极大的关注。自言文笔不好却能够画一手好漫画的李泉不禁突发奇想，以自己的兴趣和爱好在博客上画漫画又何尝不可呢？

本着“打发空闲时间和丰富业余生活”的想法，2006年，李泉以“大嘴泉的体育漫画”命名的博客横空出世。网络的传播力超出了他的想象，这种漫画博客很快引起博客管理员的好奇而被推荐了上去，并在极短时间内大受网民们的追捧，访问量成千上万地不断攀升，扶摇直上。在博客里，李泉创作了无数的NBA球员的卡通形象，在网络上热评如潮，一时间，由他创作的体育漫画通过博客逐渐得到了数百万人的浏览和追捧，每天的回帖量多达数百条，同时俘获了体育爱好者和漫画爱好者两大群体的心。截止目前，“大嘴泉的体育漫画”已经获得了7675万人次的访问量。

体育漫画开始走红网络，“大嘴泉”的名气也如雷贯耳。李泉创作的卡通形象具有强烈的趣味性，深受网民喜欢，而“大嘴泉”博客的影响力更是辐射四方。被“草根”了太多年的李泉，仿佛置身梦境，他有了一种“超级明星”的感觉，受宠若惊。

凭借这股像滚雪球一样的影响度和爆发力，李泉开始开动脑筋，为自己的漫画寻求商机了。既然很多人爱看漫画，甚至漫画里的一个小细节也会引人注意，李泉陡然想到，这里面不是也有广告效应吗？深谙网络传播力的李泉，又同时在几家知名门户网站注册了“大嘴泉”博客，他甚至找来了几位圈内的朋友组建了一支智囊团，一起为博客的运作发展出谋划策。

功夫不负有心人。“大嘴泉的体育漫画”终于赢得了商家关注，一个知名的运动品牌向他伸出了橄榄枝——“咱们合作吧。我们出资，利用你的人气替我们的产品做宣传。”此后，“大嘴泉”被贴上了商业化运作的标签，不但给李泉带来了可观的经济效益，而且呈现出不可估量的商业价值。

“北漂”青年一跃成新富阶层

“感谢NBA，它让我成为了车房一族。”谈起自己“漫画+博客”的创业经历，李泉坦然又自豪。

其实，李泉从一开始坚持画NBA卡通漫画便用心良苦，当一幅幅有着活灵活现的NBA卡通形象的漫画传上了网，各大网站、纸媒纷纷追捧。无论是最传神的麦蒂还是最难画的科比，以及奥特曼一般的“鼓眼姚明”，即刻得到众多NBA球迷的疯狂喜爱，大获赞誉。李泉也很快适应了“眼球经济”

的生活——阿泰、巴蒂尔和穆托姆博等大腕球星来到中国时，李泉都会动用各种关系与他们见上一面，绞尽脑汁为他们现场创作漫画。在他的NBA漫画里，傲视全球的NBA球星们悉数登场，在李泉生花妙笔之下的漫画帝国里“洋相百出”，不仅“亲自上阵”戴着奇形怪状的“面具”，还要“不辞劳苦”演绎着一个个或令人捧腹大笑的幽默故事，“甘心”为李泉的漫画追求默默奉献出自己的精彩“表演”，无疑于“情愿”为李泉的事业和财富不断添砖增瓦地“打工”了。当然，能现场得到李泉画的一幅漫画，也是NBA球星们的一大惊喜，他们在看过之后都会忍俊不禁地开怀大笑。

虽然斩获了丰腴的效益，李泉并没有停止自己的脚步。他依然在一边努力创作漫画，一边做必要的营销，还组建了一个以“大嘴泉”命名的创作、营销团队。制作公交卡贴、体育海报、文化衫、扑克牌和扇子等各种小产品，“大嘴泉”的漫画也闯进了不少新的商业领域，逐步从虚拟的网络世界推向现实中的商品市场。李泉从一个画漫画的“草根”，通过博客的跳板成为“达人”，继而在商业战场上高歌猛进。

无论在网上还是在社会各界，李泉的粉丝不计其数。现如今，“大嘴泉”出版了漫画书《大话NBA——赛事精选篇》，赢得了空前热销，书中的作者简介就是：“李泉，国内知名漫画家，笔名大嘴泉，作品以体育漫画尤以NBA漫画为主。现为《体坛周报》、新浪网、体坛网、《NBA时空》等国内多家媒体撰绘漫画专栏。”

成功总是垂青有心人。除了绘画天赋和漫画才能外，李泉很好地利用了网络，这才成就了“大嘴泉”的今天。把NBA球星们“玩弄”于笔头之下，变身卡通人物，成为故事中的笑料。当李泉“一笔一画”地迈向成功时，他也凭借“画NBA漫画的中国第一人”的名头，从“北漂”青年一跃成京城里“有房有车”的新富阶层。

第四辑

勇于坚持，成功的路上其实并不拥挤

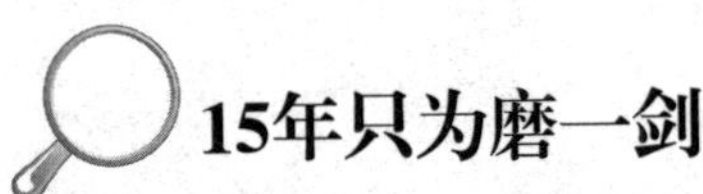

15年只为磨一剑

在刀光剑影的冷兵器时代，宝剑既是兵器，也是佩剑者身份的象征。而今天，宝剑作为电影里的道具同样有着很高的价值。我们发现，在国际级华人大导演吴宇森的巨制电影《赤壁(I、II)》的海报中，以及2012年11月29日在全国上映的电影《王的盛宴》影片中，宝剑都是作为重要道具首先出场亮相。很多人会以为电影中的宝剑是道具师随便找来的样品滥竽充数，其实绝非如此，这些宝剑都是铸剑师打造出来的真品，甚至是铸剑师用纯手工锻打制作出来的极品或孤品，而且每一把宝剑都价格不菲。目前，铸剑师已是横跨中国影视圈和宝剑收藏界两大市场的特色职业。

大学生变身铸剑高手

37岁的“剑村”掌门人胡小军是一名铸剑师。早在2008年7月10日和2009年1月7日，总投资约合6亿元人民币的巨制电影《赤壁(I、II》先后在全球热映时，时年32岁的他已是好莱坞著名的华人大导演吴宇森的御用铸剑师，名声大振。他是中国电影100年来首个“中国影视道具金奖”获得者。

短短几年时间内，胡小军从一个手工铸造的无名小辈一跃成了名扬海内外的铸剑大师，其名下的“剑村”品牌也是名声在外，剑“指”影视道具和

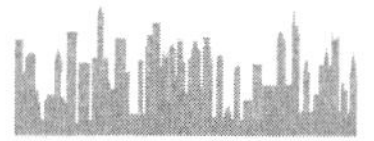

宝剑收藏两大特色市场，叱咤风云。他的宝剑都是纯手工打造，很多宝剑成为价值极高的孤品和极品剑。

日常生活中的胡小军戴着一副近视眼镜，看上去颇像个连铁锤都抡不动的白面书生，年纪轻轻就取得如此高的成就和荣誉，一定是得到家族的真传或高人的指点？其实不然，胡小军在做铸剑师之前，只是一名普通的大学毕业生，学的是电子技术。他的家乡是浙江省龙泉县一个名叫河村的小村子。龙泉是宝剑之乡，龙泉宝剑迄今已有2600多年的历史。不过，生于斯、长于斯的的胡小军曾记得祖父打过铁，父亲是木匠，祖祖辈辈以务农为生，都与铸剑师的职业毫无关联，更与影视圈和影视道具制作没有关系。

1998年的夏天，22岁的胡小军大学毕业后，应聘到杭州一家科技公司工作，不久被派往大连分公司上班，做了一名常驻大连的技术人员。

剑在心，处处是必然。那时，胡小军初到大连又远离家乡，工作之余喜欢在大街上溜达。这天，他在街上闲逛时，偶然抬头，看见有一家企业的门牌上写着“古旧宝剑修复”字样，当即心领神会。这家企业的老板是台湾人。此后，他每天一有时间就来到这家企业里观摩，尤其看到百炼钢、敷土烧刃、金属雕刻等唐代以前就有的传统铸剑工艺时，总是禁不住热血沸腾。于是，他决心留在大连拜师学艺，潜心把宝剑制造工艺学到手。胡小军自小就是个武侠小说迷，读过不少金庸的武侠著作，宝剑文化早已在他的心中生成了根。正是这样一次机会，改变了他的人生。他辞去在大连的稳定工作，最终走上了与铸剑相关的职业之路，成了一名古旧宝剑修复的手工艺人。

转眼到了2005年，29岁的胡小军已在大连学习和生活近8年之久，决定告别师父，返乡创业。不久，他回到浙江龙泉的小村子里，开办了一家名为“剑村”的剑铺，闭门铸剑，主营高端孤品宝剑订制业务。

为《赤壁》铸剑

2006年11月的一天，胡小军的“剑村”突然有一批“神秘客人”造访，来的正是《赤壁》派来的道具组副总管李宝泰等人。他们此行的目的就是要寻找到一位铸剑的高手，然而，他们实地考察了龙泉多个宝剑制作厂家，都觉得不尽人意，最后才来到名不见经传的“剑村”碰一碰运气。在看到胡小军做的几把仿古剑和铸剑过程中的传统工艺后，发现胡小军对古剑及其历史文化特别有研究，对各个朝代宝剑的锻打工艺和剑鞘的雕饰、装具制式等见解独到，着实让道具组一行人等吃惊不小。

一个月后，《赤壁》剧组传来了消息，一致同意并决定只与胡小军合作，为剧中周瑜、孙权、刘备、曹操、赵云等主要将领打造用剑道具，用剑总数达30把之多，有些宝剑还将在影片的特写镜头中予以展现。

胡小军获悉，梁朝伟、金城武等影视明星是《赤壁》的主要演员，将会在影片中使用这些宝剑，虽然从动工到交货只有短短3个月时间，他依然感到受宠若惊，一咬牙承接了下来。通常情况下，打造一把极品宝剑，至少需要8至10个月的时间，这么多把剑在3个月内要完成，可想而知，工作量和工作压力都非常大。胡小军说，时间是个问题，可最要命的还不是时间。周瑜、孙权、刘备、曹操、赵云五个人手执的宝剑究竟长什么样，《赤壁》剧组也没谱。当时提供给胡小军的图纸竟然是电视剧《越王勾践》里刀剑的模型。这时已临近春节，为了赶制这些宝剑，胡小军带领团队加班加点，多种工序同时开工，在没有一张标准图纸的情况下，最终保质保量地完成了任务。

2007年3月下旬的一天，《赤壁(I)》开机现场，由于胡小军制作的宝剑如期抵达交货而未耽误拍摄。剧组收到宝剑后，演职人员对每一把宝剑都赞不绝口，非常满意。要说制作工艺考究程度，尤数周瑜和孙权的佩剑最为精致，剑刃上是手工雕刻的精美图案，并以碧玉、红宝石等为配饰，大为增色，每一把宝剑的制作成本就超过了1万元。这次合作，也让胡小军的铸剑工艺更加炉火纯青，他感慨地说："铸剑不仅需要高超技艺，更需要机缘和灵感。比如，《赤壁》中的周瑜剑，是我们在特定状态下制作出来的，若让我再造一把相同的宝剑就相当有难度。因此，周瑜剑是我铸剑生涯中一个不可复制的传奇……"

2008年7月10日，《赤壁(I)》在全球公映，剧中作为道具的宝剑成了影片的一大亮点，突出展示在电影海报和预告片中。特别值得一提的是，宝剑在电影重要的镜头和剧情环节都有显著特写，精美毕现，仅"周瑜剑"的特写片段就长达2分钟，随后，胡小军还与《赤壁》剧组合作，在各大城市展出《赤壁》用剑，让无数观众一饱眼福，啧啧称赞，没有人会想到这些精美绝伦的宝剑竟出自一个年仅32岁的年轻人之手。

至此，铸剑师胡小军名声大振，他从一个默默无闻的手工艺人一跃成了声名赫赫的"铸剑大师"。2009年1月4日，胡小军受中影集团之邀参加在北京举行的《赤壁剑》新闻发布会和电影《赤壁(II)》的全球首映礼，并获得了中国电影100年来首个"中国影视道具金奖"。紧接着，他又为吴宇森的电影《小夜刀》的主角打造佩刀，奠定了他的"吴宇森的御用铸剑师"地位。从此，"剑村"与影视剧合作的道路越来越顺，一发而不可收。在过去的5年中，铸剑师胡小军在纯手工打造"影视道具"的创业之路上，先后承接了与胡玫电影《孔子》、电视剧《浣花洗剑录》、冯德伦电影《太极》等10余部影视剧的合作大单，很多国内外明星大腕都在银幕或荧屏上，手执由他制作的宝剑参演各种古代人物的角色。

"铸剑大师"的梦想

2011年4月，由陆川执导的电影《王的盛宴》开拍在即，主演分别是吴彦祖、刘烨和张震，胡小军被指定为电影中的刘邦、项羽和韩信打造演员用剑。2012年11月29日，《王的盛宴》在全国上映，其宝剑以传承古法、原创

独特、精美精致和纯手工制作等特点，对电影里的气氛营造、人物塑造和情节发展都起到了功不可没的作用，几乎成为此部电影的最大亮点。因而在电影热映后，“剑村”宝剑再度出现一剑难求的市场局面。

迄今，铸剑师胡小军作为引领铸造精品影视宝剑的大师级人物，以电影《赤壁(I、II)》为契机，多年来凭借胆识和自创招式，走上了专注于孤品高端宝剑订制业务的道路。纯手工技艺也能创造独一无二的恒久魅力，现在的“剑村”不仅拥有自己的官方网站和网上商城，还在北京、大连与台湾等城市和地区设立代理商，铸就了一段精彩的财富传奇。

然而，胡小军心中一直怀有更大的梦想，就是尽早攻克铸剑业内人士钟情的一道世界级难题——恢复失传已久的古法乌兹钢锻打技艺。因为乌兹钢锭是冷兵器时代极其重要的战略物资和制作良刃的必备原料，相当于现代核武器中的铀，用乌兹钢锭打造宝剑，锻造技艺必然出类拔萃，更具高贵的艺术品价值。

为此梦想，胡小军前期共投入50多万元购买原料，参照古籍《八十七神仙卷（武宗元绘）》等资料原图，经过两年多的不懈探索和实践，于2012年11月中旬，终于打造出两把刃长分别为54cm和71cm的乌兹钢“镔铁宋剑”，填补了一项世界铸剑业“乌兹钢古法锻打”的空白。

目前，胡小军及其“剑村”团队正与中影集团合作，合力研发和制作为一体，向国内外影视市场拓展营销，打造更多更好的精品、孤品和极品影视宝剑，继续为全球观众弘扬和奉献宝剑之美、宝剑之精与博大精深的宝剑文化，让“剑村”成为世界宝剑爱好者与收藏家的首选。

泡泡玛特掘金潮品“小百货”

两年前，泡泡玛特被“创业工场”投资人麦刚纳入百万级天使投资项目后，已在北京开了第10家实体分店，目前进行了A轮融资，获得来自前达晨合伙人傅哲宽募集的新基金。泡泡玛特除了售卖时尚、潮流、创意的文具、家居、数码、玩具、服装、包包、配饰等货品外，旗下还拥有多个自主品牌，深受大众青睐和认同，给众多实体店带去新方向和新思路。

香港之行，时尚潮品触发灵感

王宁出生于1987年，2008年毕业于郑州大学西亚斯国际学院。大学四年，他一直都在不停地“折腾”中度过，大一时就开始参与创业。

最初，王宁突发奇想，联合几个同学，以撷取大学里的生活片段，拍摄成影像，刻成光盘，在校园里卖给其他同学，生意竟然十分红火。自此，他就上了“卖东西”的瘾，一发而不可收。

四年里，家境殷实的王宁，摆过地摊，还和同学在离学校不远的地方租了一处毛坯房，办起在当时十分流行的格子铺，有模有样地做起批发零售。自始至终，从完成铺面装修，到采购上架及售后服务，他全程参与其中，对零售行业流程与业务有了初步认知。

大学毕业后，王宁来到北京，成了新浪公司的一名员工，但心中念念不

忘地还是打起了格子铺零售的主意，只是思路有了，却不知道卖什么。

现如今，已是泡泡玛特唯一创始人兼CEO的王宁，说起创店发端，竟然源自一次完美的香港之行。

2010年，在新浪工作一年多之后，王宁有一次去香港看望女朋友。空余时间，他想让女朋友带他去各处转一转，看一看。看什么呢？当然不是想看香港的繁华与风景，而是想看看香港各种品牌的专卖店或零售店。

于是，女朋友就带他来到自己平时比较喜欢光顾的地方——一家名叫"LOG-ON"的专卖店。据女朋友介绍，"LOG-ON"也是香港年轻男女超喜欢逛的实体店，因为在这里，顾客可以像逛超市一样选购各种潮品。

从口语中，王宁仿佛第一次听说"潮品"二字，感到既新鲜，又让人兴奋。所谓潮品，大抵少不了"一线品牌、最新潮流、独特创意"等关键词。

走进店内，王宁再次眼前一亮，"LOG-ON"果然像大超市一样，各种潮品琳琅满目，仅是服装类，就以风格不同而分为几个区间，休闲、混搭、王子、嘻哈和视觉等类别的服装进行分别经营，还有为各种风格服装精心挑选的各样配饰，有背包、钱包、鞋、帽等，无论哪种风格服饰，都给人一种"没有最潮，只有更潮"之感。

在销售环节，王宁又注意到，前来购买的男女顾客，在店主的精心选择搭配下，都能欣喜而来，满载而去，任何一种时尚风格都能在店内得到完美诠释，让客人收获一套又潮又酷的行头。

此时的王宁难掩发现"新大陆"般的喜悦之情，即刻联想到，这不正是和自己想做的事情一模一样吗？几天后，他结束香港之行，以及与"LOG-ON"的邂逅之旅，回到北京，由此触发了再次创业的灵感和决心。

"潮男"卖潮品，3年坐拥10家店

离港回京之后，在王宁看来，"LOG-ON"其实是一家更大的流行集

市，不仅有售卖最新时装及饰物的服装店，还有零售电子小玩意、文具、家居饰品及个人护理用品的潮品店。“你可以拎着篮子，跟买菜一样来选购这些创意产品。”

2010年10月，王宁受“LOG-ON”启发，在位于中关村的“ShoppingMall”欧美汇开了自己的第一家潮品实体店，还取了个另类的店名“PopMart”，中文音译名“泡泡玛特”，中文直译名就是“流行的集市（商业中心）”，最初定位是售卖家居、文具、箱包、饰品、玩具等生活创意产品。为此，他还饶有风趣地写了一篇“创业在北京”日志发布在人人网上。

随之，有人疑问：为何把第一家泡泡玛特潮品店开在大型购物中心圈（ShoppingMall）？按王宁对市场的定位和理念，泡泡玛特不能像百货公司里的一个品牌专柜，而是首先要承租一整间作为实体店面，这对于只卖饰品或杯子的自有品牌来说，根本无法承受高额租金，泡泡玛特的创立却能为它们提供一个平台，为它们打通并共享市场渠道，消化并推广它们的品牌产品。

由此来看，王宁在“LOG-ON时尚超市”概念上，创新更进一步。那就是，你在任何一个大型购物中心圈内，都能买到各种知名品牌的新潮服装，却很难买到与服装相搭配的“小而美”创意潮品或配饰。因此，这也正是泡泡玛特“应运而生”的初衷。

基于这样的定位考虑，王宁就更加激情澎湃，乐观而有信心。他说：“只有依托大型‘ShoppingMall’，及其将衣食住行、吃喝玩乐集聚在一起的功能，繁华的市场效应必然吸引更多顾客，那么我们的潮品店就有可能‘转正’，并成为中国零售业的大趋势。”

2012年，泡泡玛特开业一年多后，在王宁及其创业团队极力宣传和营销下，不断取得新局面，并成功获得了首轮融资。“创业工场”投资人麦刚欣然斥资百万美元，将泡泡玛特纳入其天使投资项目之列。在创业团队中，有3人是在大学期间就跟随王宁“卖东西”的同学。

截至目前，泡泡玛特已在北京开了10家分店，主打商品扩张至服饰箱包、化妆用品、首饰项链、数码周边、家居、文具等6大类“一线品牌、最新潮流、独特创意”的潮品，许多国内外知名品牌也向泡泡玛特抛来橄榄枝，纷纷提供货品，展开代理合作。

泡泡玛特从国内外生产厂家直接进货，已独家代理了欧美、香港及日韩等地的许多知名潮品。也就是说，你在泡泡玛特能见到的创意潮品，而在其他店铺里未必买得到，真可谓吊足顾客消费欲望。过了这个村，真就没这个店。

泡泡玛特除了售卖ZUNY、HelloKitty、NICI等近200个其他品牌的产品，也卖自己的独创品牌产品。

2012年11月，泡泡玛特推出旗下动漫品牌“PopPanda”——以最具代表性的熊猫为主体形象，进行灵活多变的创造和设计，集中销售数码周边、文具、毛绒玩具等。让你在社会中，无论扮演什么角色，都可以找到属于自己的那只熊猫（Panda）。

2013年1月，泡泡玛特又推出旗下潮流服饰品牌“SkullFancy”——用矛盾的图形与搭配，映射人与环境的矛盾状态，主要销售服饰、鞋帽、数码配件、文具等，试图表达人在困境中渴求绽放和自由的不屈精神。

“ThisIsIt”是泡泡玛特推出的旗下饰品品牌——以新锐、超脱、大胆等明快之美为宗旨，在每一件“ThisIsIt”的设计中自然融合并呈现出来，为都市新锐人群提供最具特色的饰物，致力提升每一位消费者的个人魅力。

这些所有自主品牌的新品，以简约线条、独特设计和深刻内涵，均获得众多消费者追捧，一经上市就成为热销商品，曾数次出现断货的状况。

“时尚潮品超市”欲打造国际零售集团

如今，身为号称“中国第一家时尚超市”的泡泡玛特品牌唯一创始人兼CEO，王宁不跟随潮流，又能随心所欲地引领潮流自在生活，自创店之日

起，他内心就秉承“每一个人都能成为潮流的创造者”这个核心价值观。“观自在，潮生活”，更是泡泡玛特始终坚守的品牌精神。

泡泡玛特店内由于货品种类繁多，店内格局汲取国外先进设计理念，创造性地将货品以超市模式进行摆放，所有货架和柜台都经过精心设计，处处以特殊、精致的陈列方式传递精品与时尚潮流。截至目前，泡泡玛特店内的自有品牌已经占到40%，其中10%是他们自己设计、生产的。

另一方面，店内宽敞明亮的宜人空间，播放着店方精心挑选的音乐，瞬间虏获消费者的逛街乐趣。泡泡玛特始终坚信：“生活本该充满想象（Colorthedays），更需色彩、创意和新意点缀生活，体验生活乐趣，将有趣的设计融入日常生活。”

互联网传播也为线上线下营销提供了新思路。王宁当然也不会错过这把利器，除了线下的门店，泡泡玛特也在线上发力，不惜花重金数万美元购买了域名popmart.com，建立网上商城，开设淘宝店，并已开放微信会员系统，网上用户可通过微信查询消费记录及接受优惠券等，以全新营销和消费理念，“独家设计+专业买手采买”，为消费者提供最潮最时尚的新品选择，让没有机会在实体店享受时尚商品“一站式”购物体验的顾客，转为网上用户，也能畅享多彩的消费模式和购物新体验。

有一次，王宁在阐述泡泡玛特独特之处时说：“线上线下抓住更多消费者；全品牌类经营更具竞争力；高毛利与低人工成本。”其模式和优势恰恰正是盈利快的基础，已经成为时尚潮品零售的代名词。

面对近期及远景目标，王宁充满期待地说：“商业三阶段：一卖产品、二卖品牌、三卖标准。目前，泡泡玛特已经成了集设计、采购、销售于一体的时尚潮品零售大卖场，打出并树立了潮流生活用品时尚零售连锁品牌；我们在可以预期的未来，满心期待千万级融资早日到来，并打造成‘标准级’国际时尚潮品零售集团。目前，我们正在准备进行第二轮融资。”

让Q版人物漫画和“好声音”一起飞

听说什么是“Q版漫画”吗？一位80后职业动漫人在微博发布漫画而走红。不过，他的微博漫画轻松可爱，画风夸张，自成一格，又像流行音乐一样服务大众，深受无数粉丝的喜爱和追捧。

2012年9月，他以《中国好声音》娱乐新闻和人物为主题，创作出一系列超可爱的Q版漫画，发布在微博一个月，转发量已达100多万次，漫画集曝光量累计超过1000万人次。2013年初，受湖南卫视邀约，为《我是歌手》制作漫画，同样风靡全国。

他就是现年30岁的“微漫体”原创者杨宇峰。在他及其漫画的影响和带动下，很快组成一支专业的微博班底和营销团队，致力开发娱乐播报、新闻播报、幽默吐槽故事等系列微漫作品的衍生产品，无论是财商模式还是市场前景，皆被喻为“后媒体时代的新利器”，得到各界人士的关注和各路商家的青睐，很多明星大腕也纷纷向他求画。

痴迷作画，初碰微博

杨宇峰1983年出生于河北省邯郸市马头镇，自小喜欢美术，从家到学校沿路的墙面是他最初的画布。每天上学和放学路上，他都会在墙上随手涂抹

自己所看到及想到的东西，为此被父亲责罚过无数次。而决定学习美术是在读初中之后，高中时他跟随兴趣选择了美术特长学习班。这时，他脑子里一直存有很大的疑惑："美术，为什么不可以像流行音乐一样被大众广泛传播和接受？"

2002年的夏天，高中毕业的杨宇峰带着满心的疑惑，如愿以偿地走进了河北大学影视艺术学院动画专业的课堂，圆了大学梦，热爱作画的劲头有增无减。早在大一时，他利用一个月时间，整天吃泡面充饥闭门作画，一共画了60多幅美术作品，在大学校园里开了个人画展。自此后，他无论在什么地方，只要手里有笔，就能画一堆东西，被同学们誉为"画痴"。

随后，杨宇峰大学毕业回到家乡，在邯郸谋到了一份自己喜欢的动漫工作。2008年，一次偶然机会，他前往武汉和几个动漫爱好者联合创立了一家动漫公司，转而用电脑作画，其绘画风格因为不喜欢临摹前人的画法而自成一体，满脑子装的都是如何让绘画与时尚相结合、让漫画走近生活的思考和探索。

2012年9月5日，工作之余的杨宇峰心血来潮，与一位同事合伙在网上开通了两个微博，分别取名为"僵尸诗诗"和"囧狗阿甘"。他们的本意是把微博作为展示平台，分别以"僵尸诗诗"和"囧狗阿甘"为两大主题，通过讲述比较贴近青年生活的幽默故事，创作成漫画发布在网上，渴望获得网民的赞赏、评论和关注。比如：他们把"僵尸诗诗"画成酒吧里的性感女郎，盘着戏剧里的"铜钱头"；又让"囧狗阿甘"跳起了《江南style》……虽然，他们的绘画很有创意，但最终成效不佳，并没有得到更广泛接受和传播。

"好声音"激发灵感，自创"微漫体"Q版漫画

恰在这时，浙江卫视《中国好声音》热播，渐入佳境。杨宇峰毫无例外

地成了“好声音”的发烧友，每到星期五的晚上，他准时坐在电视机前等着观看节目。突然有一天，其中有一位好声音学员那“神一般”地闪亮登场，当即就把杨宇峰的绘画欲望“勾”起来了。

这位好声音学员就是吴莫愁。在杨宇峰看来，吴莫愁在舞台上的夸张表情和惊天表现太有个性，很适合作为人物肖像画的原型。于是，他随手画了一幅“吴莫愁”发布到了刚开通不久的“僵尸诗诗”微博上。就是这幅有别于传统的漫画，以水彩画的笔触把舞台上“吴莫愁的疯”描绘得淋漓尽致，很快受到吴莫愁粉丝团们的热烈追捧，疯狂地在贴吧、微博、论坛等转发和传播，并引起吴莫愁本人的关注。

原来，所谓Q或Q版的概念，本是英语“Cute（可爱）”的谐音，可以引申为表示画中人物既梦幻又卡通，非常可爱又惟妙惟肖。由于杨宇峰的Q版漫画特点夸张，画风轻松，才引起这么大的轰动效应，在网络上一路走红。紧接着，杨宇峰一鼓作气，又画了一幅好声音学员王韵壹的光头造型肖像漫画。这一幅漫画一改此前“吴莫愁的疯”的水彩画法，变成了水墨画风格，同样“萌”住了好声音的发烧友们。此时的杨宇峰突然有一点尝到爆红的滋味。

随着《中国好声音》播出进入白热化阶段，杨宇峰显然意识到要想保持网络传播热度，必然要坚持旺盛的创作激情和密集的绘画作品。然而，这对杨宇峰接下来的创作要求提出了更高的难度。自此，杨宇峰紧跟《中国好声音》播出进度，全身心进入疯狂的创作期，不仅对所有好声音学员逐个进行创作，连“好声音”导师也无一幸免地“落”到他笔下，最终都成为他的Q版漫画作品。

杨宇峰为及时更新微博，真是没少下苦功。因为在好声音每场比赛结束后，他都要立即进入绘画状态，不仅要花大量的时间反复观看演出视频，截取视频画面，寻找每一位学员最具代表性的动作和表情，还要以诡异惊艳的色彩，对人物肖像的服装、发型和妆容等进行最具特色地“标配”和再

创作，营造出各种神奇的艺术氛围和视觉效果。据杨宇峰介绍："那段时间，一个晚上要画4至5幅漫画，而投入的精力却更大，每天只能睡4个小时左右。"

纵观他的Q版漫画，杨宇峰赋予了每一位学员背后的神秘背景，深入浅出地揭示他们的内心世界。比如：他为吴莫愁设计了众多夸张造型，但在每一幅漫画中，吴莫愁大而突出的嘴巴和米老鼠般的长睫毛必不可少；张玮的野、歌浴森的飞机头、魏语诺的女人味、金池的魔鬼身材、权振东怀里的轻松熊和金志文"为爱痴狂"的专情等，都是他在观看无数遍演出视频之后，用神来之笔捕捉到的各个人物身上的闪光点。

短短一个月，杨宇峰的"僵尸诗诗"版《中国好声音》系列漫画集迅速在网络上蹿红，他更因引来众多主流媒体的采访和报道而备受鼓舞。2012年10月中旬的一天，有一位好声音学员来到武汉，专门打电话邀请杨宇峰见面，毫不吝啬自己的赞美之语。在网上微博跟帖中充满了"超可爱""萌翻了""太有才了""有创意"等夸奖，很多网友甚至发来自己的生活照，"跪求"杨宇峰为自己创作一幅Q版漫画。

与此同时，以杨宇峰为主笔的微博团队看到了Q版漫画的商业价值，赶紧增加人手，维护微博和回答粉丝的各种问题，并同时规划"僵尸诗诗"娱乐播报和系列故事漫画、"囧狗阿甘"新闻播报和系列幽默漫画等两大板块的四个栏目，在满眼都是文字的微博平台，用微漫画形式追踪新闻和播报娱乐。

此后，中国作家莫言获得2012年诺贝尔文学奖的消息传出，思维敏捷的杨宇峰很快根据莫言和张艺谋、姜文、巩俐四人的泛黄合影，迅速创作出了一幅"莫言四人组"的漫画，仍以"独一份"风格在网络上疯传。

2012年9月23日，《南方都市报》把一幅以"受伤的好声音"为题的漫画作为报纸封面刊登。紧接着，杨宇峰及其"僵尸诗诗娱乐播报"系列被浙江卫视《中国好声音》栏目组盯上，特别邀约将他的漫画制成《中国好声

音》唯一发行写真集《唱响》的附赠书签。

2012年10月18日，“微漫·后媒体时代新利器”研讨会在武汉召开，杨宇峰及其漫画作为主创和典型的创新案例，他与大会分享自己的创作经历。至此，杨宇峰通过微博发布Q版漫画，就是一个深有潜力与很有前景的创意方案和努力方向，其创作思路无疑拓宽了传统漫画的题材，找到了传播漫画的新途径，最终获得了新的生命力和传播力。随之而来，一些文化传播公司纷纷向他抛来橄榄枝，为其制作Q版的武侠系列漫画作品，推向市场。

让Q版人物漫画和好歌声一起飞

2013年初，杨宇峰再受《我是歌手》栏目组邀约，为节目里的歌手画Q版漫画，同样被各大论坛及新闻网站纷纷转载，歌手和网友的好评如潮，在网络上被广泛传播，大受追捧。

截至目前，杨宇峰和他的团队创作的《中国好声音》和《我是歌手》系列人物漫画已经告一段落，但追踪各路热点新闻的速度丝毫不曾减慢，因为他们不仅想把“微漫”打造成Q版漫画中的“好声音”，还要以“微漫”形式播报新闻，把热点新闻和娱乐新闻漫画打造得像流行音乐一样流行起来，被更多的大众所接受，成为一种崭新的媒体传播方式以及开发衍生品的文化产业链。

随着《中国好声音（第二季）》唱响之际，杨宇峰将继续开辟新的创作形式和栏目板块模式，推出好声音学员的3D玩偶形象、动画视频等。因为《中国好声音》和《我是歌手》漫画的爆红，从事漫画创作10年的杨宇峰一直有一个梦想，发挥自己漫画创作和动画导演的专长，创作一部自己的原创音乐动漫，激励更多有梦想的人。

面对未来规划，杨宇峰表示：“‘僵尸诗诗’微博的营销推广取得了一定效果，我们正在启动新机遇，加紧策划微漫竞赛，逐步向开展动漫教育培训活动和业务拓展，只要能让漫画紧跟娱乐文化市场和找到匹配的传播途径，又简单易学，那么，我们就能让Q版人物漫画和好歌声一起飞，让绘画像流行音乐一样流行起来，推出个人动漫形象的周边产品为更多人服务。并且我们相信，肯定会有商业养起创作的那一天。”

卖油条赚来“百万”房

一根油条1元钱，一套房每平方米的价格15000元，70多平方米的房子总价超过100万元。2011年10月，一段“油条哥”卖油条赚100万元房的视频爆红网络，主人公石学国迅速成了网络红人。他从乡下进城，炸油条起家，依靠卖出最为常见的油条等早点食品，加上五年的财富积累，一跃成为城市里的有房一族。听起来是奇闻，卖油条也能在城里置房产？讲起来却不是笑谈，他又是如何做到的呢？

勤劳致富，诚信为本

10年前的春节刚过，二十多岁的石学国带着妻儿，从江苏省北部老家宿迁市泗阳县来到南京，先是在饭店打工数年，有了一点微薄的积蓄。5年前，他转变思路，在位于南京市凤凰西街229号租下来一间门面房，做起了炸油条卖早点的生意，取名“放心油条豆浆店”，当起了店老板。

按说，这炸油条本是传统行当，油条本身也是常见食品，平淡无奇，即使一根油条卖10元钱，怎能和动辄上百万的房子联想在一起呢？需要奋斗多少年，卖多少根油条才能拥有一套大房子？简直是天方夜谭，做梦也是想不来的。

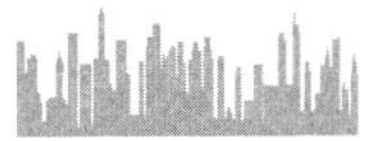

随后不久，他的“放心油条豆浆店”开张营业。做买卖靠市场，卖什么吆喝什么，除了炸油条，他还做了豆浆、煎饼、豆腐脑、萝卜丝饼等，以增加品种迎合大众，渐渐地生意有了起色，口碑载道，谈不上红火，以此养家糊口已不成问题。

但这又是一个吃苦的职业，拼的不仅是体力。累死累活坚持干上5年，就是1800多个日日夜夜，每天凌晨3点半起床和面、炸油条、磨豆浆，抢早卖给上早班的、下夜班的以及的哥和民警等，卖上一天豆浆、油条、煎饼、豆腐脑后，直到晚上9点半才关门打烊。5年里，他们天天如此，风雨无阻，靠的就是勤劳致富的本色在城市里打拼生活。

从2006年开店之初，石学国就定下了店招名称“放心油条豆浆”，并拍着胸脯向顾客保证“绝对让您放心”的油条质量，很快赢得顾客信赖。他的店也在凤凰西街一带已小有名气，那黄灿灿圆鼓鼓的油条成了热门小食，每天从早6点到晚7点，店门口总有人排起长队购买他家的油条。

2011年9月28日，报纸媒体在爆料人指引下，以“用良心做放心油条赚安心钱”为题进行了新闻报道。石学国之所以敢用“放心”二字作为店招，就是因为自己用的是从超市买进的放心大豆油，而且每天必换，从不用隔夜油炸油条。“诚信”二字，根深蒂固。

而后，有人将视频传上网络后，赞叹之音不绝，迅速爆红。从视频中看到，石学国从和面切面，到炸出一根热腾腾金灿灿的油条，仅需3分钟就完成了。油花绽放之际，下锅的一条面迅即松展开来，炸好的油条被大筷子夹出油锅，摆放到食用箩筐里。附近居民说：“他家的油条跟别家不一样，面好、油好，好吃又放心，我们天天来买。”他做的油条并不一味夸张蓬松，而是实实在在，外酥内软，口感刚好。

品牌亮眼，“卖点”惠民

石学国炸油条时，油水在锅里，其实剩余的利润非常有限。他卖油条5年，用的大豆油是每天必换的新油。虽然油价涨了又涨，有时一年之内涨了好几次，但他的油条却依然保持1元一根的价格，从未因用油成本的变化而波动。除油条1元一根外，豆浆1元一碗，豆腐脑2.5元一碗，鸡蛋煎饼3元（两个蛋），价格的确“很惠民”。

石学国心中有一笔账：给人以诚信，忠厚不折本；给人以放心，勤劳能致富。他说：“做让顾客放心的食品，不愁没人来买，不愁生意不红火。”没错，现做现卖，薄利多销，照样赚大钱。

如何才能做出让顾客放心的油条？他发面时从不添加明矾，而是用标准的发酵粉，再通过冷冻低温发酵的方法发面。石学国说：“我每天凌晨3点起床，就是为了能早一点发面。因为冷冻发酵耗时长，炸出来的油条更松软。”并在面粉里加入鸡蛋，使油条口感更软和，最终成为放心油条的最大亮点。另外，做放心油条最关键的就是油。石学国店里用的是可控制温度、有过滤网的电锅，这款电锅可以恒温炸油条，这样炸出来的油条外面不会焦，而且油烟也少，油条颜色不会发黑。

惠民的价格，加上诱人的品牌亮点，生意越发红火。每天，他要和面达150斤左右，大概卖出1300至1500根油条，需要用7至8桶5升装的大豆油，价值400多元。每根油条卖1元，其中用油成本就要占4成，尤其在双休日卖得更多，用油达到9至10桶。晚上打烊前，妻子杨影都会将剩余的油和面渣倒掉，再将油锅清洗干净。石学国说：“我们绝不使用隔夜油，每天都用新油，既然我的店名叫放心油条，那我就要做真正让人放心的油条。”加上豆浆、鸡蛋饼、豆腐脑等，日营业额就有2000多元。与前两年相比，虽然成本增加不少，利润自然相对缩水，但市场繁荣，生意兴隆。

石学国本着坚持务实和勤劳致富的原则，为他的“放心油条”赢得品牌

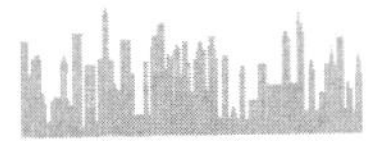

效应，占据了重要商机，在食品质量和食品安全上的诚信成为最佳卖点，更契合当下民众最为关心和关注的热点诉求。

百万买房，一次付清

一直以来，在大城市拥有一套自己的房产，是多少人梦寐以求、加上奋斗多少年才能实现的理想和目标。何况，对像石学国这样从乡村进城的务工人员，更是想都不敢想的事情。

2011年上半年，十多年来靠租房住的石学国开始着手计划在南京买套房子了。由于户口不在南京，不具备向银行贷款的种种条件和基本资格，无法以贷款方式实现住房梦，似乎只有一条路就是现金买房。

石学国的房子离市中心只有四站路，离他的“放心油条豆浆店”靠近，便于打点生意之需。虽是一套二手房，但每平方米价格是15000元，70多平方米的房子总价超过了100万元，他向亲戚朋友借了20多万元，就把100多万元的一套二手房的房款一次性付清了。这也正是他们一家人依靠双手卖油条和豆浆辛辛苦苦打拼5年赚来的。

2011年10月初，卖油条赚100万元房的视频爆红网络后，石学国和他的“放心油条豆浆店”名气更大了，网友们都亲切地称呼他为“油条哥”。连不少在校大学生对他吃苦耐劳的精神也赞赏有加，连呼：“炸油条五年，就能在市中心买房，实在令人羡慕，更值得学习。”

其实，从石学国的故事中，我们就不难感受到：忠厚本分，吃苦耐劳，不管生意大小，传统或是新型，注入新的创意和品质，打造新的卖点和品牌，产生新的连锁和市场效应，总能从中把握商机发家致富，最终实现人生看似无法实现或不能达到的梦想。

“绝美好声音”是如何练就的

可能有不少人觉得，只要有一副好嗓音、会说一口标准的普通话，就能当配音演员，而她却说：“如果没有2000～4000集的训练量，应该说你是不会配音的。”

也有很多人认为配音是技术活儿，观众看不见，但配音付出的感情和心力，一点儿都不比实际演员少。对此，她说：“配音这种幕后工作，注定是要为他人作嫁衣。配得好，是幕前明星大腕的光彩；配得不好，就是砸配音演员自己的饭碗。”

“主持人”梦圆“配音圈”

季冠霖于1980年出生在天津的一个京剧世家。小时候，父母带她去练功房练习下腰和翻跟头等基本功，但最终她却没有走进梨园这一行。受父母职业及家庭环境的熏陶，这个自小就会说一口标准普通话的小姑娘，表现出了超高的语言天赋，在一群说着天津方言的同学中显得尤为突出，经常被老师点名在课堂上朗读课文。

高中毕业后，季冠霖以得天独厚的优势，考取了天津师范大学播音主持专业，梦想将来能成为节目主持人。上大学期间，她是朗诵艺术团的团长。

有一次，她被一家广告制作团队相中，请她在学习之余为一段广告做后期配音。这次机会，让她结识了配音界的前辈周海涛老师。工作完成后，周老师问她："小姑娘，你想从事配音这一行吗？"这时的季冠霖对配音并不十分了解，只记得小时候特别喜欢看《罗马假日》《茜茜公主》等外国电影的译制片，那时的她曾对妈妈说："这些外国人说的中国话真好听。"妈妈笑着对她说："那不是外国人说的，是配音。"

带着好奇，季冠霖决定试一试。周海涛作为启蒙老师，对她要求非常严格。季冠霖在他的带领下，利用课余时间在天津配音圈一共做了两年的译制片配音，周老师都是鼓励她："不错，很好——你要是能再处理一下就更好了！"

大学毕业前一年，季冠霖由一位师姐引荐，以优异的专业成绩，被天津交通电台提前录取，主持一档早晨5点到7点的直播节目。那段日子苦不堪言，每天凌晨3点就起床，早上5点赶到交通电台做节目，做完两个小时电台主持人后，再进录音棚为译制片配音，经常半夜12点才回到家。每天这样反复轮回，睡眠不足3个小时，季冠霖几近崩溃。

长时间超负荷地工作，季冠霖扛不住了，咳嗽得非常严重。她想跟台里请假休息几天，但师姐告诉她说："你千万别请假，这样的工作机会太难得，你在这个位置上坐住了，毕业后就可以留下。"季冠霖便带病坚持做节目，直至病情加重，吃药打针都不管用。最后去看中医，她才知道自己原来需要的是休息。季冠霖因此无奈地辞掉了主持人的工作，失去了这次就业的机会。

2004年，大学毕业后不久，季冠霖跟随男友来到北京谋求发展，一心想找一份主持人的工作。但奔走了大半年，投了很多简历，也没有找到肯收留她的地方。

最后一次，季冠霖去一家电台应聘时，负责面试的老师对她说："主持人这一行，几年不招一个新人，你的声音很好，可以试试当配音演员。"说

完，给了她一个电话号码。走出电台之后，她就急不可待地打电话过去。接听电话的正是资深配音演员齐克建：“你现在在哪儿？我这儿正缺人呢！”

苦练配音“代言”明星脸

为了生计，季冠霖不得不放下“主持人”梦想，走进了北京的配音圈。第一部戏是为国产电视剧《张大千》中的女三号配音，当时，在场的很多配音界前辈，都想听一听这个来自天津的小姑娘配音水平怎么样。结果她以优质嗓音“来之能战，战之能胜”，赢得了一致的肯定。

然而，隔行如隔山，配音与主持是截然不同的两个行当，配音这活儿绝对是掺不了水的“真功夫”。要想配好音，需要长期的训练和积累。季冠霖首先面对的最大难题，是控制不好自己的情绪，前一分钟还在大笑，后一分钟可能就是哭戏，中间几乎没有酝酿和铺垫，需要把握好度，否则就是失败。

入行之初，季冠霖为苦练配音真功夫，想到了一个办法：她在家对着电视练，把要配的电视剧放进影碟机后，关掉音量，一边看着台词本，一遍遍跟着电视配音，同时细心琢磨演员及其饰演人物的内心、性格和情感，经常一练就是四五个小时。那时刚来北京不久，房间里没有空调，夏天特别热，冬天格外冷。季冠霖清楚地记得，当配到“怒不可遏”的情景时，她会不自觉地跺脚；配到“伤心”的情景时，她会忍不住吸鼻子等。这些都是配音的大忌，一度让她难以克服。为了控制情绪，每次在练习配音前，她就把自己的手和脚用绳子绑起来，直到四肢发麻，嘴唇脱皮，她才停下来休息。

“好声音”自有天赋恩赐，而好配音必然是苦练而成，尤其需要很高的悟性。正如季冠霖所说：“虽然大门对每一个人敞开，但没有人会给你一天的时间去录1000遍。情绪对不对、嘴型能不能对上，有控制地表达情绪，这都要靠悟性。”

此外，配音演员的收入普遍不高，一集电视剧，演员能拿到几十万元，配音演员却只能拿到几百元钱，而不给配音演员署名更是这个圈内不成文的规矩。难怪当初齐克建老师接到她的电话后，就马上爽快地邀请她前来“试音”，原来在这个行当里，缺少的就是新人。

大众或许会想，配音演员置身于光鲜亮丽的影视圈，不仅能抢先看到热门影视剧，还能为明星配音，岂不新鲜又有趣？恰恰相反，配音演员的工作可以说是相当单调和枯燥。配音工作一般都是从中午12点开工，晚上12点结束算是早的。朝九晚五的工作时间绝对是一种奢望，熬夜是家常便饭。

自2005年以来，季冠霖迄今已在近200部影视作品中“代言”。从《甄嬛传》里的甄嬛到《笑傲江湖（新版）》里的东方不败；从《神雕侠侣》中的小龙女到《倚天屠龙记》中的赵敏和周芷若；从《美人心计》里的窦漪房到《夏家三千金》里的夏友善；从电影《赤壁·下》里的小乔到《泰坦尼克号》里的露丝……从众多精彩的国产影视剧到中文版的译制大片，女主角动听的声音都来自同一个女配音演员——季冠霖！

“绝美配音”终成“幕后一姐”

多年来，季冠霖和所有影视演员一样，从名不见经传到一举成名。优质嗓音条件和刻苦配音训练，一次又一次改变着她的命运，最终或许只需一部戏而已。

电视剧《神雕侠侣》刘亦菲版的“小龙女”，让季冠霖在业内名声大噪，经常会有圈内人慕名邀她配音，甚至连她的名字都还没搞清楚，就指名要找“《神雕》里刘亦菲的那个声音”。不过，季冠霖的得意之作，还是给热播海内外的电视剧《甄嬛传》里孙俪扮演的“甄嬛”的配音。

最初，季冠霖在接到为“甄嬛”配音的邀请时，既喜又愁，一是孙俪演得好，二是导演郑晓龙要求很精细。这部大戏，她前后录了半个月，每天与

甄嬛一起经历悲欢离合，一字一句皆是精雕细琢。全剧录完之后，孙俪出色的表演加上季冠霖拿捏得恰到好处的声音，让“甄嬛”赢得了万千观众的喜爱。

“像甄嬛的角色，看上去处变不惊，内心活动却非常复杂。常常一边撕心裂肺地哭，一边又必须保持头脑清醒以随时转换情绪，同时眼睛还要兼顾台词和演员嘴型。”季冠霖如是说。有几场重头戏都是哭戏，比如甄嬛流产、果郡王死、皇帝驾崩，配音时是不能流眼泪的，否则声音就会失控，但是还要发出哭腔来。十几天录下来极费心力，虽然累，但也非常痛快。

“余音绕梁三日不绝”“因配音而出彩”——今年以来，热心网友将季冠霖配音的多部热播剧的精彩段落剪辑成短片，发布在网络上，引发网友热议和惊叹。在微博的强大推动下，大众终于知道，在甄嬛、小乔和东方不败的背后，竟然隐藏着同一个人，季冠霖才是真正的“中国好声音”。

身为年轻一代配音演员中的佼佼者，季冠霖凭借自身的尝试和创新，早已习惯于把自己隐藏在幕后，但能够为如此重量级的一批演员和角色配音，以及近200部影视作品中的辛勤积累和完美演绎，“配音一姐”的称谓实至名归。

面对微博走红，季冠霖表现得欣然且坦然，她常告诫自己：“人生不一定要备受瞩目或享有光环，做自己热爱的事业，得到更多人的认可，才是内心恒久的追求。因为喜欢，所以值得。”

我和星爷一起去“降魔”

一次邂逅，让他与电影结缘

卢正雨，1983年出生在湖南省益阳市安化县，自小喜欢看电影。1999年初，16岁的他第一次观看由周星驰联合导演和主演的电影《喜剧之王》，就疯狂地成了周星驰的“星迷”。一连看了好多遍，他被电影中小人物的草根精神彻底打动了——“醉心于戏剧表演，却始终不得志，但依然苦中作乐、不屈不挠地寻找机会”。

高中毕业，他被湖南工业大学株洲工学院录取，学习多媒体设计。2002年，香港电影《无间道》风靡一时。读大一的卢正雨看过电影后，出于对电影的热爱，突发奇想，他用一个内存卡只有64M的数码相机，奋战一个学期的课余时间，重新将《无间道》翻拍了一遍，由于相机内存太小，每次只能拍5分钟的素材，经后期反复导入、删除等剪辑制作，终于翻拍完成了一部长达70多分钟的新片。

这一次快乐的拍摄体验，也是第一次与电影亲密接触．让卢正雨从中感觉到了一种前所未有的成就感。他还为这部属于“自己的”片子取名为《无间》，上传到学校的论坛上供大家欣赏，被同学们争相转发和跟帖。《无

间》后又被新浪等门户网站称赞为“史上最牛翻拍作品”。

2005年至2008年，正值卢正雨大学毕业前后，他拍电影像上了瘾一样，不仅要自己做编剧，还要自己当导演和演员，竟一连拍摄10余部独立影片。其中，他拍摄的第一部动作喜剧片《高手》，还在当年的大学生电影节上获得了“最受大学生欢迎剧情短片奖”。

卢正雨大学刚毕业时，因不是影视制作专业出身，半路出家的他并不被看好，直到北京的一家媒体公司找上门来，请他去拍片，他也没有多想，就义无反顾地前往北京追寻电影梦去了。

一次辞职，他成了“80后周星驰”

2006年下半年，卢正雨正式来到北京，才发现自己成了不折不扣的“北漂一族”，他的梦想是拍电影，却在公司里只能做宣传片赚点小钱，如此下去，满腔的电影热情早晚会被消磨殆尽。第一份工作并不适合自己，挣扎在生存与梦想之间，几乎不可调和。于是，他选择辞职。

2007年，是卢正雨北漂生活最为艰难的一年。除了手中的DV和满心的电影梦，现实中却两手空空。作为周星驰的影迷，他常以星爷电影中不屈不挠的小人物及其力争上游的草根精神给自己打气，即使被嘲讽和轻视也要保持一笑了之的态度。

这一年，卢正雨拍摄的独立电影《莫小白的水怪日记》，获得了第十四届北京大学生电影节短片大赛“优秀剧情片奖”，在独立电影大学巡演中被誉为“80后导演代表作品”，声名鹊起。这时，投资人纷纷找上门来。他心里更明白，投资人大都是邀请自己拍摄商业短片的。

此后两年，卢正雨为了生存接拍商业网络短剧，不过除了按投资人要求植入产品广告外，剩余的创作全由自己发挥，这样，他就能够完全沉浸在所追求的影像中，努力把握每一次展示才华的机会。他为某游戏品牌拍摄的

《重返荣耀》，上线10天点击量达800万人次，开网络商业电影先河，并获“湖南大学生电影节最佳导演奖”。此后，他又为广告客户量身定做了《电竞之王》《一人一半》等，被各大社交网站火爆转发，点击率遥遥领先，引发网友热议。

除此之外，2009年至2012年，由他编、导、主演的短剧《OFFICE嘻哈4重奏》，从第一季拍到了第四季，完成了总长为40集的系列商业广告植入片，在网上不断刷新点播纪录，迄今总点击量已超过了2亿人次，创造了中国网络短剧史上的一大奇迹，并获得中国“22影展”最牛网剧奖，成为优酷出品网剧第一品牌剧。

至此，卢正雨终于在北京站稳了脚跟，成了网友点击率催生下诞生的导演和网络剧的先锋级人物，有网友看过他的多部作品，惊喜地发表评论说：“卢正雨貌似很喜欢周星驰的电影。”可谓一言道破了天机。

2010年，27岁的卢正雨执导《一只狗的大学时光》在全国院线上映，这是他第一部进入影院的大银幕作品，让他成为当时国内最年轻的大银幕导演。然而，在实现电影梦想的道路上，他迈出的每一步并不容易。这部影片是经过多次试映，得到绝大多数年轻观众认可后，才在全国发行。

卢正雨的电影风格融合了日本著名作曲家久石让的音乐风格、被称为“亚洲第一摄影师”杜可风的摄影风格、周星驰的表演风格等，他由此被网友们冠以“80后周星驰”的赞誉。

一段机缘，他被周星驰相中

2007年12月，周星驰即将空降北京参加《鲁豫有约》的专访，节目组为了制作效果，要事先在“星迷”中寻找一位能拍短片的人，以向大明星周星驰致敬。卢正雨作为周星驰的铁杆影迷，也是为数不多的拍摄过网络电影的超级粉丝，自然受邀接下了这个活。

卢正雨至今还清晰地记得，他连夜翻拍出一个4分钟的短片《我们的故事》，在节目现场放映时，因加入了无厘头的搞笑台词和桥段，让周星驰及台下观众边观看边笑声不断。节目录制完成，他顺势将短片的DVD送给了周星驰。正是这样一段无心插柳的机缘故事，使得卢正雨结缘星爷，从超级粉丝一跃成为《西游·降魔篇》（以下简称《西游》）的联合编剧。

那次参加完《鲁豫有约》几天之后，卢正雨突然接到周星驰助理的电话，对方以肯定的语气说："周先生觉得你拍的片子不错，希望以后有机会合作。"放下电话，卢正雨感到非常激动，但冷静下来又想，和偶像一起合作？那简直是遥不可及的事情。所以，他也就不抱什么非分之想，继续在北京打拼，只不过他更加坚定了自己的电影梦想。

谁知，经过3年多的耐心等待，曾经认为不可能发生的事情，竟奇妙地发生了。2011年盛夏的一天，离《西游》开机的时间只有10多天，卢正雨很意外地接到副导演的电话，让他即刻赶往横店影视城一趟。见面后，周星驰与他一见如故，相谈甚欢，突然又说出一句让卢正雨想都不敢想的话："你能不能帮我的忙，跟我一起编剧？"

参与到《西游》的拍摄工作，卢正雨就这样成了剧组跟场的联合编剧。起初，卢正雨感到既兴奋又忐忑。他跟随剧组在横店工作和生活了两个多月，几乎每天都和周星驰在一起。同样身兼编剧的周星驰在片场经常会主动询问他："你觉得怎么样？应该怎么改？"充分地给卢正雨以信任。

经过彼此熟悉和磨合，卢正雨的胆子开始大起来，敢于与星爷"较劲"了，自己认为更好的台词或桥段，他也会主动提意见，一次不行就提两次，两次不行就提多次。比如孙悟空（黄渤饰）在剧中有一句台词"当年我手提两把菜刀，从南天门砍到蓬莱东路"，就是他们在彼此聊天磨合中迸发出的灵感，他的一些笑点台词以及桥段设计，常常得到周星驰的肯定和采纳。

两个多月的跟场，及至影片后期制作，每个合作过程都让卢正雨受益匪浅，更有意外收获。不仅做编剧，他还在剧中出演了由段小姐率领的"驱魔

军团”中五煞之老大的角色，一位满口说着似是而非的“韩语”的莽汉。

因此，他不只一次感念地回忆说：“为了给群众演员示范，星爷竟忘我地在地上打滚。以前，我总以为他的成功诀窍是运筹帷幄，而其实是事无巨细。从情节铺设、镜头处理、言语节奏，甚至演员的表演走位等方面，我都从星爷那里学到了不少。”

一次合作，他的梦想更加豪迈

2013年2月10日，周星驰执导的《西游·降魔篇》在大年初一上映。截至3月21日，全球票房已累计2.13亿美元（约合人民币13.36亿元），成为新晋全球最卖座的华语电影。其中，作为《西游》联合编剧的卢正雨，已经受到各方盛赞。

对于未来的发展，如今刚满而立之年的卢正雨，依然坚守着自己的电影梦想，那就是“以星爷为目标，拍更好更卖座的电影”。因此，《西游》过后，从头再来，梦想也必将更加豪迈，因为，那些曾认为遥不可及的事情，其实只要努力就可能会实现。

2013年4月，卢正雨通过3种不同喜剧风格和天马行空的故事架构，潜心创作的黑色爱情喜剧《婚纱照》、浪漫复古动作喜剧《绝世高手》及科幻惊悚喜剧《幽浮目击者》3部微电影作品，每部片长20分钟，已率先相继在优酷网上线推出。

这是卢正雨结束《西游·降魔篇》编剧工作后，首次推出作品，也是他经过多年的网剧历练，并从周星驰身上吸取养分后的“学习成果”和验收之作，正成为他拥有的大量忠实观众的最大期待。

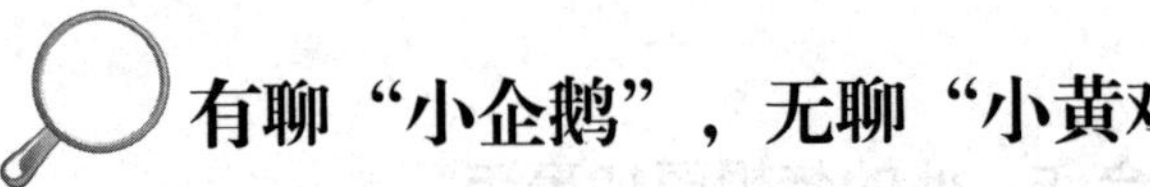

有聊“小企鹅”，无聊“小黄鸡”

还在QQ上人与人聊天吗？将自己的心里话向他人倾诉，是不是怕泄露了秘密？现今，有一款自娱自乐的聊天机器人“小黄鸡”，在人人网上一出现，一个多月就俘获近220万“粉丝”，爆红速度堪比当年的人工智能聊天机器人小Q，开小窗“人鸡对话”比小Q更具有隐秘性，且不用担心你的聊天内容会被第三人知道。

“我喜欢和你聊天，我是聪明机智炫酷24小时不关鸡。”其实，“小黄鸡”是一款可以自动用中文聊天的程序工具，无论你怎样对它“调戏”发问，它都能迅速做出反应，机智幽默地回答你的问题。而这款被喻为“聊天神器”的设计者，则是一位刚走出大学校门不久的IT男孩。他的名字叫王大鹏，被网友亲切地称为“小黄鸡之父”。

青春我做主，“技术宅”痴迷计算机

年仅22岁的王大鹏，2012年毕业于华中科技大学信息安全专业，入职人人网，成为一名程序员。

小时候，王大鹏的性格比较内向，由于不喜欢出去找同学玩，是个平常人眼中的“宅童”。小学时，家里还没有电脑，他一人在家时，喜欢把不用

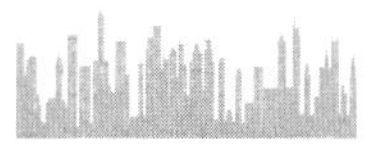

的电器当玩具玩，拆开来又组装，渐渐地对电子科技产生了浓厚兴趣。从小学到高中，他的学习成绩一直很出色。

高中时，学校里也没有电脑课。有一次，王大鹏从同学那里得到一本有关电脑的杂志，一下子被深深吸引住了，迫不及待地从头至尾认真地“啃”了一遍。自此，他便利用各种机会和条件，养成了阅读电子科技书籍的习惯。

高中毕业，父母最大的期许就是希望他能考上大学，毕业后能找到一份稳定的工作，最好当一名公务员。因此，王大鹏在报考大学志愿时，父母让他填报“好找工作又能赚钱”的经济类专业。

这时，王大鹏只对电子科技知识情有独钟，异常地狂热。最终，在与父母的一番权衡之下，他选择了计算机类的信息安全专业，并如愿以偿地被华中科技大学第一志愿第一专业录取。

2009年，在王大鹏读大学二年级时，学校才允许学生带电脑。痴迷计算机已久的他有了更多自由支配的时间，抓住机会，一头扎进“电子世界”里不能自拔，如鱼得水，他把更多的时间和精力用来学习电子科技方面的知识。

直至毕业前，熬夜编程或写代码，一直是他最重要的课余爱好。尤其在夜深人静时，更喜欢浏览诸如GitHub、HackerNews、v2ex等国外的知名技术创意网站，把所有热忱全都投入到了互联网上，是个被周边同学们公认的“技术宅”。

受“元芳体”启发，聊天机器人“小黄鸡”蹿红

2012年夏天，大学毕业后的王大鹏选择了IT业，进入人人网成为了一名程序员。生活中，不善言辞的他很不擅长与人聊天，工作之后，同样地面对电脑编程或写代码，他是如何设计出聊天工具“小黄鸡”的呢？

2012年10月，源于系列电视剧《神探狄仁杰》的“元芳体”被网友吐嘈，纷纷跟风模仿，一句“元芳，你怎么看”的口头禅，迅速在网络上流行起来。“元芳体”走红时，豆瓣网上出现一个叫“元芳”的注册账号，只要网友给TA留言，TA就能自动回复“此事必有蹊跷”“大人真乃神人也”等等，与电视剧中狄仁杰常对李元芳说“元芳，此事你怎么看”，而李元芳的回答要么是“大人，我觉得此事有蹊跷”，要么是“此事背后一定有一个天大的秘密”如出一辙。

王大鹏和大多数“技术宅”一样，喜欢钻研技术，对这一现象十分关注。受此启发，他想设计一款类似于助手软件的可自动回复程序，回答的内容比“元芳体”或同类程序更丰富，也更机智幽默一些，如同腾讯公司曾经推出的人工智能聊天机器人小Q，加它为好友，就可以随时跟它聊天，也像小Q那样具有“聪明好学”功能，用户可以教它说话，也可以请它帮忙，查询邮编、手机号或是成语解释、英语翻译等。

然而，设计一款新的人工智能程序是一个很复杂的系统过程，如果重新启动独立开发，其难度非常之大，成本也相当高。这时，在开发过程中，有朋友向王大鹏推荐了一款来自韩国的聊天机器人应用“Simsimi”。

经再三考虑，王大鹏觉得“Simsimi”无论从响应速度，还是自动应答的内容，都与他想要达到的预想十分吻合。于是，为把开发成本降至最低，他在“Simsimi”的数据库基础上，调用现有成熟的接口，加入了中文特色，一款中文版的聊天机器人“小黄鸡”就此诞生，并第一时间把程序代码公开发布在GitHub网站上，希望能得到更多程序员的参与，一起集思广益给“小黄鸡”写插件。

2012年12月31日，王大鹏的“小黄鸡”软件基本设计成熟，在用户实名制注册的人人网公共分享平台上，发表了第一条状态。只要网友在发言中@“小黄鸡”或者直接向它发问，“小黄鸡”就会瞬间冒出来，以一种风趣幽默或答非所问的回复语言，尽显可爱俏皮又不失智慧的口吻，与网友用户

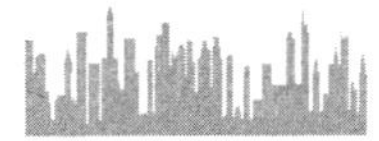

自动展开对话，让人永远不知道它会给出什么样的答案，引起众多网友好奇地想尝试一下。

2013年1月10日，这只能用超萌语句即时应答各种提问的“小黄鸡”仅用了11天，就赢得了140万粉丝，且以每小时增加1万粉丝的神速一路飚升，聚集人气。只要关注“小黄鸡”，就可以进行“人鸡对话”，其好友数量更以50人/秒的速度暴涨。

很快，网友们发现，“小黄鸡”不仅有答非所问或机智幽默的无厘头式的玩笑风格，其掌握的专业方面的知识也非常广泛，相当给力。2013年1月8日，它放言自己是一个“学霸”，竟能准确地回答出奥地利物理学家、概率波动力学的创始人薛定谔的方程式，更招致越来越多的大学生向它发起挑战，大呼“神奇”。

与社交网站一样，继赢得大学生团体的跟进后，无论是开小窗和它私聊，还是各种网友的“调戏”，一下子带动了这款中文虚拟助手软件的盛行。在短短一个月时间内，“小黄鸡”已俘获近200万粉丝的芳心，每个状态后面的回复量都超过10万条之多，爆红速度堪比当年的人工智能聊天机器人小Q。不少网友乐此不疲地称赞它为无厘头式的“聊天神器”，自言：“有了小黄鸡，再也不用担心没人聊天了。”

不久，“小黄鸡爸爸”是谁？在所有人纷纷猜测和千呼万唤下，华中科技大学2012届毕业生王大鹏成了“最大嫌疑人”，并最终得以确定。王大鹏以“小黄鸡之父”的身份，再次引爆更大的网络关注，成为2013年伊始网络话题人物之一。

大众解压小神器，衍生更多功能和服务

与此同时，“小黄鸡”从横空出世到爆红网络，引发网络热议。更多的焦点议题在于“人鸡对话”何以取代了“人际沟通”？有网友甚至坦言：

“总以为大家在热闹欢腾的繁华都市，当小黄鸡走红，我才发现原来都是这般寂寞。”

其实，明白了“小黄鸡”软件的工作原理，不难发现，“小黄鸡”从出世的那一天起，其实就是一款提供给大家自娱自乐服务的自聊软件。“人鸡对话”的过程，就是网友通过一种teach功能，教会了它各种词汇，等于先输入进了预先设定的数据库。“小黄鸡”则从数据库的关键词中“分析”用户提到或回复的问题，迅速进行自动解答。原来，“小黄鸡”的回复正是出自用户之手，其“智商”高低和性格命运也掌握在用户手中，你教会它什么，它就会回复什么。

王大鹏作为“小黄鸡”的设计者，微笑着坦言：“其实，这就是一类自聊的交际软件，回复信息的速度比10086还快，有一种‘简单为美’的体验，限于娱乐就比较好玩。而在网络上走红，完全出乎了我的意料。”

随着“小黄鸡”的粉丝数量持续暴增，王大鹏最初用自己的笔记本电脑做服务器，后来将服务器增加至3台，仍然感觉还是不够用。而且，“小黄鸡”由他一人以非盈利模式运营。

2013年3月，王大鹏协同百度语音助手在“小黄鸡”最新版本中，与韩国simsimi共同合作，上线了语音版“小黄鸡”服务和功能，用户通过对百度语音助手说一些固定指令，如“调戏小黄鸡”“小黄鸡出来”等，就能“叫醒”小黄鸡，进入“小黄鸡”专属的调戏模式，开始进行“人鸡”对话。

截至目前，王大鹏已在“小黄鸡”软件的衍生产品领域又开发出查询功能、生活百科、数学计算、智能提醒、出行导游、自驾停车、短信播报等插件功能，与聊天工具匹配起来，致力于打造新的平台级功能和产品，为大众带来更加趣味化与智能化的新体验和新服务，成为大众繁忙工作和生活中缓解压力的聊天“神器”和解忧助手，让空虚寂寞冷、羡慕嫉妒恨等精神和心理压力暂时离开你的生活，神马都是浮云。

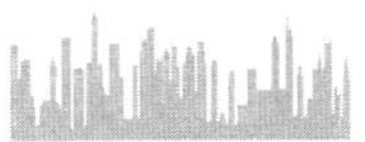

说起下一步打算和自己的奋斗目标，这个以谷歌创始人拉里·佩奇和谢尔盖·布林为崇拜偶像的22岁男孩，表现得很淡定，同时自信地表示：“如果有一天没有人关注‘小黄鸡’，我还会写出更好玩的程序。”

魔漫相机，“磨磨叽叽”创业

魔漫相机是一款“照相+漫画制作”的手机应用，可将真人拍成幽默漫画，让照片中的你瞬间变成某个漫画人物的形象，你永远不知道下一刻的自己会变成什么样，或被PS到哪一种漫画的情景中。

2013年8月31日，魔漫相机上线，短短两个月累计下载1824万次，迅速爆红网络、微博、微信，创单日下载量高达325万次的记录，甚至在泰国等东南亚国家也倍受喜爱，用户数持续呈现爆发式增长。

漫画遇上IT，撞出“人漫”火花

黄光明是学计算机出身，四年前在美国微软公司工作时，遇到了合伙人任晓晴。任晓晴在海外学习艺术多年，先后学习过油画、设计和美学算法，毕业后一直受聘于美国沃尔玛公司，从事个性化礼品设计和制作等工作。

最初，黄光明从“街边自画像”中受到启发。一天，他在街上走路，看到一位流浪画师，正在街边为别人画一张肖像画，一直画了很长时间。黄光明突然觉得，身处科技时代，依然有画师画像，抛开金钱成本不说，这么长的时间成本简直是不可想象，不可能成为大众型消费产品。如果利用私密性

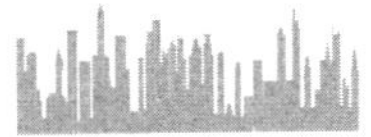

很强的数码相机，岂不更快速便捷？

2008年，黄光明遇到任晓晴后，两人一拍即合，选择回国。因为在海外，早已是动漫领域资深人士的任晓晴，深知漫画颇具娱乐性，如果将漫画和个性化定制结合起来创一番事业，没有人会拒绝卡通漫画。

回国后，二人合伙创办公司，专注于线下个性化卡通漫画礼品制作和销售。他们把这种商机称为“自漫”模式，也就是把客户的面部形象“漫画”到任何一件商品上，每个人都重视自己那张脸，“自漫”能为客户提升形象及价值，生意非常红火。

2010年，黄光明及其团队有幸在上海世博会上争取到了摊位，为参观世博会的游客们现场制作卡通式护照，单价为60元人民币，大受欢迎。

那段时间，摊位前每天都排起长龙，而黄光明却泛起了愁。由于需求量非常大，而制作一本护照需要5分钟，可相对于大众型的产品来说，5分钟时间几乎是致命的高门槛。此外，技术上也经受了大考验，从人像转化成漫画（简称“人漫”），机器却难以识别黑人，一有黑人过来要拍护照，制作时间则需要10分钟以上，制作起来总是倍感压力。

上海世博会过后，黄光明果断放弃线下漫画礼品业务，开始在线上找出路，希望借助计算机设备，压缩时间成本。那时，虽然国内漫画市场已具规模，在市场上却尚未出现将漫画与互联网技术相结合的一款受大众广泛关注的“人漫”产品。

将漫画引入手机，生活从此百变

2010年，正值互联网发展如火如荼，移动互联网蠢蠢欲动之际，黄光明已觉察到“人漫”产品的大众市场和潜在商机。此后，黄光明及其团队从底层技术做起，接连推出了两款线上产品——“漫画微博”和“小人儿说”。

“漫画微博”是一款通过打字就能创造出漫画的手机APP。只需一张大

头照，就可在数秒内将自己变成卡通主角，背景立即成为漫画中的场景素材，身入其境参与到漫画中去。而“小人儿说”号称是全球第一款改变人类交流方式的图像交流工具。只需输入文字，通过语义识别瞬间生成应景漫画，真正做到用漫画表达思想，描述生活。

然而，由于这两款“人漫PS”的线上应用，操作较为复杂，用户需要很多操作步骤才能做出称心的自漫肖像，并未引起网上更多关注，却印证了市场需要的“人漫”产品一定要尽可能的简单快捷。

2011年下半年，研发团队在完成个性化素材、技术和产品研发等积累的前提下，决定集中研发将人像转化成漫画的技术，正式向移动互联网的应用APP转型，开发一种实现傻瓜式操作的软件。直到2013年，一款真正能让大众相对满意的自漫产品终于诞生，制作速度从10分钟减至10秒，最终缩短到1秒，就能为用户生成一幅妙趣横生的漫画。于是，“魔漫相机”横空出世。

2013年8月31日，魔漫相机安卓版首先上线，很快爆红网络。2013年10月22日中午，魔漫相机iOS版上线，当天下载量就过万。第二天新增20万用户后，第三天则跃居iOS免费榜第二，仅次于斗地主。第四天登顶免费榜。此后，360手机助手迅速将魔漫相机置顶推广，在91无线和GooglePlay的安卓榜单上也陆续登顶了。

很快，用户用自己的真人照片制作的自漫画形象，在网络、微博、微信等渠道疯狂地传播开来。有瞬间变身奥巴马在台上激情演讲的形象；也有一秒钟化身柯震东优雅地品着咖啡的模样；更不乏穿着比基尼在海边度假的浪漫造型……

这些“漫化”作品，与漫画家的全景漫画实时渲染不同，真人照片结合漫画特效，强化了人像转化成漫画的技术和创意设计，用图像展现人的幽默感，每拍一次都是意想不到的惊喜，可瞬间变成性感猫女大胆秀身材，卖萌小魔女可爱到尖叫，还可扮成帅酷吸血鬼大过cosplay瘾等，或搞怪，或幽默，或清新，或唯美，既充满个性又创意十足。

11月份，仅仅过去一周，魔漫相机用户数持续呈现爆发式增长，累计用户数已达1824万。不仅如此，其火爆程度不仅限于国内，在泰国等东南亚国家也颇受欢迎，泰国用户超过100万人。截至11月上旬，魔漫相机安卓版在过去两个多月的时间里，用户数跃升至2000多万，简直是个奇迹。

“魔漫”二字从何而来？创始人黄光明饶有兴趣地表示：“顾名思义，‘魔漫’就是像魔法一样，把用户所拍或上传的照片通过几秒钟的时间变成一幅漫画，而且漫画主角正是普通大众用户自己。”

的确，得大众者得天下。魔漫相机使用起来既简单又快捷，普通用户能够轻松上手，更贴近大众的生活。重要的是，魔漫相机集中一个技术优势充分挖掘，只提取用户脸部轮廓嵌入到各种丰富而精美的漫画场景，简化了用户通过自拍照片生成自漫图像的流程。

好玩的地方还在于，手机上的时间是碎片时间，你可走到哪儿拍到哪儿，魔漫相机立刻为你提供漫画中的场景素材和个性化创作，随心变换涂鸦、钢笔画、文艺复兴等多种风格。这些“人漫”趣图不仅能用来自我欣赏，还能发到人人、微信、微博等社区，用作聊天时的表情图像，大大增加了趣味性，能形成主动传播和病毒性传播的裂变效应。

打开魔漫相机应用，只需要来一张美美的自拍，手动或者自动进行人脸识别，然后选择男、女性别，APP软件会自动为你绘制出一张属于自己的漫画。魔漫相机中，200多种主题漫画场景的模板均为原创，这些个性化素材的知识版权归魔漫相机团队所有。

最令用户称奇的是，魔漫相机的“美妆”功能相当出彩，通过挪动自己的脸部，调整脸型、发型、眼睛、眉毛来改变面部的效果后，回到主页，便可一键调整到你最喜欢的样子和更喜欢的场景模板。你永远不知道下一刻的自己会变成什么样，或被PS到哪一种漫画的情景中，捧腹大笑的幽默，超萌的甜美，淡淡的清新，奇幻的cosplay，甚至和明星同床共枕，会让你生活惊喜不断。简单一拍，让你看到百变大咖那样不一样的自己，生活从此百变起来。

线上线下齐头，多种盈利并进

魔漫相机的线上收入主要来自于付费素材，付费素材比免费素材更多样。而且，魔漫相机的盈利模式远不只有一种。黄光明表示：“要想从线上收费挣钱，还是得把它落实到一件一件的商品，所以我们一直没有放弃线下盈利。此外，魔漫还计划发展线下加盟店，寻求更多的合作与共赢商品化模式。”

2013年11月下旬，魔漫相机上线一项新功能——线下定制。魔漫相机团队与电信运营商等渠道合作，在苏州、杭州等城市开设了线下个性化漫画产品的定制体验店。用户在店内，从拍照开始，到获得自己满意的自漫商品仅需两分多钟，立等可取。体验店拥有一整套自漫设备，用户只需提供魔漫相机上制作的自漫像作品，体验店则能为用户印制或定制到杯子、T恤、笔记本等各种商品上，体验店会负责邮寄到家。

现今，魔漫相机团队分成几组，分别立足北京和苏杭等处，现有成员已近50人，在获得9月份3000万元人民币资金的注入后，正在筹化新一轮融资，让团队将更大精力用来完善产品的体验空间，满足用户更多的需求。

身为创始人黄光明对魔漫相机研发团队的技术和产品非常自信，他表示：“团队是我们的核心竞争力，对后续的新模板及线下实体衍生品的开发非常执着而有利。因为，所有知识产权就掌握在我们的手里，让魔漫相机产品变现更有底气了。未来，用户就可以用一张卡通动画来发表心情和状态，不再局限于文字和图片等传统形式。”

最后，黄光明还回顾了5年来的创业经历和心路历程，深有感悟地说：“作为一个创始人，首先为人要正，人品要好。只有自己正，才能聚拢一个好的团队，所有人为一件事儿努力。一个事业走得多远不在于计谋，而是在于真实。”

干掉无趣，用思想的力量来改变世界

黑客马拉松，“智力狂欢节”

2013年6月初，国外媒体刊载文章称，编程已成为21世纪的核心工作技能。在当今社会中，所有人都需要与电脑进行互动，以至于电脑技巧对所有工作者来说都至关重要。

美国劳工统计局（BLS）统计数据显示，2010年电脑程序员的总数达到91.3万，预计2020年这一数字将比2010年增长30%。笼统地说，“黑客马拉松”便是热衷于钻研技术的电脑程序员及来自风投公司团队共同给电脑网络技巧“定做”的“智力狂欢节”。

什么是“黑客马拉松”？

2013年5月上旬，一位年仅17岁的美国女孩詹妮·拉梅尔（JennieLamere）引起全美乃至全世界媒体的高度关注，因为她第一次单独参加电视真人秀“黑客马拉松”（Hackathon）大赛，赢得最高奖。

詹妮·拉梅尔还只是一名普通高中生，她有何技能获得最高奖？“黑客马拉松”是怎样的一种赛事？女孩似乎很难与“黑客”联系在一起，由此引起很大轰动。“黑客”就是指利用电脑网络搞破坏或恶作剧的家伙吗？恰恰相反，此黑客与媒体报道中所泛指的“黑客”完全不同，他们是最酷的编程天才。

在此次电视真人秀黑客马拉松大赛上，汇聚了来自各路的黑客精英，他们中有软件开发者，有用户体验设计师，有产品经理。小小年纪的詹妮·拉梅尔以一款取名叫“Twivo”的APP应用程序，击败了所有参赛者。

黑客马拉松也叫“黑客日”或“编程节”，原是汇集软件研发人员深度合作和全程参与的软件项目活动。规则简单：一般持续十几个小时甚至一周，参赛者放下一切工作，可根据兴趣爱好进行软件开发，用双手和智慧实现一个互联网解决方案，并在活动期限内完成作品，做成产品。

“脸谱（Facebook）”创始人马克·扎克伯格就是深谙“黑客之道”的人。早在2012年5月，“脸谱”上市之前，他在对外发布的公开信中写道：“富有创造精神的黑客文化是一种持续改进和衍变创新的做事方法。‘黑客’意味着亲身实践和积极进取，也意味着极度开放和精英为主，让最优秀的创意和实现自始至终掌控一切。”

2012年9月在伦敦闭幕的EMI数据科学黑客马拉松大赛上，来自上海盛大网络公司的技术团队获得冠军。2012年12月，在杭州黑客马拉松大赛上，来自全国各地的开发极客、产品爱好者和设计师共130多名，经过20多小时的开发，共做出并提交了33个产品。现今，黑客马拉松已成为国内外众多互联网公司的企业文化和管理方式。

代码胜于雄辩，完成胜于完美

2012年5月6日，在上海与硅谷之间上演了一场黑客马拉松比赛。两地的程序员们素未谋面，出于对代码的热爱，相聚周末，进行一场24小时不间断的开发。最终，来自上海的一款名为CHOP的产品摘得冠军。

上海CHOP团队中，首席程序员桂林是个80后，负责后端开发。其实，他并非计算机专业出身，只是从高中时便开始疯狂迷恋编程，大学时更是每

天潜心钻研各种编程书籍。大学毕业时，已从事程序员工作多年，视写代码为终身事业，是同事眼中的“强力程序员”。正如他在微博中所描述：“不懂设计模式和算法，但只要哥一写代码，就是美的。”

负责前端开发的2号程序员魏子钧的网名叫“大城小胖”，亦非计算机专业出身，酷爱编程。他实为此场比赛的工作人员，戏谑地自称为“码农”，因不甘寂寞，不写代码就手痒，索性直接杀入CHOP团队，一边做现场服务工作，一边从程序和技术中寻找乐子。

另一场黑客马拉松活动更为知名。2012年5月17日，“脸谱”公司为第二天即将挂牌上市，特举办别开生面的庆祝活动，进行了一场整晚的黑客马拉松大赛，700多名软件工程师相聚在公司总部中心区的黑客广场上，从晚上7点开始，通宵编程，分别就各自关注的焦点展开“头脑风暴”，内容涉及使用的编程语言、操作系统、应用程序、应用程序编程接口及主题等互联网应用。

当晚，巨大的“HACK”字母用暗灰色水泥拼成，大到在黑客广场的上空就能看得见。“整晚狂欢”的黑客马拉松，每个人只对自己的兴趣负责。大赛结束后，“脸谱”公司不限制编程人员创建什么类型的软件，只关注他们的“好点子”，共收到如聊天视频软件、移动开发架构以及HipHop编译器等一系列重要产品，全部用在“脸谱”网站的建设上。

多年来，“脸谱”公司坚持每两至三个月就举行一次赛事，迄今举办近40次，已成为公司最重要的活动之一。

而中国的黑客马拉松也不示弱。2012年9月，在伦敦EMI数据科学黑客马拉松大赛上，上海盛大网络公司的技术团队，力克剑桥、牛津和密歇根等大学的一流数据分析团队，一举获得冠军。

此次科学黑客马拉松大赛，是由EMI百代唱片公司发起，要求参赛团队在24小时内，设计一款智能推荐歌曲系统，能够从数十万用户中聪明地“猜出”每个用户的音乐口味，推荐合适的歌曲。

盛大公司团队的5名小伙子奋战一天一夜，“险象环生”。比赛中途，盛大团队位居第一，兴奋劲还没过去，实力强劲的对手发起反超，盛大团队被挤到第五名，遭遇系统死机等意外情况。直到最后关头，他们才想到新的改进方案。最终，他们设计的智能推荐系统，可根据每个用户的个性化偏好，从十几万首歌曲库中向特定用户推荐符合其口味的歌曲，推荐精度位列各队之首。

2012年12月，由中文技术问答社区“SegmentFault”主办的“黑客马拉松·杭州”，在“世界末日”前夕举行了一场代码与创意的马拉松挑战赛，130多名参与者组成30多支团队，聚集在一个咖啡馆里，“代码胜于雄辩，完成胜于完美”成了他们最有力的口头禅。提交的33个产品中，袋鼠ERP、智能微信商户机器人及“帮你快速搭建私有CDN”的OpenCDN分别获得前三甲，多个其他应用被评为开放平台最佳产品。

2013年5月上旬，年仅17岁的女高中生詹妮·拉梅尔，在很多人并不看好女程序员的情况下赢得最高奖。她的这款“Twivo”简洁而优美，是为喜欢在网上观看影视剧的用户，开发出的一款有关网络服务的应用插件。Twivo是“TwitterforTiVo”的缩写，可作为谷歌浏览器的APP插件，用户可根据个人需求，屏蔽尚未播出的剧集，防止前一集没看完，所有剧集的内容及评论却被提前看到的人全部“剧透”了。这正是观剧者最苦恼的体验和感受。

詹妮·拉梅尔在作为知名软件师的父亲的影响下，在过去的两年里已参加过5次黑客马拉松。这是她第一次单独参加电视真人秀大赛。她所提交的“Twivo”应用，势必在日后的网络观剧中发挥作用，当用户看完某一剧集后，可选择将这一剧集的评论重新显示出来，无需再承受他人经历过的观剧“后遗症”。

詹妮·拉梅尔的科技故事一经报道，即刻引起“女性与IT业”的话题讨论。某公司联合创始人表示：“这是个典型的企业家故事，找到一个痛点，

然后去解决，证明年轻女孩也能成为开发者的创新资源，黑客马拉松与性别无关。”

詹妮·拉梅尔在接受媒体记者采访时说：“我没觉得女程序员有何不好，也没有夹杂任何性别歧视，但从底层做起，直到接触大项目，女生写代码，其实并没有想象的那么难，而相比学校的计算机课程，我在黑客马拉松中学到的知识更多。”

电脑程序员们的“智力狂欢节”

现今，黑客马拉松活动遍布全世界，被称为程序员们的“智力狂欢节”，极其火爆，甚至蔓延到传统的IT世界之外，出现了由男性到女性、从少年到大学生，并细分为专项的诸如改善教育、与自闭症斗争、清洁能源、购物指南等各类领域的黑客马拉松赛事。

黑客马拉松活动每年都会在全球20多个城市分别举行，一场场黑客马拉松“风暴”过后，所提交的产品不仅催生出一系列创意和新兴企业，还成为公司维持初创精神和保证创新力的重要证明。据资料显示，在过去5年里，单是围绕苹果iOS系统的黑客马拉松，已累计开发50多万个插件，更为参与的程序员们带来高达30亿美元的经济收入。

在中国，智能手机风行，黑客马拉松已成为插件开发的主要源泉和形式。一群“代码控”从陌生到相识再组成团队，从开场进行激烈的头脑风暴，到激发新点子和拿出炫酷创意，非常考验首次合作的团队意识和精神。他们参加黑客马拉松活动都是自愿的，伙伴也未必是日常工作中的同事，有的是临时组建而成的合作伙伴和搭档，而最终取得的成果会使用在组织者的网站上和系统中，一件产品甚至能改变一家公司的事业或方向。

由此，风险投资人把黑客马拉松视为寻找人才精英和投资目标的理想场所，甚至已形成风潮，许多公司宁可顶住压力延迟产品发布，也非常鼓励员

工参加。有公司如果想找工程师，就常去黑客马拉松。在美国，冠军团队可赢得多达25万美元的最高奖金，而某位参赛者如能做出一鸣惊人的插件，并被公司推到市场上带来回报，才是最大惊喜和收获。

黑客马拉松更重要的核心理念就是，那些疯狂热衷于黑客文化的软件开发者，终于能以不同的方式思考曾经没有机会专注的创意和梦想，寻找到有相同兴趣的人在一起，共同度过一段极尽疯狂的“智力狂欢节”，谁都不会轻易错过或放弃每一次参加黑客马拉松大赛的机会。

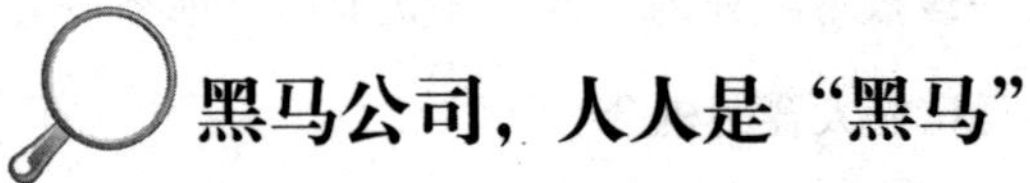

黑马公司，人人是“黑马”

听说过有这样一家公司吗？这家公司没有真正的CEO，没有部门经理，也没有普通员工。在德国柏林，这是一家由30个年轻人联合创立的公司，取名“黑马”。30个合伙人均不满30岁，同等担负着公司的经营事务和责任。德国很多著名的大型企业都成了黑马公司的忠实客户。

3年前，他们都还是大学生，在读选修课时走在了一起，共同创立了这家以咨询服务为主营业务的公司。3年来，就是这么一家带有理想和传奇色彩的公司——黑马，不仅没有在竞争激烈的市场大潮中倒闭，反却能异军突起，30个人一直并肩做战，没有一个人离开，轻松创造了属于他们自己的事业王国，成为很多大型公司中一匹真正的“黑马”。

同一个愿望，30人合伙创业

伊万娜（Ioana）是黑马公司联合创始人之一。3年前，她在读大学期间，除了学习主要学科之外，还选修了一门叫做“设计思维（DesignThinking）”的课程。在上课学习过程中，她结识了其他29名同样选修这门课程的同学。

为期一年的课程还没有结束，30个同学就结下了友谊。虽然他们是来自

不同专业学科的学生，但在日常生活中，吃喝玩乐都非常合得来。有一次，他们在讨论大学毕业之后的事情，分别说一说将来希望做什么工作，或者去哪儿旅游等。

随着话题深入，他们很自然地联想到毕业之后，这30个人肯定各奔前程。这么一来，分别容易相见难，他们的未来无论在事业还是在生活上，可能都不会再有像现在这样相互融洽的时光，甚至不再有任何交集。重要的是，这30个年轻人都非常希望大学毕业后，也能够永远在一起相处，在一起工作。

这怎么可能？于是，他们为了永远在一起的愿望，开始讨论："我们30个人，何不策划组建一个公司合伙创业呢？"就这样，30个年轻人想到了，就真的去做了。

接下来，他们每月花20欧元，在一个酒吧里租用了一间房子，进行定期聚会。伊万娜回忆说："在最初策划阶段，我们每个人由于同样年轻，没有谁比谁更资深，都不喜欢谁指挥谁干活，只是我们各自所学的专业不尽相同而已。基于这些基础，我们集思广益，想到了一种独特的公司经营和生存模式。"

直到半年后，他们按照法律规定，从30个成员中挑出一个人作为CEO，注册成有实际资质的黑马公司。但需要明确的是，黑马公司的CEO只是作为法人代表，为满足法律条件必需这么做，并不意味着其在公司内有最高的职位和更多的权力。

因此，黑马没有老板，人人独立而平等，为各自的工作负责。伊万娜表示："我们公司如果需要个老板的话，这么多人还不如去普通公司里做事算了。所以，在公司内部事务和外部责任方面，大家人人平等。于是，我们就租了固定的办公室作为公司总部，黑马公司就此诞生。"

打破戒律，人人是“黑马”

黑马公司创立之初，立刻引起业界人士的好奇。原因非常简单，不要和朋友开公司，似乎早已是创业界的金科戒律；一个公司的合伙人如果超过3个人，也是业界公认的致命硬伤。而这个公司团队竟然有多达30个合伙人，远远打破了戒律，患上了硬伤。

没有头儿、没有组织结构、缺乏人事管理的30人团队，黑马是如何经营运转和发展壮大的呢，一直成为企业界关注的焦点。

试想：公司在做某一项决议时，如何实现30个人达成一致意见？即便是少数服从多数，但毕竟存在有人弃权或反对的局面。因此，黑马创立不久，就出现决策效率非常低的状况。

很快，黑马公司再次打破瓶颈，找到了突破口。黑马另一位合伙人发现了一个叫做“全民政治（Sociocracy）”的概念，拿到了公司会议桌上进行讨论，最后大家一致认为这种基于每个人都平等做决策的Sociocracy系统结构，非常适用于公司的决策和管理。于是，他们就邀请来了专业人士，对全黑马30个年轻人进行了一系列授课培训。

所谓Sociocracy的概念，就是在公司做方案决策时，让每个人都能够充分了解所有相关信息，再各自表达自己的看法和意见，以确保最终的决定不说“NO”，重要的不是每个人同意，而是没有人特别反对，并在“我不是特别喜欢这个主意，但我能接受”的情况下，才能做出最后决策。

然而，30个聪明的年轻人组成的精英团队，都有各自的专业背景，个个脑子里充满想法，非常自信，或用更高明的观点欲控制局面，怎么办？伊万娜极其肯定地解答：“在黑马，当观点不同时，重要的一点是就是宽容和理解，来避免产生矛盾和冲突，缓冲非常紧张的气氛。”

为此，他们还不断地创造一些“和谐道具”。比如：有人意识到冲突激烈，会突然以轻松的方式唱一支歌，用好玩的方式搞笑一把，等气氛缓和后

再继续讨论话题。因为，每个人都会意识到一个和谐而有效率的团队需要宽容和妥协、理解与接受。

所以，在黑马公司，每个人的工作量一直以来都是由自己决定的。也就是说，正常工作时制是一周5天，黑马成员的基本时制是每周至少工作2天，并按照工作量来分配收入，做得多，收入自然就多。每个人只要愿意，都可以找到自己的位置。

黑马公司自创立以来，一直由4个分支团队组成。产品团队负责业务，还有财务团队、法律团队、市场营销团队负责公司运营。当然，某人参与财务团队，同时也可以参加产品团队，都能互相交叉。

比如：在黑马，如果是买办公用品之类的小投资，几个人商量后就可以照办，或者谁出差参加研讨会什么的，觉得对公司拓展市场大有帮助，没问题，即刻起程。因此，他们之间的信任度至关重要，没人会彼此质疑。如果是大投资，需要较多经费，便开会讨论后决定。

此外，黑马公司拥有内部网络平台，作为各合伙人发布想法和分享主意的沟通渠道，对重要的议题会在每周四的例会中讨论。内部网络平台也是由大家轮岗负责。

在过去3年多的时间里，黑马公司30个合伙人中，竟无一人消极怠工，人人是“黑马”，个个是精英，每个项目组只需要2~5个人，都是实干家。重要的是，30个合伙人中有25个是专业背景出身，无论对公司产品，还是对客户需求，都能从更多更广的角度发挥出理想的创意和提供最佳的服务。

截至目前，德国奥迪、大众、SAP、DHL、DB等很多著名的大型企业，先后成了他们的忠实客户。然而，黑马提供的服务并不便宜，每个项目都很成功，几乎每次项目结束后，客户方都会产生新的需求，并推荐给别的客户。很多公司看重了黑马的新鲜视角、运营模式、工作气氛、组织结构和企业文化，他们的故事被业界喻为“黑马传奇”。

黑马公司，创造“黑马文化”

现如今，黑马公司貌似随性的做法，深得众多企业的青睐，成为德国一家帮助企业深度诊断和提出解决方案的咨询服务公司，其主营业务“创造、创新（InnovationCreative）”运作体系，一出道便在竞争激烈的咨询行业中异军突起，实现盈利。

3年多来，黑马公司不仅通过对客户的需求拿出理性的研究报告，另外在做项目时，还会跟他们的内部员工和外部客户进行精确沟通，这些是他们依赖市场调研所不能达到的，也正是黑马的优势。

所有人听到黑马的故事，都觉得非常不可思议。这么一群充满理想、朝气和创意，把信任和宽容两个词时时挂在嘴边，不愿在传统企业里朝九晚五或从事自由职业，更不甘于接受已经设置好的传统模式的年轻人，却用他们自己的方式实践梦想。

有一次，身为黑马公司联合创始人之一的伊万娜在接受媒体记者采访，谈及黑马公司的宣言时说：“我们创建黑马时都还是学生，这些年，我们最大的收获就是学会了如何跟别人相处，学会了坚持和妥协，彼此照顾。黑马团队就是把个人智慧和集体决策、发扬个体和总体平衡、持续变化和结构稳定联合在了一起，我们向时代证明了我们的新的工作模式。”

前不久，德国一家出版社对黑马独特的“全民政治（Sociocracy）”经营管理模式非常感兴趣，很快签订出版合同，希望黑马成员集体写成一本书，把他们联合创业的经历和黑马文化写成故事，在全球范围内出版发行。

针对黑马公司未来的发展方向，伊万娜表示：“目前，很多客户希望能把我们的‘创造、创新（innovationcreative）’方案报告和模式精髓，融入到他们的企业管理中去，这恰恰正是我们下一步业务拓展的方向，并很快将会走出德国，在美国圣弗朗西斯科开设分部，再做进一步的新尝试。”

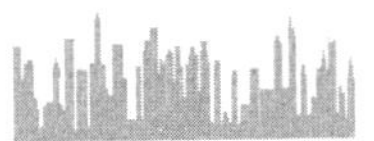

像Good.Co一样找工作

如果你是一名求职者，什么工作是你心目中的好工作？如果你是雇主，什么类型的应聘者是你需要的雇员？在美国硅谷，有这样一家名为“Good.Co”的创业公司，以心理测试学方法为基础，通过数据测试和分析，在求职者与招聘方之间架起匹配职业的桥梁。

Good.Co既是一个帮助雇主快速发掘雇员的网站，也是帮助求职者或跳槽大军寻找适合自己发展需求的测试平台。正如Good.Co创始人兼CEO所说：“一方面，雇主需要适合自己独特企业文化氛围的雇员，另一方面，求职者则需要找到有助于个人发展的企业环境，都不是一件容易的事。”怎么办？Good.Co找到了解决方案，适合的才是匹配的。

职场的烦恼，原来是这样

或许有人认为，专业对口，有一定工作经验，对职业相当满意，而且相比自己跳槽前曾经供职过的公司，规模更大，效益更好，这就是一份好工作。其实不然。

职场的环境氛围及公司的企业文化同样重要，如果你在里面工作感觉非常不自在，和同事之间的交流时常得不到共鸣，是不是也是一种很糟糕而痛

苦的状态？

萨玛·伯瓦德克（SamarBirwadker）在开发Good.Co平台之前，就曾供职过一家公司，要规模有规模，要效益有效益，薪水也相当可观。然而，入职后不久他却发现，这家公司独特的企业文化与其本人的个性格格不入，感觉非常苦恼。工作不满一年，他便选择辞职，回到了家中。

在家里，萨玛·伯瓦德克用了两天时间来反思这家公司为什么不适合他，并由此得到启发：如果能在找工作的同时，就知道自己的个性是否适合公司氛围，这样，不就可以避免工作后不必要的糟糕情况发生了吗？

基于这种最初的想法，萨玛·伯瓦德克又用了半年时间调查和论证，得出的结果依然是大多数人所认为的那样："公司很好，只是不适合我。"也就是说，现今的求职者能够寻找到在一家文化、氛围与自身性格相匹配的企业工作的机会已非常困难。数据显示：每2名雇员中就有1名雇员在原有岗位上工作服务时间不超过18个月。问题就在于，雇员与公司两者之间相互不适合和不协调。

在过去的半年时间里，萨玛·伯瓦德克还从各种性格测试游戏中得到启发，就是可以通过问卷的形式，来分析一个人的性格比较适合做哪一类工作，但是，如果把性格测试真正运用到公司企业的招聘中，操作起来本就是很复杂的事情。

2012年8月，萨玛·伯瓦德克找来3个各有所长的朋友，创建了一个4人团队，试图在求职者与招聘方之间建立起匹配的渠道，一起研究和寻找解决方案。颇有意味的是，他们还为公司取了一个"很Google"的名称"Good.Co"。

此外，联合创始人凯丽·司柯费尔德（KerrySchofield）是个心理学博士，已有超过20年的组织心理学研究经历，也是一位颇有建树的组织心理学家。她说："未必每个人都能知晓自己适合的工作方式，企业也不容易发掘适合自己企业环境的雇员，我们就是想要通过专有的心理测量学方法，帮助

求职者找到与自己性格、目标和生活方式相匹配的工作模型，也为公司企业找到最佳的雇员。”

适合的才是匹配的

2013年2月，Good.Co团队在摸索半年后，已经开发了一系列用户小测试。他们把用户分成两方：一方是求职者，一方是正在招聘的老板、公司和机构等。由于是初创，他们还申请并成功加入到美国一家创业孵化器公司的孵化项目，获得了1.8万美元的种子投资，进行为期3个月的加速孵化。

2013年5月，Good.Co团队及项目通过孵化验收后，又获得10万美元的投资。这时，随着Good.Co测试版平台上线，以萨玛·伯瓦德克为创始人兼CEO的Good.Co公司已经将最初的想法变成了现实。

正如萨玛·伯瓦德克所特别指出的那样：“Good.Co更类似于婚恋交友网站的职场版本，同是通过回答问题、测试性格来进行匹配，所以，背后的测量方式才是我们Good.Co网络平台的核心竞争力。”

与婚恋交友网站所不同的是，Good.Co模式大大减少了用户回答问题的数量。Good.Co只需回答17个问题，从6个因素建立用户的个性模型，就能达成人们比较热衷的被分类和贴标签的归属作用，以此帮助求职者用户了解自己的特性。

因此，测试方法才是Good.Co的基础。Good.Co在测试阶段，吸引了足够多的用户进行测试后，获得了越来越准确的数据，测试准确度不断提高。

此外，联合创始人及组织心理学家凯丽·司柯费尔德在解释个性测试原理时表示：“我们当然可以从几百个问题和不同层次的维度来建立起个性模型，但关键是要对用户简单有用，用17个问题建立6因素模型，而每个因素背后有众多的形容词来支持，更适合针对公司人的测试，足以准确。”

2013年9月，经过4个多月的积累，Good.Co已收纳4万用户。Good.Co团

队从原先的4人扩充到了8人，以在业务范围上增加财务管理、社交媒体和内容策划等职业。Good.Co测试版得到了众多企业机构的热烈回应，用户包括全国各行业的企业职工。

一个月后，Good.Co正式版成功上线。用户创建账户后，就可以分别从创新力、活力、可靠度、动力、权威性、移情能力等方面，完成17道题目的测试，测试中选择的形容词会形成Good.Co创造的匹配分数，并生成一个包括性格分析的个人页面，最终形成用户自己的个性模型。测试就像注册任何一家网站需要填写个人资料一样简单，题目设置也非常简单，将是你下一步寻找职业和工作的测试基础。

萨玛·伯瓦德克声称："这些数据只是个基础，它的作用就是让用户很快上手。"接下来，用户可以手动添加自己的职业信息了，包括过往的职业经历等，作为Good.Co分析个人性格的数据参考。

用户在与招聘方的老板、公司和机构进行匹配度测试时，则需要回答工作和生活方式等方面的问题，内容包括个性能力评估、企业匹配度（分析个人与主管、公司气质匹配度的研究）、同事匹配度（通过与同事的测试结果比较或匹配得知）、团队报告（分析个人的合作团队气质个性）、匹配公司图表（找到适合个人工作风格的公司和团队）和匹配职业等，测试结果会以图表的形式告诉用户与公司及其企业文化的匹配程度。

有趣味的是，用户还可以根据自己的偏好，通过滚动条来选择更符合本人的某种方式，如果无法回答，也可以选择更换。比如：你是一个发明家、梦想家还是理想主义者？如果你的个性是三者兼合，那么你对应的公司模型就属于Good.Co设置的"太空移民区（SpaceColony）"。

于是，求职者用户的匹配程度，就会在有着"太空移民区"标签的公司里分数比较高，说明该用户个性更适应他们的公司文化。测试结果会有更详细的分析报告，告诉用户在哪些方面与匹配职业有差异。

"太空移民区"和"新垦地移民区（FrontierSettlers）"是Good.Co公司

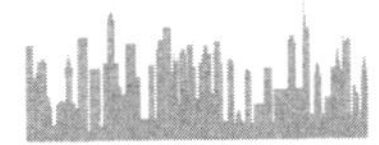

平台最独特的两大分类及标签设置，具有原创性、创造性、灵活性的气质，将帮助求职者解决他们最关心的3个问题——“我适合哪一分区的职业、现在有哪些公司正在招聘这些职业，以及求聘方的文化是否适合我”。

萨玛·伯瓦德克表示：“Good.Co平台只是一个开始，随着新的问题设置和数据模型上线，不仅可以识别企业的文化，还可以了解企业的历史，并根据相应的技能和气质评估企业预聘人员，吸引更多的寻找合适工作环境的求职者到来。”

颠覆传统，让求职更有趣

2013年底，Good.Co正式上线两个月后，注册用户超过6万人，已收录了488家公司的招聘信息，公司团队增至11人。

身为创始人兼CEO的萨玛·伯瓦德克强调：“Good.Co颠覆了传统的职业社交模式，传统的工作匹配测试——只是从雇主的需求出发，Good.Co则采用自下而上的方式，让求职者发现自己的特点和相适应的文化氛围。”

传统模式主要是提供招聘信息，给求职者寻找合适的工作机会。而Good.Co的“找工作、求雇员”模式就显得尤为人性化，还能提供更为个性化的职业建议。不仅如此，Good.Co基于个性模型，对每个空缺岗位的公司进行匹配、打分，这样更直接地告诉求职者和哪几家公司的文化匹配度更好。这样做的优势很明显，可以让雇主和求职者都能提高雇佣效率。

与此同时，Good.Co通过创意的产品设计和生动的问题设置，增强整套平台系统的趣味性和吸引力，让测试就像做游戏一样变得易于参加并非常有趣。如果求职者发现Good.Co没有将他的个性准确或全面地展现出来，那么，测试也可以重做一次，预示着“工作会有的，面包也会有的，一切可以重来”。

截至目前，Good.Co已经根据招聘方的业务、收入等分类，进一步为具体的招聘岗位分类，以帮助公司、企业招聘到在个性风格上同等契合的新成员，并作为求职者和企业沟通的渠道。

值得一提的是，求职者的个性模型也能有助于用户的自身成长、自我指导和纠正职场表现，以便于调整职场规划和方向。因为每个人未必知晓自己的特性、适合的工作方式和工作氛围。另一方面，企业同样难以迅速地发掘和找到适合自己企业文化环境的雇员，让求才若渴的目标变得更为准确。

针对未来的发展前景，萨玛·伯瓦德克非常清晰地表示："未来的盈利模式将会是针对HR、猎头和管理人员提供一些付费的产品或服务，向在线招聘服务收费，永远不会对个人用户收费。"

互联网创业者的“线上孵化器”

互联网创业注定要充满创意，不断创新。目前创业项目不光有线下孵化器，也推出了“线上创业孵化器”，专注为创业者服务，给创业者当伯乐。

刘成城是一位大学毕业才3年多的85后青年。上大学期间，他从在网上写科技博客起步，逐步把科技博客转型为一家发布科技资讯的网站。毕业后，由他始创的专注互联创业的36氪网迎来高成长期和第一轮升级，变身为集科技媒体和创业项目“孵化器”等线上线下同时运营的服务平台。

现如今，3年多过去了。36氪及其公司团队已拥有“36Kr”、“36Kr+”以及线下服务平台“开放日”等3大平台，专注为互联网创业者提供媒体资讯、投融资、人才招聘、数据库及大型展会等一站式创业服务。其自身也在产品服务和商业模式等方面，具备了强劲的创业能力及颠覆潜力，已成为一家颇具实力和影响力的互联网创业“线上孵化器”和“服务提供商”。

专注写科技博客，填补国内创业资讯空白

年仅25岁的刘成城出生于江苏省盐城市的一个小镇，高中时已自学完成C语言大学教程，2006年考入北京邮电大学通信工程专业。作为科技爱好

者的他，一直对互联网前沿知识有着特殊偏爱，大学一年级，他开始与同学合伙做起了数码产品的团购生意。不久，美国苹果公司系列产品在市场上热销，他产生了强烈兴趣并对此格外关注。

这时，美国有一家名为“TechCrunch”的博客网站进入他的视野，引起他的注意。一个叫迈克尔·阿灵顿(MichaelArrington)的年轻人平时比较喜欢写博客，是个专注于科技方面的博客写手。就是这么一个人，自2005年6月坚持写博客，日益做大做强，影响力越来越大，迄今每个月的访问量达到了920万人次。更令人叹服的是，迈克尔·阿灵顿以科技潮流资讯为内容，加上对互联创业项目的即时报道，竟产生了超乎想象的影响力，以至于有评论不无夸张地说：“他的一篇文章能够成就一家企业，也能够毁掉一家企业。”年吸金量已达1000万美元。

大二时，刘成城坚持写博客，主要是以编译迈克尔·阿灵顿的文章为主，把国外的各种新应用和新产品的创新资讯，介绍给国内的创业者，令人耳目一新。几个月后，他把内容资讯为主的博客编译网站，逐步转变成原创的创新科技媒体平台，取名为“36Kr（36氪）”，并对国内初创团队的新项目进行报道。

2010年12月8日，刘成城大学毕业后，第一次完成博客升级，所创立的专注于互联创业的科技媒体36kr网站（36kr.com）正式上线。说起“36Kr”的起源，他解释道：“Kr是化学微量元素‘氪’的英文名，在元素周期表中排在第36位。因此，‘36Kr’又称作为36氪，寓意传说中的‘氪星’是超人的故乡。”

在写科技博客的过程中，为保持客观和中立立场，刘成城明确“不发布新闻稿和软文”，坚持“说产品，不废话”原则。其中，36氪是国内最早报道“APPTalkBox”语音短信的平台，“博文”语言通俗易懂，加上还有些无厘头的风格，借助微博、微信等快速传播，随后引发国内创业者跟进，纷纷推出语音短信的应用。

半年后，36氪博客网站以独特的定位填补了国内互联网创业资讯的空白，每月访问量达到了12万，成为国内外最新鲜的“关注互联网创业”的科技资讯平台，很快引起众多大公司和风投机构的关注，并首先获得前百度联合创始人王啸的资金支持，鼓励刘成城组建团队，进行公司化运营。

转型升级并进，线上线下运营

2011年7月，刘成城组建36氪全职运作团队。这时，他作为36氪创始人，团队成立之初也只有4个人，全是有理工科专业背景的85后青年，没有创业包袱，年轻而富有激情。

仅仅过去1个月，刘成城与团队成员共同作战，在36氪原有资源基础上再度升级，推出直面投资人与创业者的在线融资平台“36Tree”。也就是说，这时的36氪不仅以提供最新资讯及创新趋势为主，担当起创业产品和项目的伯乐，还要在创业者和投资人之间架起一座线上服务的桥梁。

这个看似简单的在线递交商业计划书的平台背后，36氪的一切融资服务均在免费尝试下进行，不仅组织专人对提交项目的要点和亮点进行提炼，按质量进行初步筛选，还将优质的项目资源定向推荐给合适的投资人，让投资人和创业者会面，并从中做出选择。

36Tree线上融资平台无疑给36氪带来了新的成长期。上线后的前5天，就有100多个创业项目通过平台寻找投资，得到61位包括投资机构及独立个人在内的投资人入驻。至2012年1月，36Tree已收录了超过700个由创业者提交的项目，有50多个项目通过该平台成功获得了投资，融资金额从100万到1000万人民币不等。

随着团队日益扩容，36氪主办的“36氪开放日（ODay）”线下运营活动更具号召力，它为互联网草根创业者提供了一个产品的集体发布会，每月在全国各大城市举办，与36Tree融资平台进行互动推广，并邀请合作伙伴腾讯开放平台和微软的BizSpark投资项目参与其中。

2012年1月14日，“36氪开放日”第12期在北京中关村举行，汇集了近50名投资人到场点评。在过去的11场“开放日”活动中，以平均每场介绍10个创业项目计算，累计已有100多个团队通过开放日发布了自己的初创产品。

2012年10月初，36氪在第6届“中国（北京）投资年会”上荣获“最具影响力创业媒体奖”。36氪为互联网创业者服务，给创业者当伯乐，新业态迸发新活力，并在中央电视台《新闻联播》头条被报道。当年年底，36氪再次荣获“搜狐移动新媒体年度成就奖”。

至此，36氪已集合国内外创业项目8079个，帮助国内创业者参与融资对接483次，报道创业全新资讯1524次。36氪科技博客网站的月度访问量超过了170万人次，页面浏览量达到400万人次。

2013年1月7日，经一年多的免费尝试，36Tree改进版再度上线，推出更为强劲和全面的“36Kr+(36Kr.net)”在线服务平台。打开“36Kr+”平台，用户会发现，与原有的36氪网站不同的是，新网站的口号已变成了“服务互联网创业”，各类服务机构在“36Kr+”平台上进行展示，创业者只需轻点鼠标找到自己需要的服务，就能从中达成直面对接、买卖和合作。

打造“线上创业孵化器”，做互联网创业的“服务提供商”

2013年初，经过两年多的发展，36氪团队已增至20人，年龄最大的只有25岁。与此同时，36氪已完成线上垂直媒体“36Kr”、线下运营活动“36Kr开放日”和“36Kr+”融资平台三线一体模式，集科技博客、产品发布及项目“孵化器”等线上线下同时运营的业务服务架构于一体。其中，“36Kr开放日”活动肩负“中国互联网早期产品发布第一平台”的责任，致力为创业者提供最好的服务和让投资人倾听属于创业者自己的故事，先后共举办21期，伴随着创业者的脚步，走过了北京、上海、成都、杭州、深圳、广州、香港以及旧金山等全球8个城市。

2013年第一季度，36氪共发现并报道160余家早期创业公司，依据项目本身、团队背景、用户情况及获得融资等标准，评选出值得关注的30家，这些创业公司分别在电商、婚恋、企业应用、医疗、金融、教育等领域展现出各自的发展潜力。其中有13家创业公司通过“36Kr+”平台获得包括种子轮、A轮等投资的早期融资，涉及金额超过1500万美元。

2013年3月11日，《福布斯》中文版第2次推出“中国30位30岁以下”的创业者，与《福布斯》美国版选出的“美国30位30岁以下”的新秀，同日在福布斯中文网及英文网发布。身为36氪创始人的刘成城成功入选创业榜名单。

2013年5月中旬，36氪除了得到百度联合创始人王啸的天使投资外，还获得了经纬创投的A轮投资，“36氪开放日”线下运营活动则以赞助为主，但36氪仅在博客网站上的广告收入，就已经取得营收平衡，并获得了中关村授予的“创新型孵化器”称号。

截至2014年1月底，“36Kr+”作为高效的创业服务平台和“线上创业孵化器”，已有14563个创业项目入驻，精选创业热点和细分方向项目专辑11139个，汇总创业项目新闻23245条，注册创业者超过4100名，投资人数450名，成功帮助创业者参与融资对接620次，特别为创业者提供免费融资对接服务333项，成功报道创业项目2293次。其中，《福布斯》“中国30位30岁以下创业者”的名单显示，其中有10多位创业者及项目得到过36氪网站及其“36Kr+”融资平台的报道和帮助。

谈到未来发展，刘成城表示："目前，36氪大多数服务是免费的，未来则通过'36Kr+'平台，把投资人的资源进行整合，打包提供给创业团队，为后者提供方便，收取佣金，终将在融资对接服务上进行收费，真正成为一个以互联网创业服务为品牌的提供商。"

“鸭梨公司”卖萌减压

“鸭梨”早已是“压力”的代名词，“鸭梨山大”诙谐地表达了都市人普遍存在的内心世界和无奈现象。有人为缓解压力，释放负能量，以各种方式解压，但大都属于技巧性减压，治标不治本。有人肩扛“大鸭梨”走上街头，吁请在“光棍节”“卖萌节”等节日的基础上增加一个“压力节”。

压力山大真正猛于虎吗？据心理学专家建议：“‘压力像山一样大’的直接后果，是会给人带来身体和心理的亚健康。彻底抛掉压力，一方面敢于‘不比’，承认个性发展有差异，一方面端正心态，调整好自己的价值取向。”故此，开一间“鸭梨（压力）公司”如何？做几道“木鸭梨（没压力）”菜品怎么样？

送鸭梨砸“鸭梨”，“人面兽身”卖萌减压

2012年11月25日，在山城重庆，有一位年轻人感觉平日工作和学习压力大，在网上宣泄时博得一群网友同情，他们决定发起一次减压活动，借此释放压力，呼吁全社会关注“鸭梨山大”人群。

当日早上10点，他们或戴着一副黑色面具，或肩上扛着一个硕大的黄色泡沫“鸭梨”，头戴“鸭梨”卡通纸帽，走上街头，边走边唱汪峰的歌曲

《飞得更高》，向路人发放鸭梨，引起不少年轻人围观和共鸣。

在活动现场，年轻人都说感觉“鸭梨山大”，有人为工作而烦恼，有人为孩子成绩而忧虑，还有人为生计而四处奔波……发起人感慨：“为省钱，连同学朋友的聚会也不常去了，最后因为觉得压力大，神经衰弱，情绪低落，却无法发泄，更不愿出门，生活圈子越来越小。”

他们在卡通纸帽上醒目地写着“慢一步生活”“鸭梨变冻梨”等字样，声称：“网民们早发起过光棍节、卖萌节了，如果搞一个‘减压节’，让感觉有压力的人能有效释放压力，享受快乐生活，不是很好吗？”

2013年9月2日，在湖南长沙就有主办方举办了“减压节”，吸引众多年轻人通过打砸模拟的办公室、拿上“大锤子”砸“大鸭梨”、对着尖叫大喇叭喊出心中不满、在宣泄墙上写上怨言、枕头大战、暴爽弹弓王等精心设计的组合减压活动，让不少人身心得到充分放松。

调查显示，眼下人们每天面对的压力是20年前的5倍，只是每个人承受程度不同。67%的人感觉有压力，声称自己可以调节；30%的人觉得压力十足，快喘不过气来；但仍有高达90%的人被破坏了正常的生活规律。

“鸭梨山大”像传染病一样具有全球性，外国年轻人所承受的压力并不比我们小。2013年夏天，英国《每日邮报》刊登了一组令人捧腹的“人面兽身”照片，上班族的减压方式创意十足。一位办公室职员从动物世界获得灵感，异想天开地将电脑显示屏上的动物图片“隐去”头部，让某个同事站在笔记本电脑后方，人的头部就和动物的身体像“嫁接”一样拼在一起，动物的身体配上同事做出各种萌表情的脸，拍下来，便形成了一张张搞笑照片。

这组照片中，入镜的“兽身”来自可爱的狗狗、温顺的澳大利亚羊驼或袋鼠、憨憨的企鹅和扬蹄飞奔的马，动物姿势与人的表情组合得天衣无缝，令人看后忍俊不禁。这种减压方式成了一种企业文化，很快风靡英国职场。随之，“上班别忘卖个萌”成了新的减压潮流和网络流行语。

“鸭梨”公司，上班别忘卖个萌

在很多人眼里，“鸭梨山大”停留在自身生活中，压力下心中的无奈和疲惫，久久挥之不去。而在有些人眼里，却是创意、创作和卖萌的营养和资源。

2013年6月19日至同年9月4日，由糗事百科全资制作的系列爆笑喜剧微电影《鸭梨公司》在网上热播，吸引众多网民边期待边吐槽，每看完一集，笑喷者有之，乐岔气者有之，让内心淤积的压力之感瞬间变得云淡风轻，不亦乐乎！

糗事百科是一个以分享真实糗事为主题的笑话网站。在这里，糗友发布亲身经历的真实糗事，与人分享各类倒霉、杯具、草蛋、有意思或不开心、不顺心的生活糗事，以及让人哭笑不得的尴尬心情。糗事百科创始人“黑衣大葛格”的真名叫王坚，2005年创建糗事百科，至今已有8年之久。

系列微电影《鸭梨公司》体现了最炫中国山寨风，剧情秉承糗事百科的囧、呆、萌的糗事风格，故事桥段精益求精，大都取自糗事百科上的原材料，让人感到意料之外又在情理之中，爆笑指数可想而知。电影讲述的是一个刚毕业的大学生赵大使，从前往一家典型的“鸭梨公司”面试开始，与好基友凉席、女神阿布、IT公司老板等3个主要角色之间，发生的一系列令人啼笑皆非又不可思议的糗事。

糗事百科创始人“黑衣大葛格”王坚是系列微电影的出品人，在开拍之前的数月里，通过糗事百科视频大赛在网上发起了选角活动，至2013年5月31日，最终确定了导演王朋和男主角赵贵东等主创人选。他们都是90后年轻人，其中饰演赵大使的赵贵东（@你是草莓），还是刚刚毕业于中国戏曲学院的大学生，另两位主角李梦雪和王俊雅也是名不见经传的女“糗王”。

2013年6月8日，《鸭梨公司》微电影在默默中正式开拍，共分12集，每

集时长5~11分钟不等。6月19日，采取周播方式在土豆网陆续开播，此后每周三晚上6点增播一集。12集分别为《面试》《入职》《开会》《摇一摇》《宣传片（上）》《宣传片（下）》《食品安全》《洗澡》《基友》《鬼节》《发工资》和《大结局》，并创造性地把奇葩节日和当下热点话题穿插在剧情之中，隐晦调侃的基调贯穿全剧。

剧中，赵大使以“屌丝”形象出镜，从求职面试开始，便开始了他的出糗之旅。下地铁，鞋子被挤掉，无奈捡了一只粉红鞋穿在脚上，混搭至极；面试时，遭遇“微博控”老板，被数落得灰头土脸，其实有人比他更倒霉；入职第一天，误将同事的电脑主机当成自己的，按下开机键“关机重启”时，却把同事辛苦了一夜的成果瞬间“销毁”，拉仇恨啊；被同事一路追打，却无意撞进女厕，落得难堪下场，就地趴下；好不容易有个约会，却因无聊的3小时会议，可能成为他“女友”的美女，却被好友趁机“泡”上，变成了“嫂子”，还要为他们埋单……活脱脱是糗事百科大全集，无时无处不出糗，真是萌翻了天花板。

出品人“黑衣大葛格”王坚在首播前夕，发微博向满怀期待的网民说：“糗百出品的系列微电影希望能给大家带来一些欢乐，大家看个乐呵就好。如果距离自己的预期有太大差距，请用您满满的爱来填补。”

是啊，现实生活中，或平淡，或无聊，或像《鸭梨公司》主人公赵大使一样“鸭梨山大”的年轻人，在网络上观看一下别人的糗事，或跟众人分享自己的糗事，不由自主地笑起来，也可以让自己开心。通过在网络上晒糗事，成为流行的减压方式之一。

针对系列微电影《鸭梨公司》的疯狂热播和网友们大呼遗憾“12集，太短了”，原班主创人员们也更有信心，并纷纷表示：“这只是《鸭梨公司》第一季的全部作品，会把爆笑喜剧微电影持续拍下去。”

“木鸭梨”成招牌，享受快乐生活

与“压力山大”相比，“没压力”才是真正能让人做梦都会笑醒的美好愿望。相对于“像山一样大”的压力给人带来的亚健康，快乐地工作和生活才是真正的人生享受。

在上海，有一位“搞怪”的香港老板，把“鸭梨”概念转变成商机，开了一间名为“木鸭梨”的主题餐厅，做成了大生意。2012年6月开业，不到半年就收回了200万元的全部初建成本，眼下正在重庆建造第二家店。

“木鸭梨”老板吴毅文是原香港足球队队长、百事可乐大中华区市场总监、“百事音乐风云榜”创始人。如今，他虽已是功成名就，成了声名显赫的巨头级人物，但他曾经也是个“鸭梨山大”的年轻人。

“木鸭梨”餐厅非常特别，颇具港式无厘头风格。“木鸭梨”恰与“没压力”谐音，按老板的话说：“顾名思义，就是让顾客走进来，所有压力全无。”开业以来，成为都市白领及时尚青年乐意就餐和聚会交流的场所。

菜品名也极其“搞怪”，“随便虾吃”“鹤立鸭群”“爆浆鸡排”……每个菜品的背后都有一个不同的故事和寓意。比如“随便虾吃”，是将两只虾倒立摆放，组合成倒放着的“心”形，寓“心到（倒）了”之意，快心乐意之感如同食欲一样油然而生。

来这里就餐的食客大都是年轻白领和时尚一族，尽管是小众人群，但实际上，每个都市里“鸭梨山大”的群体并不在少数。餐厅除了搞怪的美食菜品，仅用菜名逗乐还不算给力，另有创意的文化活动作为软实力，才是生意火爆的有力助攻手。

“木鸭梨”餐厅每天都推出不同的节目表演，每周举办一次艺术展。有时请来化妆师现场教学化妆，有时请来摄影师办个摄影展，还可当场为顾客拍照留念，吸引力和号召力得到大大提升……业界人士认为，近年来，人们

对饮食文化的需求越来越多元化，而独特的餐饮文化仍有很多商机只待拓展和挖掘。

于是，在更加多元化的现实面前，我们能够找到对自己有效的减压方式才是最重要的。慢一步生活，“鸭梨变冻梨”，方能换来快意满足感。

甜饼光盘，给空白光盘加点创意色彩

在淘宝有这样一家奇葩小店，名叫“甜饼光盘”。乍一听，你可能以为是食品店，其实不然，这是一家专门在CD或VCD光盘上“绘制”图案后进行出售的创意插画光盘小店。

张一是甜饼光盘的店主和创始人。3年前，他首次开发出制作甜饼光盘的工序流程，制成成品，在淘宝网上开店出售。如今，甜饼光盘成了人工印有插画的空白刻录光盘，让一张普通的光盘价值一下子提升了好几倍，成为购买者珍爱有加、既精美又实用的个性化小礼物或纪念品，又是漂亮的个性储存设备，作为车载CD光盘、装饰挂件等，无意中会给生活空间增添视觉上的小惊喜。

点燃创意灵感，在CD光盘上创作插画

随着互联网时代到来，曾经流行于市的存储光盘早已退居二线。其实，废弃的光盘依然有其妙用之处，可延续或提升它们的存在价值，同时也给DIY客们带来新的创意灵感。有人用光盘做成精致的光盘台灯，有人用光盘制作成耳环架，以及风铃、表盘和花盆等，不一而足。

现年33岁的张一是重庆南岸区人，是资深的DIY人士和插画设计师。在开发甜饼光盘之前，他已拥有上百件原创插画作品和DIY产品。

多年前，作为存储工具的光盘退居二线后，由于使用光盘的人越来越少，市面上主营光盘印刷和刻录的店铺生意日益惨淡，早已绝迹。张一当时就想，一张普通的刻录盘价格便宜，从几毛钱到几元钱不等，几乎没有什么生意可做，已经赚不到钱。

这时，善于做DIY手工的张一突发灵感，在一张小小的空白光盘上点燃奇思妙想，想提升一下空白光盘的价值。他没有像大多数人那样再走寻常路，而是独辟蹊径，他知道，告别千篇一律的小制作和小创意，才有可能开发出非常有个性的DIY产品。于是在此基础上，他首先想到的是如何在空白光盘上绘制插画图案，没想到的是竟创出了一番天地。

张一回忆起初衷时说："数字时代把很多东西都数字化了，相比于光盘，数字化既能很容易地储存，当然也就能很轻易地删除，而只有刻录光盘是'刻'出来的，却能很实质地保留更长时间。"

同时，张一也想通过DIY手工制作，满足自己的创意愿望来点缀一下生活空间，记录下生活中的创意灵感，形成属于自己的创意作品和美好记忆，并没想予以出售。

开发甜饼光盘，搬至淘宝试水

此后很长一段时间，张一尝试将插画设计作品和刻录光盘浪漫地结合起来，这个过程并非一帆风顺，却又不断地激发他在脑海中产生更新更多的创意兴趣。最初时段，每张光盘表面的空白处，成了他创作插画的底板，被绘制上各种创意插画图案。继而，张一在开发甜饼光盘的过程中，不断把构想放大，形成了一种源动力，一步一个脚印，一步一个惊喜。

有了最初的想法后，手工制作插画十分缓慢，张一不断思考如何更快捷一些。相比较而言，身为插画师的张一更习惯于用电脑创作插画。在用电脑作画时，他便进一步突发奇想，能不能利用打印机将电脑里的插画打印在光盘上

呢？或许通过打印方式，能使光盘上的色彩图案更为精确、丰富和逼真。

张一想到了就去做，经过数次打印和实验，用他的高精度6色打印机慢速打印输出后，盘面上的图案效果竟比想象得还要精美。但问题随之而来，由于盘面上的墨水中富含水分，加上光盘不吸水，不能在短时间内被风干。思来想去，他还专门购买了一台可控温的干燥箱，不仅能烘烤掉图案里的水分，还能一次烘烤更多张光盘。

如此一来，张一再次进行反复实践，能一次将10多张打印好的光盘放入控温干燥箱内，进行两小时的45℃低温烘烤，即可完全去除表面墨水中的水分。这时，张一追求完美工序的实验并没有停止，为增加甜饼光盘的耐用度，又使得他想尽办法寻找更新的工序方式。

张一新增了一道工序，用丝印方法为光盘表面覆盖一层薄薄的UV保护油。UV保护油原是涂在抛光后的金属表面，以保护产品表面免留压痕和划痕，被涂在塑料制品的光盘表面后，竟然也能产生镜面效果，起到镜面保护的作用。

这时，在张一看来，一张光盘仍需第4道工序，那就是将光盘经过高强度UV照射瞬时固化光油，使光盘具有光泽质感。就这样，一张成品的甜饼光盘经过4道工序加工处理后才总算出炉了。

至此，张一从开发甜饼光盘初始，已经历好长时间的反复实验和摸索，终于取得成功。一向追求完美的他曾这样表示："不能保证质量，再好的创意也是半成品。因为，甜饼光盘毕竟是小批量生产，为获得最佳质感，我不可能采用像音像公司那样，采用大批量胶印或丝印光盘表层加工的工艺。"

还好，结果让人相当满意。原来的旧光盘经过打印插画、烘烤、覆盖保护油、再固化等4道工序加工处理，已不再是随处可丢的废弃物，而是被创作者赋予了创新、个性、温度乃至味道，被拥有者珍爱有加的精美小礼物或纪念品。

2010—2011年间，张一把自家的一套房子设为工作室，把甜饼光盘的成

品搬到了淘宝网，开了一间叫“甜饼光盘”的小店。

如此繁杂的制作工艺，一张甜饼光盘的成本和出售价格分别是多少？其实，考虑到淘宝在打击盗版方面相当严厉，为避开版权不必要的纷争，张一最初在原料的选取上，选择了买进空白的光盘，然后进行创意插画光盘的创作和制作。

以2013年上半年为例，一张高品质光盘的进价为2元。加上人工、原材料、设备损耗及在加工中产生的废盘等费用，每张甜饼光盘的生产成本共需要3.5元左右。而两年多来，甜饼光盘的出售价格已上涨一倍多。店中的成品光盘平均售价7.5元/张，售价最高的是来图定制、刻录内容的光盘，每张售价达到25元。

尽管售价相较成本涨了好几倍，但张一在接受《天下网商》记者采访时胸有成竹地表示：“别看售价已经翻了几个跟头，我们能够做出足够的差异化和原创特色，以个性化定制为卖点，品牌溢价和产品提价的空间依然很大。”

现如今，在淘宝，甜饼光盘店售卖创意插画光盘的品类已近300种，唯美、搞笑、卡通、时尚等风格多种多样，以不同的颜色分类，有多达15种色调。多数顾客购买的产品都是用作车载CD光盘，经过两年多的网上营销和推广，甜饼光盘已经打开市场，积累了不少回头客。

个性化定制，创造客户需求

由于不同人有不同的个性需求，甜饼光盘除了应有的创意产品之外，根据顾客的需要，还可以个性化定制，将音乐、视频等等刻录进空白光盘，多一道工序就多增加成本和出售价格。

两年来，甜饼光盘的最大卖点就是一直坚持个性化定制业务。有人定制自己的个性正版CD，甜饼光盘店则将客户自己录的歌刻进店内丰富多彩的光盘，顾客花少量的钱即可得到属于自己的精美CD甜饼光盘。

也有很多顾客将自己的文字印在甜饼光盘盘面上，或刻录祝福视频、电子相册、对方喜欢的音乐等，作为纪念礼物，送给身边重要的人。这些周边业务，正是甜饼光盘店创造出来的顾客需求。

祝福的文字结合插画光盘更有寓意和趣味，从而“消灭”了CD光盘以往给人留下的过于单调、无个性特色的印象，成为购买者珍爱有加、既实用又精美的个性储存设备。

2014年1月，甜饼光盘虽然只是一家5钻小店，张一仍在利用自家的一套房子作为工作场所，还雇用了两名女工和一位懂设计的同学做兼职，但店铺扣除所有成本后，每月的纯盈利额近万元，真正算得上是淘宝店中的“小而美”。

在甜饼光盘店铺看到，除有车载CD等产品外，张一还力求在包装上做到与众不同，针对光盘插画的色调而设计了相应色彩的硅胶套包装，同时推出了电子音乐相册服务，给顾客提供更丰富的定制内容。在过去的两年时间里，甜饼光盘店每个月的销量均能达到2000多张。

如今，一家小小的线上甜饼光盘店还获得了线下响应，并在重庆、昆明等地的创意市集有了6家实体代理店铺。一个有生命力的创意产品能够真正理解这个时代所需，甚至能够填补人们生活中的某些空缺，甜饼光盘的出现，增强了光盘的趣味性与完整性，也越来越引起顾客的情感共鸣。

甜饼光盘创始人张一也深知，相对于繁杂的插画，简单的图案反而难做，若因机器故障或人为因素，不经意地在空白处留下一个小墨点，整张光盘就得宣告作废。但他同时表示：“个性化定制固然更为麻烦和繁琐，但越是这样，越能激起我们的开发兴趣和意志，从而不断改良制作工艺，继续发挥甜饼光盘的独创性和差异化，做创意插画光盘的领先者和开创者。”

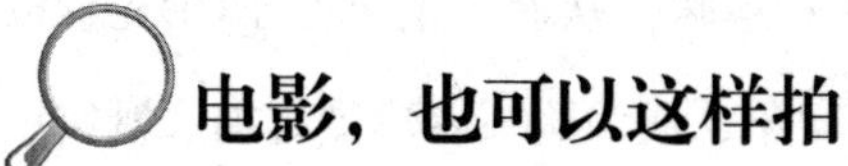

电影，也可以这样拍

他是一位“85后”，高大帅气，举止大方；他是一位演员，影视表演科班出身，参演过不少影视作品。他做过音乐，当过制片人，堪称多才多艺，但他最大的梦想就是绝不依靠父母及“富二代”身份，坚持自己创业，立志要做一名优秀的导演，制作出自己的优秀电影。

他就是有“独立电影人”之称的南京小伙儿杨俊杰。2011年10月31日，由他执导并制作的科幻电影《走马灯》在获得公映后，“一位南京小伙万元拍电影”成为媒体娱乐版的头条新闻。与动辄上千万元、甚至上亿元投资的大成本电影相比，这部时长120分钟的自制独立电影，最终拍摄成本仅为7665元，创造中国电影界一大奇迹。

小伙儿疯狂爱电影

1986年出生的杨俊杰是土生土长的南京人，自小家庭条件十分优越，被人定位为“富二代”。在家庭的严格教育下，他在上学时期的学习表现和功课成绩都相当出色，中考过后，却突然疯狂地爱上了电影和表演。

2005年高考前夕，一次偶然机会，他由家人介绍进某剧组试镜，从此萌发了报考影视表演专业的想法。高考过后，他仅仅参加了3个月的表演培训，就同时被两家艺术和戏剧学院录取，专业课成绩分别排在第一名和第二

名，印证了他在表演艺术方面的天赋，最终选择就近入学，顺利考入南京艺术学院影视表演专业。

2009年大学毕业后，他顺理成章地参演了多部影视作品，如《国家机密2》《新萍踪侠影》等，在拍戏之余，非常向往做导演的工作状态，一有空闲就偷偷站在导演身后学习，从而激发了他多年来一直坚持自己拍电影的梦想。

2010年3月，“杨俊杰剧组”首次在南京成立。在拍电影之初，父母给了他最大的理解，正是因为他们也都是靠自己创业获得成功的，所以非常支持他在事业上的选择与对电影的痴迷和梦想。然而，杨俊杰似乎并不十分“领情”，他说：“我并不反感大家对我‘富二代’身份的定位，但我们就是想用极限小成本拍一部自己的电影来磨砺意志，再苦再难也绝不依赖父母，坚持一万元成本也绝不向家里要一分钱，如果靠砸钱来拍一部电影，就违背了我们的初衷。”

随后，他和他的团队在短短8天之内，用5000元钱就拍摄出了他们的第一部科幻短片《神秘日》，创中国电影史上最低投资记录，这部短片曾经荣获全球华语最佳科幻/奇幻剧目奖。《神秘日》剧本则改编自已故科幻作家柳文扬的小说《一日囚》，电影后期制作完成，参加湖南卫视的《我要拍电影》节目比赛，取得了晋级全国11强的首战成绩，引起电影界广泛兴趣和高度关注。杨俊杰也一举夺得中国电影界的“新锐导演奖”。

此外，团队成员都是“85后”的年轻人，大多数成员是家庭条件十分优越的“富二代”，他们如何放下养尊处优的生活，投入到异常艰苦的电影拍摄过程之中呢？更重要的是，与那些动辄上千万元、甚至上亿元投资的大成本电影相比，花数千元钱就能拍一部电影，简直是异想天开和不可思议的事情。

电影，也可以这样拍

2010年11月21日，在科幻电影《走马灯》新闻发布会暨开机仪式上，杨俊杰作为影片的导演向媒体承诺，只花一万元钱拍成这部电影。此言一出，即刻引起公众强烈反响，但大都是质疑之声，认为他和他新成立的“梦想街电影团队”又在玩什么炒作伎俩。

这一次，面对公众对电影的多方质疑，年轻的杨俊杰却充满自信。然而，拍摄之路总是曲折和艰难的。

电影开拍之初，由于剧组人员都有各自的本职工作，每天开工难免拖拖拉拉，全部人员到位时，时间已近中午，什么活未干却又要吃午饭了。这并非是最困难的，《走马灯》全剧外景在南京拍摄，为了能借到场地，杨俊杰只有厚着脸皮挨家挨户地求，最困难时期是拍摄进入最后几天，因借不到监视器而不得不采取盲拍。

终于，经过15天紧张拍摄，2010年12月6日《走马灯》剧组正式关机。杨俊杰毫不含糊，随后宣布此部电影的实际拍摄成本为7665元，具体成本明细如下：新闻发布会费用600元，剧本打印费200元，通告制作费60元，打车费400元，道具费600元，餐费4500元，公关费700元，汽油费605元，总计7665元。

剧组共有20多名成员，每天吃饭至少花费300元，所以多半费用都献给了吃饭事业。此外，剧本是原创的，器材是借来的，演员是零酬劳的，道具是想办法自己制作的，后期特效是请朋友帮忙的。最终7665元的投资费用已精确至个位数，反比一万元的预算成本还节约了2335元。

《走马灯》以南京夫子庙的一盏走马灯为主线展开情节：汶川大地震后，一对幸存下来的兄妹来到南京生活，物理专业毕业的哥哥交到了一个女友，没想到从小相依为命的妹妹竟产生强烈的“恋兄情结”。哥哥的女友死于一场事故，而妹妹对此有着不可推卸的责任。哥哥在女友死后进行了穿越……

媒体和公众也对电影满怀盼望和期待。然而，15天的拍摄结束后，杨俊杰和他的《走马灯》剧组却突然人间蒸发了一样，失去了任何消息，难道是电影流产了？各种传闻随即甚嚣尘上。原来在2011年5月，《走马灯》已远渡重洋在第64届戛纳电影节上展映，获得预期好评，并在10月份举办的第6届巴黎中国电影节上，成为该电影节导演扶植计划项目影片，成绩斐然。

2011年10月31日，对现年刚满25岁的杨俊杰来说，是一个终生难忘的日子。由他执导的科幻影片《走马灯》正式与公众见面。在南京一家影城的免费首映式上，他满腔激动，深情豪迈地说："虽然有无数的不足、遗憾和稚嫩，甚至会被很多人嗤之以鼻……但是，我仍然很荣幸和自傲地告诉大家：一部完全自制的120分钟独立电影，一部拍摄周期仅为15天的科幻电影，一部实际成本仅仅只有7665元的不可思议的电影，一部完全在南京取景取材、并得到各界支持和帮助的实验电影——《走马灯》，今天正式公映！"

小小成本，大大奋斗

自2009年大学毕业，杨俊杰在短短两年内以独立电影人身份，除导演拍摄了《神秘日》和《走马灯》外，又作为制片人兼导演拍摄了数字电影《南京电视王》，制作了魔兽世界版《阿凡达》，他的影视作品及网络视频作品逐渐被观众所熟知。同时，外形帅气的他演过多部话剧和影视剧，在《新萍踪侠影》里饰演阁拖，数字电视《你是我的天使》《真的爱你》里饰演男一号等。除此以为，闲不住的他还"不务正业"地写过一些歌，拍过一些MTV。

随着科幻电影《走马灯》相继在全国高校巡回展映，杨俊杰的独立电影事业也展露出美好前景。创业不仅是创富，但电影的终极目标非常明确，赚钱才是真正的成功。

2012年初始，中央电视台电影频道抛来了橄榄枝，开始邀请他加盟到一部系列剧的制作当中。他的科幻电影《走马灯》也将尝试通过网络发行，与网站共同分享在网络营销和发行中的收益。除电影本身之外，更重要的是他作为“富二代”的独立创业的信念格外引人注目，令人充满敬意。

小小成本，大大奋斗，唯勇于超越梦想，才能够创造奇迹。他是“梦想街电影团队”创始人，敢于向极限挑战，既以无可争议的奋斗和实验精神实现了年轻人的电影梦，更创造出中国电影界低成本拍摄之最。

这里有生活，创新思维重塑“游戏法则”

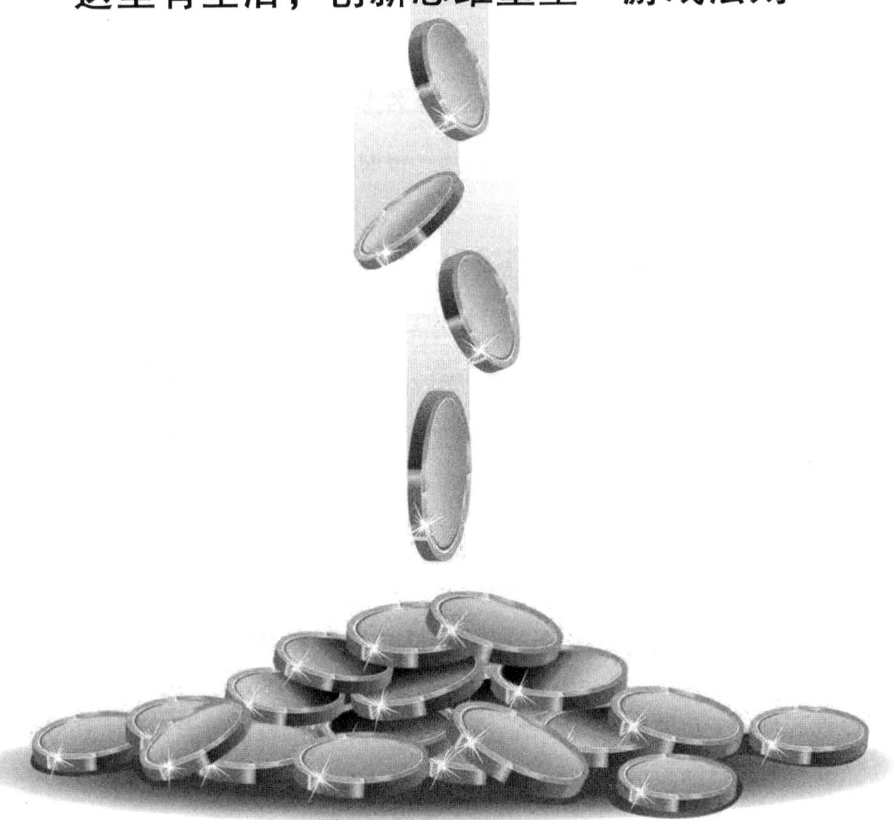

众包梦想，给梦想加个助推器

一个企业家曾经说过："这个世界不缺少梦想，但缺少懂得如何实现梦想的人。"在这样的创业大背景下，一家名为"追梦网DreaMore"的网络平台诞生了，借助网络，通过"众包模式"帮助所有胸怀梦想的人筹集资金，最终实现梦想。

2011年9月，杜梦杰创建"追梦网"时，还只是个22岁的在校大学生，就读于南京邮电大学的通信专业，他把毕业前夕的这一年作为自己实现创业梦想的起始年。网站上线4个月，先后发布的13个追梦项目中，有7个项目成功获得筹款资金，追梦网被形象地称为"将梦想转化为成果的梦想助推器"。

游学经历，促生"追梦"构想

说起创建"追梦网"的构想，正是源于创始人丰富的游学经历。杜梦杰自小就是个爱追梦的孩子，上幼儿园时喜欢和家人一起读书阅报，每日与书籍和字典为伴，是一个有着天马行空的想象力和进取心的孩子。读小学时，立志不仅要读万卷书，还要行万里路，对未来满怀期待，梦想着长大后能够走遍世界。

2009年，杜梦杰在读大学二年级时，首次接触到一个名为“雷励中国”的公益组织，也是由英国查尔斯王子发起的教育型国际公益机构，并对这种在欧美国家已相对成熟的筹款模式产生浓厚兴趣。这种模式即要求参与者各显神通，以长跑、登山、开演唱会、义卖或办讲座等形式，赢得他人理解和赞赏并提供资金援助，进而实现不花父母一分钱，也能完成近期或远期理想及梦想。

杜梦杰天生爱追梦。这年暑假到了，为参加雷励中国的甘肃远征项目，他用三天时间就筹足款项，成为当年的筹款冠军。在这次历时25天的远征途中，杜梦杰经受住了风沙考验，体验艰苦生活的同时，也为当地农民脱贫和改善环境尽了力，同远征队一起向沙漠内部挺进10余公里，种植沙棘树数万棵。

然而，杜梦杰并未止步于此。他心中还有一个更远大的梦想，同样通过这种筹款方式，加上自己在沿途的实习项目中所获的报酬，最终完成游学世界的志向和目标。

为再次筹到资金，杜梦杰进行了周密计划。2010年6月的一天，他连夜写出了一篇洋洋洒洒超过上万字的《休学去游学，我的间隔年》自传体文章，在各网络社区进行“梦想发布”，详细晒出游学路线、参与的公益项目、收获目标和所需费用及账目明细等，并承诺在未来3年内还清所有筹款金额，让更多人深知他的梦想和需要，提供资金援助。仅一个星期，他便筹得了来自各行各业的汇款2万多元。

与此同时，杜梦杰每天向各家公司企业发送个人简历，以便在游学途中获得实习机会，赚取报酬。半年后，他成功募集到的6万元资金全部到位，终于踏上了长达8个月游学世界的漫漫征途。在这8个月时间里，他在印度参加了“渣打”银行的全球艾滋病项目，在阿富汗成为一家国际公司老板的外国雇员……先后游历的有印度、阿富汗、尼泊尔、巴林、迪拜和阿联酋等多个国家和地区。

回想两次筹款过程，杜梦杰说："很多人会认为这种方式不靠谱，其实在国外已是相当成熟的筹款圆梦模式。"在大半年游学过程中，他反复思考一个问题，既然他能够通过筹款顺利完成梦想，那么为何不能创建一个平台，让更多年轻人大声说出自己的需要，获得大众支持与捐助呢？

2011年4月，杜梦杰本想在完成中东之旅后，前往欧洲继续游学和实习，但为所有人的梦想装上一双翅膀的创业计划已在他心中孕育成形，随即选择回国，投身筹建"追梦网"的规划之中，认为用"我站在路边为你鼓掌"和让所有拥怀梦想的人梦想成真的商业信念，也能带出一个新颖的商机和庞大的财团。

创立"追梦网"，助推梦想起飞

"坚持航道固然优雅，但适时调整方向把握机会，才能创造更多的惊艳，遇见更多的美。"杜梦杰终止游学回国后，把剩余下来的3万多元如数返还给捐赠者，便马不停蹄专程前往上海、南京、杭州、福州和北京等大都市，向众多前辈朋友真诚求教。

2011年5月，杜梦杰创业团队成立，闭门修炼，筹建"追梦网"。经过1个月设计和3个月开发，2011年9月20日，还在读大四的杜梦杰在上海租了房子，注册公司当上了CEO，一个崭新的网站"追梦网"诞生了，旨在打造出一个助力80后和90后年轻人淘梦及圆梦的"梦想助推器"。

在杜梦杰看来，人人皆网民的时代已经到来，互不相识的大众通过互联网参与是推动项目产生和运作的前提和保障，既简便又高效。在这一推动下，众包模式将是当下和未来的趋势。在美国就有一家类似网站，上线才两年半时间，注册用户就突破了一百万，推动一万多个项目的成功筹款，总筹资额超过美金一亿元。相比之下，中国总人口数约是美国的5倍，国内人们发起项目或参与创业的热情和饥渴度，都比美国有过之而无不及。

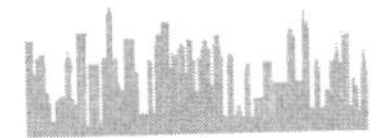

以大众力量推动个体梦想是“追梦网”的定位。根据杜梦杰的创业规划和规则，只要你的梦想具有一定的社会价值，不论你是创业，还是环游世界、拍摄微电影或开办趣味讲座，甚至开个公益咖啡馆等，都可以作为追梦项目进行发布。

因为，杜梦杰相信，一个人的力量或许单薄，在肯定无力完成和实现追梦之旅时，借助于一群怀有同样梦想的人凝聚在一起的力量，足以推动个人激动人心的追梦项目，众包模式和个体项目共同推动，足以撑起追梦网做大做强。

打开追梦网，从“梦想发布”“梦想发掘”到“梦想建队”“梦想筹资”和“梦想起飞”，梦想发布者需要提出“筹款金额”和“回报方案”，比如实现拍摄一部微电影的梦想需要1000元，支持20元至200元将获得作品光碟、片尾感谢或明信片等形式的回报，支持者根据金额大小和回报内容来决定支持金额。

2012年3月，“追梦网”上线半年后，先后发布的13个追梦项目中，就有“两个16岁的高中女生梦想拍一部关于赛车和公益的纪实性短片”“8个大学生希望来一次公益骑行宣传禁烟”和“两个即将赴肯尼亚开始志愿者工作的青年想要发起一个保护野生动物的募捐活动”等7个项目，成功在规定时间内完成筹款，筹得资金由网站发放给申请人，且将项目执行情况和资金使用明细进行公布。

杜梦杰进一步介绍说：“对于未能达到筹款目标的项目，支持者的钱也将如数返还给支持者账户，以便转投其他注册用户发布的‘梦想’，帮助更多的人实现具有价值和意义的追梦项目。”

推动“追梦”，创造“梦想”财富

“追梦网”成功上线后，杜梦杰成了圈内的知名人士，吸引了不少“淘

梦想、来追梦”的“粉丝”。但更让他踌躇满志的是，2004年马克·扎克伯格在哈佛大学宿舍里折腾出“脸谱”社交网，6年后“脸谱”拥有9亿用户，被戏称为“世界人口第三大国”，也被乔布斯视为硅谷创新传统的最好接班人。杜梦杰同样想把“追梦网”打造成具备一定潜力和潜质的创新型企业。

一个小梦想，可以带出一个小财团，一千个小梦想就可以带出一个大财团。因此，杜梦杰表示，与其做一份10万元年薪的固定工作，他更愿意通过创业来体现自己的人生价值。因为他本人就是不靠父母资助一分钱，不靠自己打工挣钱积累，仅在网上发布梦想，向大众筹款就幸运地成功完成追梦之旅的人。

2012年，优化“追梦网”平台和产品，成了杜梦杰当务之急的新年愿望和目标。网站运营半年来，甚至还有更长时间里仍处于初步阶段，但他更有信心了，预计年内将可推动至少150个项目成功筹款，总融资额超过100万元人民币，成为未来借助广告收入和管理资金流通获取盈利的原始力量和第一桶金。

杜梦杰创始的追梦网就是站在路边为怀有梦想的所有人，以及所有因此而实现梦想和完成追梦目标的人鼓掌，也能募集创业资金和收获创业财富的大集团。

飞店，让商店“飞”向顾客

2013年的一天，在韩国首都首尔市的街头上空，突然出现多个造型呆萌的热气球，外型颇像卡通小汽车，路上行人乍一看只觉得新鲜，不知作何用处。其实，这正是一家大型连锁超市易买得（Emart）所做的创意促销活动，在热气球内装有无线上网的路由器Wi-Fi，以及在球体表面写着醒目标语“Emart”字样。

好奇心驱动下，行人纷纷掏出智能手机，连接热气球上的无线Wi-Fi上网，Wi-Fi自动发挥作用，引导大家安装Emart超市的APP。于是，满天飞舞的热气球和免费的Wi-Fi会“带”大家尝试全新的网上购物体验，给繁忙奔波的民众带去很多便利和乐趣，让无暇逛超市的人们节省大量购物时间。

此创意促销活动中，Emart超市APP通过可下载优惠券、查看打折信息、在线购买和极具竞争力的商品价格赢得了火爆的销售效果，APP下载量超过50000次，线上销售额增加了1.5倍多，线下实体店销售额也增加了9.5%。这种移动营销方式，被广泛地称之为“飞店”、让商店“飞”起来的“飞行商店”。

销售创新奇招频出，引领“智能购物”潮流

Emart是韩国一家著名的大型连锁综合超市，拥有137个分店遍布于全国各地，占据全国32%的市场份额。多年来，为留住老顾客，拉拢新客源，“催热”网上商店和线下实体店的生意，在新媒体营销浪潮驱使下，可谓绞尽脑汁，发挥创意之能事，奇招频出，甚至引领了世界的“智能购物”最新潮流。

早在2011年10月4日，Emart就推出了“智能购物车”，属世界流通业首创。这种PC端的智能购物车上安装有导航系统，消费者走进商店，只需在上面输入购物商品名单，电脑画面中就会自动显示所选商品，提供店面地图并标明商品所在区域和具体位置，让顾客快速找到指定位置和折扣物品，也能通过画面看到各种正在进行中的减价活动和优惠信息，下载商店提供的打折优惠券，以便在最后结算时将优惠券折算成现金使用，获得真正的打折优惠。

一时间，“智能购物”潮流兴起，韩国各大超市之间的竞争呈现愈演愈烈之势。有店家在地铁站上打出“智能虚拟商店”招牌，消费者将荧幕墙上的商品照片或条码拍摄下来，即能实现购买；有生产冰箱的企业，在智能冰箱正面的液晶显示器上，推出了显示“智能购物”信息功能，选择所需商品，同样能实现购买和结算。

2012年，韩国另一家食品连锁店利用二维码，将地铁的墙面变成了二维码便利超市，上班族在等地铁时，能够很方便地通过扫描二维码享受购物体验。这一创意，很快被国内电商“1号店”极力效仿和运用。

二维码是一种可以储存大容量信息内容的二维条码，最早起源于日本，黑白相间的图块按一定规律组合排列成特定的几何图形分布在平面（二维方向）上，是打开图片、声音、数字、网址、文档和下载地址等信息数据的一

把钥匙，被广泛应用于现代商业活动中。用户只需在二维码识别终端“扫”一下，相关信息即刻被读取。

2012年5月，Emart再次推出新一轮创新促销活动。因为Emart超市的销售人员发现，每天中午12时至下午1时，超市里的人流量和营业额就会出现大幅下降，为提升这一时段的销售业绩，聪明的策划人员绞尽脑汁寻找解决方案。这个创意最终就落在了二维码上。

重要的是，Emart策划人员对二维码做了一个很有趣的包装。他们别出心裁地把二维码做成了三维立体的“3D二维码”装置。乍一看上去，“3D二维码”就是由许多个不规则的方柱体模型组成，但在每天中午12时至下午1时之间，在太阳光直射作用下，这些方柱体就自然而然地产生了黑白相间的几何阴影。从远处看，会发现这些方柱体及其阴影图块，又神奇地逐渐形成一幅完整的二维码图形。

最后，Emart策划人员就把独具创意的“3D二维码”装置摆放在首尔市各街头角落。有意思的是，路人只有在一天中特定的中午时段，才能成功地用智能手机拍摄（扫描）“3D二维码”，Emart超市以此向消费者提供并送出价值12美元的在线购物折扣券。消费者购物后，超市物流人员则根据预留地址，把所购商品送到顾客的手中。

Emart推出“阳光折扣券”促销创意后，不但解决了技术再创新，也实现了移动营销再创新，显著提升了午间冷清时段的销售业绩，还在商业活动大赛中大获好评，赢得不少奖项。

打造Wi-Fi热气球，让商店“飞”起来

营销专家曾经剖析点评：“在销售低迷期，店家促销若一味地打折返券，未必能激起顾客兴趣，Emart超市巧妙地将时间、空间和二维码技术相结合，设计出针对消费者的碎片时间，进行一次产品服务的增值促销和创意

升级。”

由此论断，现代零售业的竞争除了在选址和价格上，更是对消费者的时间，尤其是碎片时间的竞争。消费者的碎片时间都增值了，店家的业务自然会增值，优秀的营销策略能让消费者的午间购物体验变得极其独特、好玩又实惠。

然而，从传统意义上来说，韩国是全球工作时间最长的国家之一，上班族平均每天工作9个小时26分钟。忙碌的韩国人每天忙于工作，几乎没有多余时间逛街购物。想要添购物品时，他们往往选择去自家附近的便利店、百货商店买东西。

在这种状况下，韩国的店家们向来喜欢把新技术应用于创意促销活动中去，而身为大型连锁超市的Emart更是深谙“创意促销”之道：“顾客不上门，我就主动出击；你若没有时间购物，我就想尽办法让商店和商品主动‘飞’向你。”

于是，Emart超市为了招揽消费者自动“上门”购物，就想到了很多“科技+创意”的促销办法，还引领了世界的“智能购物”最新潮流。

2013年7月，善玩移动促销的Emart超市再次推出令人眼睛一亮的营销案例，把附带着折扣优惠券的无线上网设备Wi-Fi装置，绑定在标有“Emart”字样的热气球上，送到了首尔市街头的上空，让热气球到处飞，打造了一个结合Wi-Fi装置的“飞行商店”，简称“飞店”。而作为消费者，可以随时随地通过免费Wi-Fi接入店家的APP，下载优惠卷，并可实现在线购物。

所谓“飞店”，就是配备了无线路由器Wi-Fi的遥控热气球。接着，造型呆萌的热气球，就被发散到人口密集的地方，每天漂浮在首尔的公共广场、购物中心或交通枢纽等的上空，并在其表面写着醒目标示：“Emart和免费Wi-Fi”。

最初，路过的人们对头顶上的热气球并不为意，却感到新奇，以为是习以为常的店家广告。其实，在热气球内就携带着可以免费接入的Wi-Fi设备。在好奇心的鼓励激发下，人们纷纷掏出智能手机，连接热气球标示的Wi-Fi无线链接，智能手机便会自动导向Emart超市的APP软件。于是，虚拟的APP网上商店借助Wi-Fi的翅膀，“飞”到了顾客的手机之中。

这时，很多手机用户通过这个APP应用，马上下载优惠券、查看打折信息、访问网上商店，满天飞舞的热气球和免费的Wi-Fi给“压力山大”的韩国民众带来了很多便利和乐趣。

据Emart官方统计数据显示，在一个星期的时间里，Emart“飞店”App下载次数逾50000次，其网上商店销售额增加了157%。与此同时，由于很多用户下载优惠券之后，也抽出时间前往线下实体商店进行兑换，Emart线下商店的实际营收额因而增长了9.5%，营销的火爆场面空前高涨。

Emart“飞店”的营销模式，通过“科技+创意”虚实结合，以极具竞争力的商品价格和折扣优惠直接“飞”向了消费者，并迅速散布到了韩国的各个角落，现今已经成为Emart大型连锁超市一个可持续的商业活动模式。

“飞店”模式，重塑经典销购亲密关系

就韩国Emart“飞店”促销模式的案例而言，无疑是新媒体体验营销模式中的一项创举，一直以来，受到全球业内人士的大加赞赏，为更多的营销专家以及消费者津津乐道。

在新媒体高速发展变幻的今天，很多零售商、实体店老板以及营销专家已经感受到，消费者们正在逐渐远离实体店铺，实体店过剩论让零售商们颇为烦恼，而实体店的老板们同样苦苦寻找更加新颖而有效的促销创意和手段。

有业内人士表示：“有生命力的店家不会是单一的业态。”时至今日，每个行业均已迈向全面数字化，移动互联网技术推动了行业融合，还提高了消费者通过智能设备获得优质、无缝和全新体验的消费需求。

因此，Emart“飞店”案例似乎已经带来了创新启示和深远影响。看，“飞店”的热气球和免费的Wi-Fi装置，其创新成本并不高，只不过是提供给消费者可以一边逛街、一边上网的功能，是出于留住老顾客、拉拢新客源愿望的一种选择，却显得格外地别出心裁，且富于极大的想象空间。

而如何寻找到虚实结合的“科技+创意”的营销点子才是最重要的，也更激发店家业主们在紧扣新媒体的转变和进化方向，及时切中消费者和移动用户的需求，利用新媒体并构思出自己的营销方案。

还记得多年前，那种购物者与社区商店之间经典的亲密关系吗？没错，Emart“飞店”就重塑了这样一种亲密关系。

只不过，作为服务供应商的店家，把“智能购物”嵌入到营销与销售的全过程，包括对消费者某一时段的碎片时间的利用，以新奇甚或呆萌的创意，将消费者从生活的“不便”中解放出来，可以随时随地将其带入更为便捷、奇妙和有趣的购物体验中，最终将消费者的心理偏好和消费欲望，转化为了实际的消费行为。

气泡酒店，与大自然亲密接触

还记得小时候吹“泡泡”的经历吗？而现在，我们也能进入泡泡或水晶球一样的内部空间，来一次回归自然的户外体验呢。这种“气泡酒店”像气泡一样透明，拥有360° 无障碍观景视角。

在深山丛林包围中，夜空里的满天繁星尽收眼底，梦想瞬间照进现实。

法国设计师的梦幻灵感

斯特凡·杜马斯（St é phaneDumas）是法国知名的创意设计师。在他的艺术构想中，与心爱的人肩并肩，躺在草地上仰望星空，坐在溪涧旁聊叙衷肠是最惬意不过的事。然而，夏天的蚊虫招人烦，野外的冬天又太冷，该怎么解决？

2011年，斯特凡·杜马斯想象力大爆发，设计和制造出了超级浪漫的“气泡酒店（BubbleRooms）”，建造在山坡树林中，以每间每晚700美元的租赁价开张营业，吸引了很多情侣慕名前来，体验和入住完全透明的“气泡”，仰望星空，脚踏实地，共享夜晚丛林间的静谧、温馨和美妙，酒店运营相当成功。

气泡酒店的“圆形墙壁”是由再生塑料构造和制成，直径为13英尺（约为4米），形如一个大大的气泡，通体透明。酒店里的套间像是一个侧躺着的圆底大烧瓶，瓶内床铺、椅子和简单家具等陈设一应俱全，可随时随地安置摆放，营造成一处360°无死角的观景房。

气泡酒店一经推出，要求入住的房客便接踵而至，应接不暇，争相体验接近自然的感觉，来一次无边界和不刻意地融入原生态。很多人对酒店的“气泡”设计感到好奇，气泡是怎么形成的？别急，仔细观察就会发现，其中有一个隐蔽机关，在气泡入口处安装有一台充气泵，噪音已减至最低，人居其中并不感到杂音骚扰，不会影响舒适度。

为提升以人为本的理念，酒店还专门设了一个房间用来洗澡。然而，当客人发现房间里并没有厕所时，却会被告知：“这就是气泡酒店让你回归自然的另一种方式。”

你在“气泡”里看风景，别人在“气泡”外看你

2013年4月初的一天，一间别具创意的气泡酒店出现在成都街头。气泡酒店为何出现在城市里？它的存在有何用意？路人无不感到好奇，纷纷驻足围观，汹涌如潮。原来，这是一家旅游景区打造的独特酒店产品，正在进行宣传营销的商业秀活动。

在这间气泡酒店内，沙发、大床、衣柜及桌椅等家具一应俱全。但见“气泡”内有一位漂亮女孩，旁若无人地悠闲呆在其中，这俨然是一场行为艺术展示。通过“气泡”外的两块展板得知，这位辣妹模特化名为“最透明女孩”，展板上提供有她的微博和微信账号。造型别致的气泡酒店，借助“最透明女孩”的生活秀，进行着商业秀营销和宣传活动。

这座气泡酒店显然融合了法兰西风情，引入了法国设计师斯特凡·杜马斯的设计和制造技术，酒店“气泡”的材质、透明度、静音效果与原版并无差别，重要的是安装和拆卸都非常方便。

众所周知，气泡酒店的本质是亲近大自然的一种生活体验道具，它并不能真正意义上地出现在城市，而成都的这次造势，为中国第一家气泡酒店的诞生做足了铺垫。借“最透明女孩”的生活展示，人们可以期待一下“春看百花盛开，夏有动物在周边嬉戏，秋见明月和落叶，冬观大雪纷飞，看遍四时之景”的美好了。

聪明的商家正是高度迎合了“透明”理念，通过这一行为艺术加以展示后，360° 亲近大自然的效果一览无余，进一步推广全透明景观房，吸引游客前往景区，选择景点安营扎寨。

气泡酒店落户中国，五星级配置标准

国内第一家气泡酒店于2013年7月下旬在四川省境内闻名于世的燕子沟旅游风景区落成，首批建成20个气泡房间，入住价格要比法国的气泡酒店便宜得多，只需480元，即可入住享受法兰西的浪漫与温馨。

气泡酒店内部，每间气泡客房占地面积约为30平方米，两个人可一同入住，这不光迎合了情侣对浪漫的需求，也满足了众多户外旅游爱好者与自然零距离接触的愿望。

你在“气泡”里看风景，别人在“气泡”外看你。接下来，隐私问题如何保障？气泡酒店的管理、风格和服务均严格按照五星级酒店的配置标准，每个房间则根据客人不同需要，设计了田园、卡通及地中海等不同的装修风格。

除不亚于五星级酒店的配套设施，每个气泡客房都以完全独立而存在，24小时可保全和保证旅游房客的身心及财产安全，使其免于不必要的骚扰。

由于季节变化和日夜温差，旅客住在气泡酒店内，会感到不适吗？别担心，气泡酒店采用了欧盟质量体系认证的环保TPU材料制成，可防止紫外线对人体产生伤害，此外还有专用的温度调节设备，可确保在大幅度温差下的舒适度不受影响，即使在冬天冷风刺骨，室内依旧温暖如春。

绝佳视野享受全景风光，透过透明的气泡酒店，白天“足不出户”即可拥有360° 视角的全透明景观房；夜晚，和最爱的人躺在柔软的床上，仰躺着观赏“银河直落九天”的壮丽美景，一起数满天繁星。气泡酒店能让每个人拥有足够的私人空间，并全身心地融入大自然中。

景区负责人以气泡酒店开发者和活动主办方的身份表示：“城市污染困扰着每个城市人，工作压力日益侵蚀人的身心健康，燕子沟景区里的气泡酒店借‘最透明女孩’的生活秀，给人以‘透明’环境、‘透明’生活以及‘透明’工作的勇气，激发所有人来一次回归大自然，过自己真正无边界、无刻意和无压力的美好生活。”

“锁屏”新玩法，动动手指赚Money

玩智能手机，用手指触摸手机屏时，向左刷或是向右刷，方能进入手机主界面，每天打开手机和查看锁屏的次数太多了。是否想过，如此寻常地动一动手指，也能让人产生联想和创意，而且还有商业价值。

在美国纽约，有一位姓金的韩裔美女，创办了一家名为“Locket”的公司，在手机“锁屏”上投放广告，展开创意研发，开发出一款“锁屏广告”的手机应用。此广告模式的极致运用一经推出，用户不仅不讨厌看广告，还每看一次广告都能拿到一定的报酬，颠覆了传统的刷屏体验，其中有不少新玩法令人耳目一新。

锁屏界面做广告

荷娜·金（YunhaKim）是一位韩裔美国人，2011年毕业于美国著名的杜克大学，主修经济和中文，毕业后受聘于一家投资银行做了一名分析师。

在一个人的日子里，智能手机成了她最贴身的伙伴，每次打开手机，想进入手机界面时，都要进行一次滑动解锁，这也是手机持有者必须动动手指才能完成的动作。

于是，她萌生联想，智能手机是当代人群不可或缺的工具，用户每天点亮智能手机的次数达到数十次，甚至上百次，待解锁的屏幕自然成了一块汇聚最多注意力的黄金广告牌。如果把广告投放在上面，广告画面及内容必然引起手机用户的注意。

然而在最初阶段，这种想法似乎很可笑。近几年，移动互联网兴起，广告无孔不入地登上了移动平台，已到了令人生厌和排斥的地步，有“万恶之源”之说，甚至没有多少人喜欢看广告，倒是广告屏蔽工具会有大市场。

有一次，荷娜·金因工作安排，回到故乡韩国，才发现类似于她想到的移动广告业务，已在韩国被开发者以安卓（Android）版本投放市场，迅速风靡，然而在美国市场上却尚属空白。

2013年3月，荷娜·金回到美国后，毅然放弃让人羡慕的投行分析师工作，拉起另外两个同窗好友保罗·姜（PaulJang）和克里斯托弗·克劳福德（ChristopherCrawford），三人一拍即合，注册了名为“Locket”的公司，转而投身到“锁屏广告”手机应用的研发之中，将把隐性注意力转化为利润的广告思路运用在智能手机上，并精心运营起来。

荷娜·金认为，广告是移动平台上最重要的盈利方式之一，同时又被很多移动用户排斥，如果看看广告也能赚钱，大家会不会对手机广告刮目相看，多一些好感呢？

成立公司后，荷娜·金担当起公司CEO和创始人的角色，与另外两个合伙人在设计风格和经营模式上展开探索，为了能在锁屏状态下显示广告，他们历时4个多月精心研发，终于推出了一款同样能在Android平台上应用的“锁屏广告”手机软件。

动动手指赚Money

2013年7月下旬，Locket产品“锁屏广告”一经发布，很快在市场上受到欢迎，引起业界及多个天使投资人的兴趣和关注，还有广告商们纷纷抛来

橄榄枝，在他们的Locket产品应用上投放自家的广告，其中不乏“世界500强”的名企。

随后，荷娜·金在接受业内媒体记者采访时表示：“生活已经充满各种各样的广告，就看如何经营它，Locket锁屏广告是对移动广告的极致运用，是打开锁屏广告市场的新产品，并给予用户选择权，吸引用户主动地去关注广告。”

正是有了新看法，所以才有新玩法。以荷娜·金为领头人的Locket公司，在移动平台广告领域的商业化模式等方面，无疑取得了更进一步创新。正如她所说，给予用户选择权。但这种选择权又是什么呢？就是他们大胆提出和提炼出来的“给用户报酬”，让用户在新体验的玩法中，动一动手指，瞥上一眼手机屏幕，就能够瞬间得现金的实惠。

在研发的过程中，随着研发深入，手机锁屏广告便作为一项创新业务进行反复论证和探索，最终确立了“抢占受众注意力”才是最好的经营艺术。按照他们的运营方案，当用户点亮智能手机后，无论是否真正查看了广告，都可以得到1美分的报酬，并规定在每小时内，最多可以有3次获得报酬的机会。这一系列创新，颠覆性地改变了人们往常对移动广告极度排斥的观念和认知。

一位国内的朋友在使用自己的电邮和美国的邮政编码，输入验证码后，成功注册成为了Locket用户。点亮手机后，Locket锁屏广告便会运行，向左刷动时，解锁界面就是Locket提供的广告信息及画面，比如某个相关网站页面和优惠券页面等，而向右刷动时，便可避开广告，直接进入手机主界面。

朋友算了一笔账：只要刷一下就能获得1美分，每小时最多可获得3美分，那么，按一天使用手机10小时计算，每天可以收益30美分，而一年365天，则可以收获109.5美元，折合人民币约为666元。

如此计算下来，朋友随即就产生了新的想法：广告不再令人讨厌了，而是变成了非常不忍拒绝的一种新玩法和新体验。关键是，无论用户向左刷还是向右刷，怎样解锁手机屏，看或者不看，广告就在那里，都可以每刷屏一次赚1美分，由此积少成多。

按收益规则，相关收入数据则保存在Locket账户中，积够10美元时，才能变成现金提取。作为用户的你，依然有对这笔收入款项自行处理的选择权和决定方式，Locket给予你多个选项，比如：你可以用账户中的金额购买礼物卡，也可以兑换消费商家的优惠券，甚或作为一笔善款捐助给慈善机构。当然，你也能通过国际贸易支付工具贝宝（Paypal）提取现金，塞进自己的腰包。

这时，用户就会发现，Locket锁屏广告便成了对接用户并能实现双赢的商业盈利模式。一方面，广告商愿意投出资金，以精美广告的形式展现在用户的智能手机上，让目标用户主动去看广告，是无数广告商梦寐以求的事；另一方面，用户获得了报酬，同时也可以将现金消费在商家的其他网络平台上，几乎不对用户体验造成损害和骚扰。

这时，用户或许不会指望靠这款Locket应用发大财，更不会靠这笔钱去做更多的事情，只是有了新看法后，才会引起对新玩法及新体验的热情和兴趣。

创始人荷娜·金对此坦言："我们希望的是，用户在面对手机时，无论TA做什么，都会瞥一眼锁屏广告，感受由此带来的全新体验，从而改变以往对移动广告的看法。用户越多，我们越能够从广告商那里得到更高、更多的投资额和广告投放业务。"

精准投放，提升价值

2013年10月，Locket锁屏广告的手机应用在推向市场3个月后，在美国的下载量突破30万次，每天送达超过900万个广告印象，已经与8家广告商，其中包括两家"世界500强"企业签订了广告投放协议，还获得了天使投资

人50万美元的初创资金。

然而，Locket公司也意识到，有时对用户来说，再精准的广告也是一种烦扰，在过去经营的业务中，他们同时拒绝了多家设计不够好或不合要求的广告，酒类和内衣广告更是不能接受，以保证投放效果足够明显和完美。

Locket锁屏广告业务在实际运营中，通过分析用户的社交网络数据，向用户提供优质和相适应的广告内容，根据用户的年龄、性别、地理位置以及参与锁屏广告的黏度等信息，进行精准投放。只有让广告看起来非常精美，不像是广告才行，且把“看广告”赚钱做成一件非常有趣的事，让用户产生一种不舍拒绝的感受，才能让广告业务顺利可持续地发展。

最后，针对这款应用的未来规划和目标，Locket公司创始人兼CEO金女士充满期待和希望地表示：“目前，公司计划进一步增加广告商数量，能够在用户需要时，为用户提供优质的、相关的而且有用的广告信息，并能迟早将CPM（每千次点击费用）提高到10美元以上。未来，最终将达到每千次点击费用30美元的全屏广告标准，提升用户收益及公司商业化价值。”

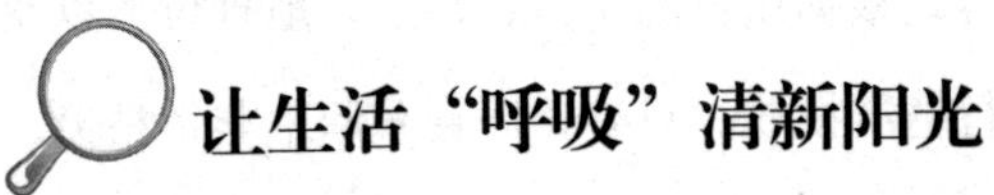

让生活“呼吸”清新阳光

对于众多宅男宅女们来说，“宅”，不单是一个字，已是一种生活状态。偶尔想走出宅生活，改变一下状态时，身边周围却又难找到同伴，去什么地方玩和玩什么？对此难免会感到六神无主。别急，王东和他的朋友们创办的拒宅网能使你产生灵感，实现你从封闭空间走向阳光天地的愿望。

拒宅网是一个为宅男宅女们提供聚会交友机会的平台。来拒宅网，如果有什么好的去处和好玩的点子，你可以发起一个拒宅灵感，与更多的人产生共鸣，相约结伴，暂时离开宅生活。拒宅网让真正的阳光普照每个人的现实，更可能让人与人之间发生化学作用，在聚会和交际中找到人生的另一半。

同一种渴望，逃离“宅”生活

王东是一个典型的IT男，2008年毕业于上海同济大学艺术设计专业，学历硕士。在创办拒宅网之前，他担任某公司的设计师和项目部经理，这个职位在高新科技园区直接象征着高端的技术、可观的收入和无限的远景。

王东本人也是一个标准宅男，平时在公司里上班本来就很忙，忙完工作后回到家中，基本就是呆在一个人的世界，逢双休日更是足不出户，没有人陪伴，也没有交际。一年前，与他谈了两年的女友前往北京发展后，聚少离多，二人的关系越来越疏远，感情由浓变淡。

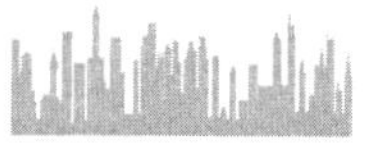

2011年3月的一天，王东和女友非常遗憾地选择了和平分手。那时，王东买婚房的钱都已准备好，就等女友回到自己身边。分手之后，王东宅在家里一个多月，先前非常熟悉和期待的手机铃声也不怎么响起了，偶然听到手机里的女声却来自10086，最为显著的变化，就是他更加沉默寡言，居然不会开口说话了一样，每天过得都不像是一个正常社会人的生活。

因此，有过宅男经历的王东自然会想到要如何逃离宅生活，改变这种刻板地依赖电脑和网络的虚拟状态，以及不工作就喜欢宅在家中悠闲散漫消磨时光的现实状况。

这些年，正值宅文化盛行，王东很快发现工作圈里同事的经历和生活状态和自己十分类似，同时也意识到一个人总宅在家里，脱离群体，没有社会交际，身体和心理渐渐地会处于亚健康状态。于是，他设身处地地思考了一遍后，就有了创办一个网络交际平台的想法，最初他只是想，通过这个网络平台，发动和帮助更多宅男宅女从网络世界走向现实生活中，拓展交际圈，于人于己，岂不都是一件好处多多的事情吗？

同一种美好，找伴儿出去玩

有了这个创想和决定之后，王东并没有马上采取行动，他首先上网搜查和了解关于宅男宅女的资源现状，不看不知道，一看让他大吃一惊，从一些同类的交际平台上庞大的流量基础就能看出，宅的生活方式作为一种社会现象已经相当广泛和普遍。

随后有一次，王东在公司和几位要好的同事闲聊时，就把自己创办网站的想法全说了出来。但更让王东意想不到的是，竟引起同事们的强烈共鸣，这几位同事仿佛遇到了知音，因为在工作之余，他们几个的生活比王东的“宅”都有过之而无不及，早就想逃离宅生活了。接着，王东和同事们进行了反复分析，便首先将“拒宅网”的名称定下来，其意义简单而又明了，拒宅就是拒绝宅在家里的意思，经论证后发现“宅人类”之所以宅，无非是要

么无人陪，要么不知道去什么地方玩。

不久，其中有3个同事随王东一起辞职，全身心地投入到拒宅网的设计和创建之中，经过几个月的日夜奋战，拒宅网终于完成上线试运行。结果不到1个月的时间，全国注册人数就达到了1万多，网站算是旗开得胜，实现了开门红。

如今，王东说起辞职的初衷，经常用“一时冲动”来描述，因为他把准备买婚房的钱全部拿出来，用作启动资金投到了网站上。“反正女朋友没有了，婚也结不成了，我一激动，慷慨解囊，想着不如把拒宅网做好，多多造福全国的宅男宅女们。”

2012年2月22日，是个颇有意味的一天。拒宅网被选择在这个很“二”的日子上线，足见王东和同事们难以言说的心态、美好的愿景以及积极迫切的心情。令他们没想到的是，仅仅过去了3个多月，每月的注册用户竟都超过了1万人，网上网下的活动参与者都热情高涨。

按照王东和同事们的设计方案，拒宅网设置了两大板块，一块是“找伴儿”，一块是“出去玩”，两大板块恰都“点”中了宅男宅女们的“要穴”。打开拒宅网首页，找伴儿的呼唤不绝于耳，出去玩的好主意五花八门。

拒宅网上线半年，用户流量日渐火爆递增。“找伴儿出去玩”的拒宅理念在宅男宅女中产生了广泛影响和共鸣，引起媒体的关注和报道，在引导宅男宅女互助和关爱、拒宅自救和做心理解读等方面，被媒体喻为是宅男宅女的“拒宅器”和阳光清新的社区。

有一位80后IT男从参加工作后，就住在公司宿舍，每逢周末，几个室友除了玩电脑游戏还是玩电脑游戏，一直玩到凌晨2、3点钟，才蒙头大睡至第二天中午起床，这样的生活状态，还不知道会持续多久。他们也经常在想，如果能自然而然地遇到一个心仪的女孩，该有多好？拒宅网如同一把钥匙终于找到了钥匙孔，为他们打开了一扇门。

创办拒宅网，王东成了热门人物。现今，不只是在上海，在全国各个城市的拒宅用户，每星期都有自发组织的拒宅活动和聚会。在这里，拒宅已成为另一种生活态度，同时也被形象地归属为充满阳光和空气的身心状态。

同一种行动，让生活充满清新阳光

2012年5月，在一次由拒宅网策划组织的微博求婚线上线下活动中，同时撮合5对宅男宅女成为了恋人，但据王东透露，这只是公开的保守数字，实际配对成功的有情人肯定会更多。其中有一个拒宅用户也自行策划了一场浪漫的微博求婚，他在QQ群里留言告诉大家：“我想在第1000条微博里向她表白，希望得到你们的围观。”掀起了一次围观浪潮。

作为创办人的王东始终保持一定的清醒的认知，他同时强调：“拒宅和同类其他婚恋交友网站是有所不同的，我们强调的是爱情的化学作用。”

拒宅网抛开了诸多婚恋网站单刀直入式和物欲横流式的交际模式，不是直接以结婚为目的地举办相亲活动，而是鼓励单身男女在愉悦放松的聚会或旅游过程中，自然地“邂逅”。拒宅网致力于打造一个阳光清新的网上社区，最终成为宅男宅女们尽情享受户外活动收获交友乐趣的互动平台。

2013年9月20日据网站统计：在“找伴儿”板块的拒宅热词里，“吃”有30666人想去，“爬山”有5528人想去，“K歌”有超过8000人想去；在“出去玩”板块的拒宅好主意里，最为热门的是“找个安静的地方，喝杯暖暖的奶茶，说说彼此的故事”，有9043人愿意参加，“同行聚餐，在饭桌上吐槽各种不爽”竟有6151人想去，还有“装作学生，去大学蹭一场公开课”“找个会弹钢琴的人教我练一首简单的曲子”“不喜欢一个人吃晚饭的人，一起约个晚餐边吃边聊”“请假一起去香港迪士尼吧，再不疯狂我们就老了”“沿着马路边走边聊，没有目的地，只要感觉对就好”“寻找这座城市中最适合静坐发呆的角落，一起坐坐就好”“一起骑自行车逛逛这座城市的大街小巷”，等等，不一而足，都有超过3000人想去。

曾经，有一种渴望叫“逃离宅生活”，有一种美好叫“找伴儿出去玩”，现今有一种行动，让这种渴望梦想成真，让这种美好触手可及，让生活充满清新阳光。拒宅网因其倡导亲近大自然、参与户外运动和结交线下真实友谊等健康有益的生活方式，必将受到越来越多都市新鲜人的追捧。

面向未来，王东正踌躇满志，满怀信心，拒宅网在网站营销和盈利模式等方面，仍然处在多种考量和探索之中，目前已获得第一轮融资。

掌上“相亲”非缘勿扰

反向移民，中外相亲“水土不服”

近年来，“反向移民”兴起，年轻一代的华裔看重国内的事业前景，越来越多地选择回国，形成了一股“反向移民”的风潮。中外各国的婚恋文化有差异，很多海归白领人士，已经或正在遭遇“相亲”的尴尬和无奈。

曾经，有一位海归女孩，在国外留学和工作多年，形象气质俱佳，生活中不乏追求者。在国外时，30岁出头，并不是一定要嫁人的年龄，自从把事业转向国内后，家人们几乎天天催她相亲，原本不急于嫁人的她，忽然有一种恐慌和恨嫁的感觉。

也有一位海归男士，在国外有过恋爱经历，回国后相亲次数已经数不过来，在国外遇到心仪女孩时，上前搭讪是极为平常的事，而在国内却恰好相反，怪异的行动只会带来不可预知的后果。

更大的差别是，国内相亲比较讲究现实，多关注于对方的工作状况、收入水平、户口所在地、是否有房子车子等问题。国外及海归女孩同样关注经济条件等方面，但更看重户外旅行、艺术文化等兴趣爱好，甚至可以对男士年龄的要求放宽，也要对兴趣爱好罗列详细。

其实，中外婚恋观有别，决定了国内外交友、约会、择偶及相亲的不同的条件和标准，国外相亲模式在国内“水土不服”实属正常。国内向来主张女主内和男主外，女士希望找个以经济实力支撑起家庭的男士，男士则希望配偶能够平衡好家庭的各方关系。

多年来，相亲不只是重要的社会话题和社交活动，也蕴藏着庞大的经济市场。张述和段宗宏就是两个在美国长大的华裔年轻人，回国后，做了一款名为“豆浆油条”的手机相亲APP，开创了一种全新的约会交友方式。

参加相亲节目，“非诚勿扰”触发灵感

张述和段宗宏有很多共同点，1985年出生，在美国长大，又不约而同地选择“反向移民”回国，先后参加《非诚勿扰》相亲节目均牵手成功。

二人所不同的是：张述来自广西柳州，6岁随母亲移民美国，毕业于俄亥俄州立大学金融专业，任职于摩根大通战略投资部门并关注互联网行业；段宗宏则出生于美国，父母是台湾人，曾先后辗转于香港和台北，最后在北京定居下来，加盟了同为美籍华人的张述创立的公司。

7年前，张述和段宗宏同为21岁，在香港科技大学做交换生时相识，成为了好友。2009年，二人辞去美国的工作，双双选择回国，借鉴美国的手机APP软件tinder，协同研发和推广一款以相亲为主题的手机APP。

张述成长在父母离异、母亲与一个美国人再婚的家庭中，格外看重婚姻与家庭的圆满与完整。2011年底，他第一次参加《非诚勿扰》相亲节目却没有牵手成功。这次失败经历，让他更真切审视了东西方男孩和女孩相亲的差异。

下了节目后，张述把自已相亲之事放在一边，开始关注和考察有关社交软件的细分市场。他觉得，美国式相亲里的女孩，觉得爱情和交友靠的是缘分，会先花时间了解男孩，与其相处，双方感觉合适匹配才确认恋爱关系，

猎取爱情目标的功利性则小很多，或将物质条件列为靠后的要求。

经历《非诚勿扰》相亲后，张述发现相亲理念和实际现况全不一样了，因为国内的相亲模式更为简单，物质要求在先，在短短的几次见面后，女孩则基本能确定男朋友了。这时，在思维和说话方式上，他更像是地道的美国大男孩，与许多参加电视相亲的男嘉宾不一样，不太符合现场女嘉宾的期待，所以未牵手成功。

张述立刻想到，在移动互联网时代，年轻人都爱玩手机，应该有一种很方便的手机APP，专门帮助年轻人找到他们喜欢的人。

此后，张述又从《非诚勿扰》节目和相亲经历中得到灵感，决定自主做一款用于相亲的手机软件，给并不急于找个人结婚，而是抱着开放的心态与合适的人交往后，才能确定能否达成恋爱关系的单身男女们，提供一种全新的相亲体验。

2013年初，张述重返《非诚勿扰》时牵手成功。前后两次参加《非诚勿扰》的他，深刻察觉到西式相亲在国内“水土不服”，更加快了他做一款适合国情的相亲软件的进程。

两情相悦，取名“豆浆油条”

身为这款相亲应用APP创始人的他，把软件取名为“豆浆油条”，有着浓浓的平凡而甜蜜的生活味道。

豆浆油条，这不是平常生活中的早餐搭配吗？没错。但作为相亲软件名，它还具备“天生就是一对”的寓意，昭示着豆浆油条APP是一款非常靠谱的交友约会类应用，试图打造更加靠谱的异性社交。

2012年10月，在豆浆油条APP（原名丘丘）产品设计之初，张述和他的团队是一个很国际化的组合，包括APP的设计风格和理念都比较国际化。最初的产品是通过分析用户的共同朋友、位置、背景、生肖、星座及吸引力等

因素，来引导其进行匹配，产品做好后几乎成了美国版的tinder。团队随后发现这些功能和机制缺乏娱乐性，并不适合国内市场。

如今的豆浆油条APP，自称“缘分配对神器”。在豆浆油条产品应用中，当你选择了TA，发现TA也选择你的时候，你会发现缘分是一件非常奇妙的事情。在“缘分配对”下，掌上“相亲”的双方就像经典早餐中的豆浆和油条一样，碰撞出了甜蜜的香气，奇妙的缘分是配对成功的关键，只有互相匹配才能发起交往。

基于地理位置在相亲中的重要程度，豆浆油条会每日向用户随机推荐同一城市的周边异性。用户可以根据对方的头像、身高、职业、学历、收入和有无车房等信息进行选择，当选择的对象同样也选择过TA时，双方才能在应用内发起聊天，并能选择自己喜欢的TA发出进一步邀请。

豆浆油条APP中打造的是一种两情相悦的交友模式，男女用户可以自由开放地选择感兴趣的朋友。比如，在限制设置上，每位用户每天只有6次配对机会，每个被推荐过的异性不会有第二次出现，等等。这样，能否选到自己青睐的TA，就看男女双方的“缘分指数”。

豆浆油条APP还参照了《非诚勿扰》节目中，24位单身女生以亮灯和灭灯方式决定男嘉宾去留，经过“爱之初体验”“爱之再判断”“爱之终决选”“男生权利”等规则来达成男女嘉宾的成功速配的模式，以此建立起整款应用中社区的良好氛围。

至此，“豆浆油条”把用户定位在18至35岁之间的白领人士，从婚恋交友模式上，与当下都市白领工作压力大、缺乏接触异性时间和空间的生活节奏相适应，非常贴合当下男女倾向于通过简单和可靠方式，来发现并甄别交往对象的婚恋观念。

打造靠谱“相亲”，非缘勿扰

2013年8月，“豆浆油条”作为传统的相亲交友应用，上线半个月，已有数千名用户入驻。截至目前，团队有5名成员，除张述和段宗宏二人外，另有一名瑞典人和两名中国人，他们均有国外生活多年的经历。

针对产品卖点，豆浆油条APP打造的是介于随意和保守之间的交友模式，以真实性和安全性为基础，配对成功难度和每日配对机会有限制，让约会社交更慎重和靠谱，同时又不乏创意元素，散发着年轻和浪漫的气息。在应用体验中，用户绑定微博直接登陆，既简化注册过程，又确保用户信息真实和安全。

豆浆油条为防止用户遭受骚扰，给工作生活带来不必要的困扰，男用户的信息都是公开的，而女用户则可选择是否保密，在一定程度上保护了女性的隐私安全。如此一来，垃圾信息和邀约就得到了有效遏制。

现如今，豆浆油条APP在设计风格和应用体验上取得不断升级和改进，其新产品定位越来越明晰，已不单是针对特别急于结婚的人群，而是鼓励更多人利用移动互联网寻找有缘的TA匹配做朋友。

截至目前，豆浆油条APP创业项目已获得国外知名早期投资者“SOSventures”的天使投资。

“艾米”，不只是电影

艾米是“IVI”的音译，而“IVI”则是由“MOVIE”拆解之后形成的。然而，如果把“艾米”说成是电影“MOVIE”，那又是大错特错。随着互联网科技进步，“艾米”不只是电影。

2012年5月1日，“艾米·1895影院”在南京盛大开业，这标志着，“艾米”既是“海量电影、随心点播、专享空间、24小时营业”的新型电影文化产品，融合互联网“云计算”和“数据库”科技，以复合式创意进行多元化经营，也是“可复制”和“可连锁”的影院，更是集娱乐休闲和互动社交功能于一体的新型场所。

从1895年，即电影的元年，后来被尊称为“电影之父”的法国人路易·卢米埃尔放映了《工厂大门》，标志着电影的诞生，世界电影已走过了118年。但是，这一创新模式的“艾米”，在全国乃至全世界都还是首创。

“艾米”是全家人的电影吧

记不记得，小时候的露天电影？一听说晚上有电影，全家人倾巢而出，像过节一般。现如今，露天电影早已成为记忆中的经典，随着科技进步与发展，人们逐渐有了电视，有了网络，而深藏于“露天电影”里，那种超越电

影自身魅力的精神满足，那种以电影为媒介，架构起来的社交方式与生活形态，是不是也在长久的岁月过往中慢慢远逝、退化和消失了呢？

后来，有了传统电影院，影院放什么电影，人们只能看什么电影，一部电影过了档期，而再想去看就比较难。而今天的院线电影，简直是“大片”文化的天地，新鲜一阵，便无人再提起，就像鲜奶一样，过期作废。

于是，“卧薪尝胆”几年之后，“艾米”应运而生了，通过“云计算网络传播技术”与国际认证的“加密解密版权保护技术”，实现了“海量片源，实时传输和在线播放”的功能。据悉，艾米·1895影院已先后得到包括美国迪士尼、香港TVB、韩国SBS、法国陈氏等全球10多家著名影视娱乐内容商提供给大陆信息网络的传播权，与中国电影协会、中国音像协会、中影、上影、华谊兄弟、银都机构等优秀华语影视内容提供商建立合作，拥有中外正版影片超过5000部，可实现随时更新，可供顾客随心点播。而如此多的电影资源，则由多家建立合作的影院和网站共享并平摊成本。

说直白些，在艾米·1895影院看电影，有包厢、可点播，数千部正版电影随到随看，想看什么电影就看什么电影，想和谁一起看都能拥有一间私密的观影包厢。这里可以是一家人的影院，可以是恋人的影院，也可以是朋友的影院，甚至可以是一个人的影院。

35个“iBOX点播包厢”，分别设置成可容纳2人至8人的不同规格，与KTV包间类似，雕花座椅和沙发、复古风格的茶几和镜子，传递出浓浓的欧式风情，又颇具家庭影院的温馨和亲切。观影空间极具秘密感，服务设施非常人性化，充分兼顾儿童、青少年、年轻人、中老年人等不同年龄人群的消费需要，不论是“421家庭结构”的一家三代，还是多年不见的同学朋友，或是正值热恋的情侣，都能在这里拥有一段美好舒适的观影时光。在这里能看当下热播大片，也能在海量影库里随意点播想看的电影，能坐着看电影，也能靠着、躺着，甚至边吃饭边看，观影效果和其他高端影院完全一样，但又有所无法比拟。

“艾米”是影迷们的电影街

走进艾米·1895影院大厅，沿电影街一路向前，映入眼帘的是琳琅满目的主题展示，精美海报、道具模型、玩具公仔、明星纪念品、汽车模型、复古烟斗、老式放映机等，仿佛走进了电影博物馆。

这里是影迷们的电影街。“电影大讲堂”讲述电影拍摄背后的故事，“电影化装舞会”使影迷参与其中，扮演电影角色，“电影风光主题旅游”让影迷在银幕上游目骋怀，更有神奇的“电影美食体验”让人大饱口福。

2012年5月，15年前的经典大片《泰坦尼克号》以3D契机被送进了影院，大大满足了影迷们的怀旧心愿。此后，有视频网站甚至发起一个活动，让影迷们说出自己百看不厌并希望重新搬上银幕的老电影，《霸王别姬》《阿甘正传》《教父》等影片充斥网页，但要想让那些经典老片重新出现在电影院，简直就是梦，艾米·1895影院则能让影迷们梦想成真。

怀念经典，同时紧随潮流，想看院线大片的“阿凡达”迷们也不会没有去处，3个传统放映影厅与市场档期同步，环境舒适，空间宽敞，各可容纳50余人同时观影。

除了有“传统影片”，还有主题放映影厅。受够了院线推送的禁锢，影迷在艾米可以翻身做主人，文艺片、惊悚片、喜剧片随心点播，更把影迷从传统影院0.5平米的狭小空间里解放出来。想要快乐的人，点一部喜剧片；想要沮丧的人，看一出悲情片；借电影表达爱意的情侣，点一部委婉曲折的《情书》。

艾米·1895影院不间断举行生活主题、爱情主题、科幻主题、二战主题、儿童主题等题材的各类影展，将电影与文化、时尚与休闲巧妙融合，全天候互动影音服务与全方位的商业设施相配套，创造全新的复合式文化体验。

艾米自有品牌的电影衍生品和相关消费产品，在电影街区与电影会所中集中展示，以拓展“后电影产品”的市场领域。影迷不仅可以深入感知电影文化酝酿百年的独特魅力，更能够在日益繁忙的城市生活中找到恬适、至真至美的修身之所，从而透过电影认识生活，爱上生活。

“艾米”是商务人士的会所

“打开这坛百年美酒，尽享电影醇美。”这里有书吧、茶吧、酒吧、咖啡吧、巧克力吧、水果吧，可以尽享休闲时光；电影街区各类明星装、明星饰品、可爱公仔、电影道具等别具风格，构建出一个电影博览园。

于是，艾米就成了商务人士互动社交的“电影会所”，内设小酒吧、雪茄吧专为商务人士打造多元互动社交平台，咖啡、红茶、鸡尾酒、S级牛排等各色餐饮，全都是来自电影中的创意，其中的“海洋之心”鸡尾酒，在白色的龙舌兰里融入一块心形的冰冻蓝色柑香酒，则是灵感来自《泰坦尼克号》的“后电影”产品。

国内首创复合式结构和多元化经营，更受到市民及影迷们的热烈追捧。通过点播率排序，为顾客推荐优秀电影，由此将百年电影历史的文化沉淀，完整地展现在面前，随心点播和观赏，再度开发电影产品生命周期。让都市大众可以放松身心体会电影文化的独特魅力，也可以漫步徜徉感受时代的美好斑斓。

引领健康生活方式，专供复合式休闲文化体验，电影产品、电影历史、休闲场所等，处处散发馥郁气质，为商务人士的人际沟通创造另一种可能，成为新型的、健康的当代都市休闲文化场所。

总之在这里，既能领略和观赏到酝酿百年的电影文化和经典影片，还能体验到由电影衍生的街区消费和时尚生活。而今电影院，就像KTV、迪士尼公园、咖啡馆一样，成为都市人在8小时工作和8小时休息之外，最能决定生

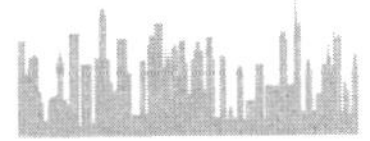

活品质的休闲与娱乐的“第三空间”，或是一家老小享受团聚的好去处，或是知心朋友恋爱情人的秘密空间，或是商务人士互动社交的独立会所……更是把影迷从当前高票价、按档期“推送”票房至上的商业“大片”、活动范围只有半平方米的狭小空间的传统影院里里解放出来的个性选择。

未来3年，随着200家“电影街”“艾米·1895电影文化广场”“艾米·1895电影俱乐部”“艾米·1895电影文化博览园”等主打产品相继推出，以连锁加盟模式，可迅速带动规模扩张。艾米的规划是，至5年内，开设500家电影街、5至10家电影文化广场或博览园，最终拓展商机市场，推动融资上市，成为中国最具影响力的数字电影文化商业综合运营服务商。

随着规模不断扩张，在全国乃至世界都还是首创的“艾米”，其品牌理念集创意、智慧、成功、财富等为一体，必将成为全社会都市里融合新型文化、个性生活模式、休闲潮流、社交文化的活动平台。“艾米”引领的是一种社会风潮，更是一种生活态度，值得广大影迷和所有想放松身心的都市人期待。

拖着集装箱房车去旅行

说起旅行，是跟团游还是自由行？很多人觉得太OUT了！又都是爱做白日梦的主儿，购买一辆稍有档次的房车去旅行怎样？可房车少说也要几十万元，甚至上百万元人民币，毫无“亲民”诚意，怎样才能圆一个房车梦？

点燃设计梦想，我们是“集客”

“集客”的出题人王小龙是个80后，曾经游学澳洲，是一名工业设计师。在澳洲游学期间，他对自由自在的房车生活非常着迷，参与设计和发表的有关房车的论文报告得到澳洲专业人士的肯定。

这些年，自驾游不是什么新鲜事，在国外开着房车去旅行已经成为很多人生活中的一部分。回国后，王小龙发现国内房车的售价相对较昂贵，大多数人还买不起一辆中高档房车，房车生活只有少数人才玩得起。

2011年圣诞节前的一天，在北京某大学旁的一家咖啡馆里，王小龙参加了一个旅游设计沙龙的聚会，和几个同样热爱旅游的朋友聚首，正在商量第二年要到哪里去旅行。在聚会过程中，王小龙出于设计师职业习惯和旅行兴趣，突然提议一个疯狂的想法：“不如咱们组建一个团队，把二手的集装箱通过设计手段而改装成‘房车’，用货运卡车拖着‘房车’去旅行，也体验一把开房车旅行的生活，甚至还能与国内更多的人分享，未来更不失为一种创业模式……”

当晚，随着交流深入，把集装箱设计成“房车”的话题骤然升温。原来，在座的每个人内心深处都隐藏着一个房车旅行梦，更因为王小龙早就想做这样的事情了。他们大概估算了一下，把工业生产中的标准件集装箱加以设计和改装，使内部设施完全符合豪华房车的要求，就能给人提供足够惬意且实用的生活空间和居住条件。况且，购买一个二手的集装箱才需1万多元，真是太划算了。

旅游设计沙龙（又称：旅设）成立于2008年11月，发起人是景观设计的创意总监莫克力，沙龙活动负责人王羽则毕业于国家公园休闲游憩学专业。在莫克力心目中，王羽是个特别富有执行力的人，碰巧王小龙又提出这么个有创意的课题，立刻引起共鸣，大家一致决定应该趁年轻做一些疯狂的事，“集客”的创业思路便由此产生，就是通过技术处理和创意设计，把二手集装箱改装成房车用于旅行。

“集客·微托邦”，我们的梦想在路上

如果说，“乌托邦式”生活是不可能实现的理想国，那么集客首先提出的“微托邦”便是将很难实现的梦想变为现实。近些年，尽管已有人对废弃集装箱进行改造和再利用，但无论外观还是内部陈设都非常简陋，在设计师王小龙看来，要做出一款体现优雅生活的集装箱房车，不是一两个人就能完成的，需要更多拥有同样梦想的人加入进来。

2012年3月31日，“集客·微托邦”活动依托旅设网平台和各大媒体等多层资源，以“拖着箱子去旅行”为召集口号，向全国设计院校和社会设计师发布信息，通过提交创意方案招募集客，成为集客团队的设计师成员。仅过去一个多月，收效出乎所有人意料，接到大量新颖创意方案的同时，最终

确定招募了3名集客人选。国内有一家集装箱制造企业获知消息后，还免费为他们提供了一个集装箱，帮助他们将设计方案变为现实。

6月初的一天，集客成员举行首次见面会，经过热烈讨论，决定增设一个由5人组成的“帮帮团”，协助体验和完成“集客·微托邦”的后续计划，共同拖着由他们自己亲手设计的集装箱房车去旅行，由北京出发，最终抵达九寨沟风景区。

26日，集客们远赴位于大连的集装箱制造企业生产基地，“集客房车设计周”全面展开。集装箱作为建筑材料已不是新鲜事，用于居住比普通混凝土建筑还要舒适和环保，但参与公益环保项目，用设计改变旅行方式和理念，还是一次先锋尝试。按王小龙的话说：“以前做设计都是满足客户需求，现在是在为自己设计，每一步都是原创，是一项全新创造。”

2012年8月10日，“集客·微托邦”经集客征集、方案设计、招募帮帮团和自驾体验者等，历时4个多月后，设计师们越过一个个不眠之夜，无数次遇到挫折和不得其门而入的困境，最终由集装箱设计和改装而成的房车顺利从大连抵至北京，在“2012中国房车展览会”上亮相惊艳全场，引来好奇者热烈围观，被取名“集客概念”。

18日凌晨，“集客·微托邦”九寨沟梦想之旅启航，对所有热爱旅行的人来说无疑都是一件极其值得兴奋的事情。“集客·微托邦”旅行队伍由5名设计师和5名帮帮团成员组成，他们中既有85后的年轻设计师，也有体验过各种旅行方式的旅行爱好者，更有被招募进来的在校大学生。

在接下来的时间里，集客们将拖着“集客概念”房车斜穿大半个中国向九寨沟进发，完成一次无法复制的梦想之旅。

“集客概念”，拖着箱子去旅行

“集客概念”，与通常房车的最大不同就在于“没有门”，入口和出口

设计均为圆洞，出入房车需要“爬窗”，没门的箱子打破了室内外的界定，整体设计集合室外景观、室内装饰及灯光投影等，实现了空间和环境的无缝连接，被设计师们称为：“用最‘二’和‘没门’的方式，做出震撼又感动人心之举。”

这种改装房车既可以像车一样自由移动使用，又可以像房子一样进行个性设计，居家必备的基本设施一应俱全，与真正的房车并无二致，又有豪华房车所不具备的独特功能。

2012年8月18日，新颖的集装箱房车由一辆上海某汽车公司免费提供的重型卡车作为牵引动力，拖着从北京出发，一路向西而南。按照旅行路线，他们沿途经过洛阳、西安、兰州、西宁、青海湖、甘南等旅游胜地，最后到达终点九寨沟。

洛阳龙潭大峡谷是集客们体验“集客概念”房车的首站。这个高达4.3米的大家伙每到一处，都能成为路途上、景区和大自然中的一道亮丽风景线，沿途路人及游客们无不感到新奇不已。

“集客概念”箱体侧板三面由顶部打开，底层与前后展开的平台连成一体，形成观景和休息的放松场所。集客们本着体验、收集和分享的心情，搭乘“没门”的房车，“像是把家搬到了野外一样”，舒适的室内空间连空调和电扇都不用，白天光线充足，晚上还可以看星星，房车箱体内自带供电系统的球形灯透过圆窗发散出光亮，或坐在晾台上看投影电影，感受静谧和愉悦。

张泽洋平、冯世旭和杨显君3名设计师，从活动一开始就被选拔出来参与“集客概念”的设计，倪天华和夏婷婷则是通过网络选拔出的旅行体验者。他们在“帮帮团”车队一路支持下，途经洛阳龙潭大峡谷、西安大雁塔、兰州兴隆山、西宁塔尔寺、青海湖……引起了当地牧民的好奇心。

有一位藏族小伙子，穿着藏袍，牵着马，绕着房车转了好几圈。“你们让我免费参观吧，我把马借给你们拍照。”在得到应允后，他迫不及待地登上展开的平台，甚至在客厅和卧室体验了一把房车生活，“这比我住的帐篷还舒服，它能放在草场上吗？多少钱?”心急的他恨不得将“集客概念”永远地留下来。

离开青海湖，车队转而向南。经甘南草原到达地处四川、甘肃、青海三省交界处的若尔盖草原，此后进入群山耸峙的高原河谷地带，这种不一样的“车轮上的生活”让旅途风景成为一幅幅流动变换的山水画。

“集客概念”到达九寨沟时，恰逢一场透雨。伴着雨声，莫克力坐在平台撑起的大伞下悠闲地看着书。一位金发碧眼的小伙子问道：“我能上来吗？它是用什么做成的?”原来他来自德国，专门研究中国传统文化和自然保护。二人相谈甚欢。德国小伙赞叹道：“它很美，不仅让人可以住在美丽的地方，而且对风景区的破坏很小，我也想把这个创意带回德国推广。”

集装箱旅行体验者倪天华自诩走过许多地方，体验过搭车、徒步、骑自行车、乘滑翔伞等各种旅行方式，然而从未想过拖着集装箱完成一段旅行，正如“没门(NoWay)”这个名字一样，只有不敢想的，没有不能做的。

海拔2026米的九寨沟边，集客们走在原始森林里，回忆旅途中的点点滴滴，从旅行聊到艺术，从艺术转而谈到人生，直至夜深，颇有点儿杰克·凯鲁亚克笔下嬉皮士到处流浪的意味，优雅从心，惬意所欲，过往的一切便成为了不可磨灭的美好记忆。

2012年9月1日，“集客概念”结束了全程6000多公里的梦想之旅，回到北京，集客及其概念房车一直被媒体深度关注和追踪报道。“集客·微托邦”之旅已不只是对旅行的追寻，更是一次“设计”的探索，在二手集装箱身上寻找到了“房车”的另一种解决方案，也是“集客概念”向外界传达的又一种旅行生活的方式。

“集客N次方”，集装箱界的“变形金刚”

我国是生产和使用集装箱最多的国家，占全球制造集装箱数量的95%以上，国内每年废弃的大小集装箱约100多万个，给集装箱找到更多新出路，势在必行，二手集装箱的创新应用远不会止步于此。

“香箱乡”主题精品酒店便是“集客N次方”的代表作品之一。这座位于山西长治市城隍旅游区的集装箱酒店，占地约5000平方米，所有功能空间共由35个集装箱设计改装而成，包括大堂、客房、套房、餐厅和包间等，极具标识性的集装箱外观，配以庭院景观与旅游景点相搭配，便构成了一道独特的风景，给游客们带去了全新的体验。

“香箱乡”的创新应用作为一个从心所欲的文化创意，也为地域旅游增添了主题和丰富了特色。“集客N次方”也因此被喻为集装箱界的“变形金刚”，已经成为“集装箱生活模块”新型体验的先行者。二手集装箱也更可以像变形金刚一样进行无限创造，或被广泛地应用于商店、旅馆、学校和住宅等的建造，既能做成可移动的设施，也能做成落地生根的固定空间，以达到和实现“集客N次方”构想延伸的种种可能性。

于今，以集装箱房车和独特的旅行形式为契机，集客、集客概念、集客·微托邦、集客N次方、还有集客房车和车房家居等一系列新颖词汇和新型产物，敬重自然，也追求时尚，结合最前沿设计和本土文化，不逃避问题而解决冲突异军突起，仰望星空也同样脚踏实地，集各家之长却不孤军作战，正在或已经让更多优雅惬意又充满个性化的生活方式变为现实。

慢电视走俏，快慢有道才是生活

2013年年初，一部长达12个小时的“慢电视”《国家篝火之夜》在挪威黄金时间段播出。出人意料的是，这样一部没有情节、没有人物、看似超级“无聊乏味”的慢节奏电视直播节目，却取得了超高收视率。而通过这档节目，观众只是看到了一堆柴火在壁炉里从点燃到熄灭的燃烧全过程。

你可以连续12个小时盯着电视看一堆柴火的燃烧吗？如今，慢电视在挪威盛行，已成为挪威独具特色的文化景观。在中国，“慢电视”的拼音域名被抢注后，也受到了广泛关注，同样给追逐快节奏生活的人们，传递着一种慢心态：快慢有道，让生活更“对劲”。

“视”有不同，第一档“慢电视”诞生

近几年，《中国好声音》《快乐男声》《中国梦之声》等大大小小的选秀节目加起来有将近20档之多，数量如此可观，看来看去却又十分相似。

与国内电视荧屏不同，在地球另一端的北欧国家挪威，多年前就悄然兴起一股“慢电视”风潮。挪威拥有人口500余万，那里的人们崇尚慢节奏的生活方式，这类“慢电视”节目异常受欢迎。

早在2009年，挪威公共广播公司就拍摄了第一档慢电视节目。这一档长

达7个小时的直播节目，全程记录火车穿越挪威从奥斯陆到卑尔根市的《卑尔根铁路》，在黄金时段播出后意外走红。

由于“慢电视”与众多电视节目的制作方式截然不同，没有快速的剪辑镜头，没有精美的后期制作，加之节目长达7个小时，在很多人看来，肯定会让观众感到非常无聊乏味。

然而，一向喜欢慢生活的挪威人却不这么认为，他们觉得越是慢节奏越是有意思。事实上，这档记录7小时内“分分秒秒”的《卑尔根铁路》，在部分时段的观众一度达到了120万人，收视率更是超过了25%。世界上第一档“慢电视”由此诞生。

相比较而言，不同国家的节目形态折射出不同的社会文化，与当地人们的生存状态有着直接关系。从观众角度，工作强度大、生活压力重，我们在生活中仿佛对人与事物失去了等待的耐心，要通过电视排解压力，而难以闲适地享受“慢电视”。而且早已习惯了精美的后期制作和快速的剪辑镜头的观众们对自然、安静、原生态、缓慢而真实的镜头了无兴趣。

快慢有道，“慢电视”掀起收视风潮

2011年6月，挪威广播公司推出了一档更慢的节目《海达路德：分分秒秒》，直播挪威海达路德公司旗下“北挪威”号邮轮沿挪威海岸线134个小时的旅程。

卢纳·穆克勒布斯特是该档节目的制片人，他带领团队在邮轮上用11架摄像机密集拍摄，真实展现134个小时的漫漫旅程，其中既有沿途秀美风光，也有游客在甲板散步等“无聊”镜头。

难以置信的是，这档“超级无聊”的节目在连续5天的直播中，竟然掀起了一股收视风潮，不仅打破了电视节目直播时长的世界纪录，还创下挪威电视节目收视纪录，全国500万人口中，超过300万收看了《海达路德：分分秒秒》，收视份额平均维持在36%，成为当年收视冠军。

与此同时，由于电视节目是在边拍摄边直播中进行，众多观众粉丝驾驶数百艘小船云集在邮轮附近，推波助澜，好让他们所在小镇的名字成为社交网站上的关注热点，盛况空前。

这看似很“古怪”的事情越是不对劲，就越是对劲。制片人卢纳·穆克勒布斯特在接受媒体记者采访时说：“所有地方的绝大多数电视节目都以相同方式制作，只是主题和内容有所不同，但‘慢电视’是以一种完全不同的方式来讲故事。很奇怪是吧，不过，越是不对劲，也就越对劲，就越能迎合大众口味。”

2013年2月，挪威广播公司再次在黄金时段推出了另一档慢电视节目《国家篝火之夜》，连续12个小时直播一堆柴火从点燃到熄灭的全过程。由于之前的成功，这档节目同样没有经过剪辑镜头和后期制作，很多人认为肯定会让观众感到“昏昏欲睡”，但挪威人却看得津津有味。

挪威人为何热捧如此“无聊”的节目？媒体批评家戴维·乔纳森解释道：“观众简直就像F1方程式赛车迷那样，对赛车节目几近疯狂地着迷，人们在看这类节目时，就等着镜头里会发生什么意外。”

起初，戴维·乔纳森本人并不热衷慢电视节目，他只是在工作之余看上几眼，最终却被节目深深地吸引住了，也成了这档节目的粉丝，一直全神贯注地看了好几个小时，甚至勾起了他对诸如圣诞节一类传统节日的怀旧之情。

外人眼中，挪威人对如此迷恋“超级无聊”的慢电视，虽有点尴尬，却颇感自豪。很多观众对“慢电视”的痴迷程度令人惊讶，比如在直播邮轮航行期间，就有一名观众突然闻到了一股烟味，马上打电话给电视台，痴迷地说：“邮轮上着火了！”而当他转身后却发现，是自己家里的厨房着火了。

迄今，在挪威大都市里，甚至出现不少人随身携带平板电脑追捧“慢电视”，随时随地在社交网站上发表评论。对此，挪威科技大学社会学家阿尔沃一语道出了天机。他一语中的地说：“看‘慢电视’就像庆祝他们的做事方式，挪威人喜爱慢节奏的生活。”

目前，挪威广播公司的最近一档慢电视节目，就是连续直播一个晚上的针织冬衣的过程，并正策划一档24小时记录建筑工人如何使用木头制作数字时钟的慢电视节目。制片人卢纳·穆克勒布斯特满怀信心地说：“‘慢电视’不像传统电视节目，只是看看编织服装或户外美景就足以娱乐大众。这就是我觉得编织衣物节目肯定会热播的原因。”

最慢电视，让生活更“对劲”

2013年以来，挪威“慢电视”很快传遍了全世界，同时在如今满屏热门视频和自主观影的大环境之下，也给世界其他地方的人带来启示，对快节奏的生活产生了实质性影响。

在挪威，慢电视虽然是一类节目形态，恰恰折射出一种慢生活的态度。因为在很多国家，这类节目似乎都不可能放到黄金时段播出，但事实并非如此。

不久前，美国国家公共广播就推出了一部长达18个小时的慢电视节目，记录了三文鱼逆水而上产卵繁殖的过程，却意外地遭到观众批评，理由是节目太短了。

因此，“慢电视”传播的其实就是一种对生活的态度，引发大众思考：在我们繁忙的工作之余，到底该如何决定自己的生活方式和态度？

近几年，台湾的娱乐整蛊节目相当火爆，也曾在一档节目中做过“慢电视”实验。节目组安排多名艺人，分别单独进入一个房间等待，而房间里的布置却只有一台电视、一张沙发和一个遥控器，而刻意安排的是，在电视机的后面摆放着一个大大的鱼缸。

当艺人进入那个房间，有的人一开始就狂按遥控器，然而却发现遥控器

不可用，甚至不耐烦地破口大骂，并气冲冲地离房间而去；有的人耐着性子坐了几分钟，然后开始按遥控器，发现无效，便拿出随身手机，或用手机上网，或打电话。

只有一位艺人，进入房间后，第一眼便发现了电视机后方的大鱼缸。出人意料的是，他甚至没有摸一下电视机的遥控器，直接坐在沙发上，对大鱼缸里游来游去的金鱼产生了浓厚兴趣，目不转睛地观看起来，整整过去了半个小时，直到节目宣告结束。

这时，节目主持人走进房间，告诉了他这档节目的真相。他才边挠头边笑着说："我不知道你们在做电视直播呀？只是进入房间后，觉得大鱼缸里的金鱼很有意思，游来游去，非常优雅安静。"

由此可见，同样的电视节目，对于拥有不同心境的人来说，却赋予了完全不一样的世界。

其实，在我们的生活周围，同样能发现拥有"慢心态"的人，比如：那些热衷手工DIY的达人，他们可以花上几天或几个月时间，去慢慢缝制一件微不足道的小手工；更有甚者，一些养花爱好者，经常在忙碌的工作之余，花上几个小时，有时用大半天时间静静地观看水草的光合作用，原来只是为了等待水草吐出一个氧气泡泡。

慢电视，让生活更"对劲"。正如挪威人那样，拥有真正的安静自然的豁然心境，才能拥有真正从容、优雅、坚忍、包容和积极的慢心态，也才能拥有如"慢电视"中那样浪漫静谧的慢节奏生活。

后记

创新灵感是通向成功的最佳途径

写文章的人都知道，写到一定份儿上，总会遇到才思不再敏捷的时刻。意思是说，遇到了泉井干涸，泉也涌不出水，灵感枯竭了一样，就写不来，呆若木鸡，干瞪眼。所以，我有时会想，如果我的灵感像不老泉该多好，泉在水在，待我下笔如有神助般，才思泉涌，永不干涸。

当今商业世界充斥着大量数据。富有创意的人会潜心钻研各种数据。而敢于创新的人，有时则会从那些不同寻常的研究结果中，激发灵感，发现真正的机会，寻找靠谱的新点子。

直到后来，我在写作中找到了获取灵感的途径，就是阅读。也就是说，我从阅读中寻找写作灵感，相信很多写文章的人都试过。当然，这种寻找灵感的方式可不是什么创新，我也是从阅读前辈作家的文章中获得的经验罢了。

毕竟，有创意并不表示总是要创造新事物，有时它只是在标榜一种再创造的能力。20世纪90年代末，马克·瓦东（MarkVadon）还是一位年轻的咨询师，一次他去选购一枚订婚戒指，却被购物过程搅得心烦意乱，那些热心肠的销售人员只会平添顾客的压力。瓦东随即想到，其他男性可能也面临类似困扰，这一灵感使他萌生了创立网上珠宝交易商BlueNile的念头。今天这家公司成为全球最大的网上珠宝交易商。

问题还是，灵感在哪里找，创新从哪里来，又怎么衡量灵感的意义和创

新的价值？灵感又如何成为创新的不老泉？有没有一种模式可以成为灵感及创新的不老泉？这样一来，灵感才能成为创新的“原料”。

很多人喜欢研究各种趋势，趋势与趋势之间的交点也是孕育灵感的沃土。比如移动通信的增长、社交网络的普及以及人们的注意力越来越难以集中，几股趋势融汇贯通便催生了一系列社交媒体应用，就是典型的例证。

尤其近年，“创新”一词时常被广泛而深入地提及，已渗透到我们工作中的各行各业和生活中的方方面面。正如美国某商学院高级研究员莫汉比尔·索尼在《创新灵感何处寻》一文中写道：“人们听到‘创新’，总会联想到研发中心、设计团队或者初创企业。但在今天，创新者无处不在，从工厂到销售展示厅，从IT客服中心到人事部门，从员工餐厅到高管层，所有岗位都在呼唤创新。创新并非某部门之责，而应是渗透进整个组织的思维方式。”

创新的力量是无穷的，但我们怎样才能发现创新灵感？曹志远先生在接受媒体采访时，更加一语中的地说：“创业最可贵的在于创新，而商业创新的根本在于商业模式的创新。”

曹志远先生是长沙卓远文化传播有限公司创始人兼CEO，由于敢于思考创意、创新，“书”里“捞金”真靠谱，5年营业额超3亿，被喻为“楼书推手”。他认为国内有理论研究院、产品研究院、科技研究院，却没有“商业模式”研究院，传统的商业研究又着重于讲“过去别人怎样成功”，却没有提出来“现在我怎样创新”。

而我们身边其实有很多市场需求，即人们看不到、看不上的“市场缝隙”。为商业模式找创业者，为创业者提供商业模式，以核心研发和整合“外脑”的方式持续推动，导引和寻找合适的创业者与创业公司，以参股投资的方式，指导和参与项目实际运营至盈利，是题中应有之义之一。

放眼世界，不少《财富》500强企业单靠一个理念起家，其灵感来自对客户需求的见微知著。星巴克为咖啡店增添了几许意大利风情；

家得宝（HomeDepot）给人们自己动手组装专业设备的机会；美体小铺（TheBodyShop）从成立伊始就反对残忍的动物测试……这些做法广受顾客支持，因为一切行为都是在丰富的社会文化环境中发生的。

超越现实更源于现实，使创新灵感更充满想象力，才是通向成功的最佳途径。如果你对组织内部及外部机遇的洞察，只是对提高效率、获取利润或提高参与度有帮助，那么就有可能疏于了解股东的需求、市场动态甚至整个公司的运营机制。如果把你的团队、组织或产业比作伟大的建筑物，当遇到事情时总是一成不变，那么你就有必要反省，舍弃那些老方法，重新找到更优的备选方案的出入口，让超现实的梦想成为模式创新的不老泉，激活创新灵感和源泉，以养活众多人的梦想，重塑并开启属于自己的商业模式之门和企业文化之门，才是创意创业的新常态。